新 관광학원론

21세기 관광현상의 체계적 이해

김 홍 철 저

기문사
www.kimoonsa.co.kr

머리말

새 천년기인 소위 뉴밀레니엄(new millenium) 시대다. 21세기는 바야흐로 변화의 시대로서 정치, 경제, 사회문화, 기술 그리고 생태환경 면에서 변화의 속도와 내용면에서 엄청난 변화기였음이 틀림없다. 관광부분에 있어서의 변화도 예외는 아니다.

새 정부 들어 마련한 관광마스터플랜을 들여다보면 2000년대 관광청사진의 단면을 알 수 있다. 관광이라는 사회 · 경제적 현상이야말로 세계화 시대의 핵심이며 세계시민으로서의 생활의 질을 가름하는 척도라 아니할 수 없다. 일부계층이나 특정시기에 국한된 특정현상이 아닌 모든 국민이 참여하는 보편적인 현상으로서의 인식이 이제는 더욱 절실할 때이다.

저자가 관광에 인연을 가진지 어언 30년이 다 되어간다. 그동안의 상황도 참으로 많이 변한 것이 사실이다. 대망의 21세기를 맞이하여 관광현상을 체계적으로 이해할 수 있는 시간을 갖고 작은 공간에 그 그림을 그릴 수 있었다는데 큰 기쁨을 가진다. 이 책은 의도적으로 저학년 학생의 입장에서 독자 지향적으로 구성되고 서술되었다. 수많은 변화 속에서 그 내용을 이 책 속에 모두 담아내기에는 역부족이라 생각한다. 기본적인 내용만을 흥미를 가지고 접할 수 있도록 배려하였다. 물론 지나고 보니 부족한 부분이나 저자의 편견이 있었음을 부인할 수 없다. 여기에 대해서는 계속적인 보완을 해 나갈 예정이다.

이 책은 크게 7부로 구성되었다.

제1부에서는 관광현상과 관광학부문으로서 관광현상의 기본적 이해와 학문적 성격, 접근 방법, 그리고 관광현상에 대한 환경변화와 최근 동향을 세계 편과 한국 편으로 나누어 설명하고 있다.

제2부에서는 관광현상과 관광행동부문으로서 관광주체인 관광행동에 대한 학제적 인식과 관광자의 욕구와 동기, 그리고 관광자의 성격과 태도를 설명하고 있으며 관광자 행동에 영향을 주는 사회적 요인에 대해서도 다루고 있다.

제3부에서는 관광현상과 관광자원부문으로서 관광객체인 관광자원의 개념과 특성, 분류 그리고 관광자원의 현황과 실태를 살펴보았다. 그리고 관광자원에 대한 개발의 중요성과 유형과 방법에 대해서도 고찰하고 있다.

제4부에서는 관광현상과 관광산업부문으로 관광매체로서의 관광산업에 대한 기본적 이해와 법제도상에서 분류하고 있는 관광산업의 특성과 현황에 대해서 살펴보고 있다.

제5부에서는 관광현상과 관광정책부문으로 주요 관광정책과 법제도의 현황, 관광행정조직의 현황을 살펴보고, 관광영향에 대한 부문별 평가도 시도하였다.

제6부에서는 관광현상과 관광정보부문으로 관광정보의 중요성과 분류, 그리고 관광정보서비스의 현황을 살펴보았으며, 호텔업과 여행·항공업에 있어서 정보시스템활용에 대해 고찰하였다

제7부에서는 관광현상과 21세기부문으로 지방화문제, 세계화 문제, 대안관광문제, 남북관광교류문제를 다루고 있다.

끝으로 작고하신 아버님을 기리며 홀로 적적하신 세월을 지내고 계신 어머님께 역시 작은 성과물을 바칩니다. 그리고 아내와 먼 곳에서 외로이 학업에 정진하고 있는 자녀들에게도 미안함과 고마움을 갖는다.

끝으로 짧은 시간에 책이 완성되도록 정성을 기울여주신 기문사 한인환사장님과 한재성부장님의 배려에 감사드린다.

2010년 3월

저자 씀

|차례|

제1부 관광현상과 관광학

제2부 관광현상과 관광행동

제3부 관광현상과 관광자원

제5부 관광현상과 관광정책

제7부 관광현상과 21세기

제1부

관광현상과 관광학

_제1장 관광현상의 기본적 이해
_제2장 관광현상과 관광학 연구
_제3장 관광환경 변화와 최근 동향

제1장 01 관광현상의 기본적 이해

1. 관광현상의 기본체계

관광현상은 매우 복잡한 현상으로 이를 보다 쉽게 이해하기 위해서는 체계론적 사고와 접근방법이 필요하다. 여기서 체계론적 사고란 문제의 인식과 해결을 위해 목적과 목표를 설정하고 문제의 부분적 해결보다는 전체적으로 파악하려는 사고방식이다. 따라서 체계론적 사고의 특성은 구성요소 간의 상호관련성, 환경과의 상호작용성, 총체성 등을 가지고 사회현상을 설명하려는 개념체계라 할 수 있다. 복잡하고 다양한 구조를 가진 관광현상을 총체적으로 이해하고 설명하며, 나아가 관광현실문제를 예측하고 해결하기 위해서는 이러한 체계론적 접근방법이 매우 유익하다고 본다.

그러면 관광현상을 구성하고 있는 관광체계(tourism system)의 구성요소에 대해 알아보자. 먼저 관광체계는 거시적인 환경과 상호작용한다고 볼 수 있다. 이러한 관광현상을 둘러싸고 있는 거시적인 환경으로는 정치적 환경, 경제적 환경, 사회·문화적 환경, 기술적 환경, 그리고 생태적 환경 등을 들 수 있다. 예를 들면 정치적 환경이란 금강산관광에 대한 남북관계의 영향을 들 수 있다. 또한 경제적 환경이란 IMF구제금융시대나 미국발 금융위기시기에 있어서 해외여행의 감소 등이 해당된다. 사회·문화적 환경은 여가생활이나 관광여행에 대한 가치관의 변화를 들 수 있고, PC통신과 인터넷을 통한 여행정보의 획득은 기술적 환경에 속한다고 할 수 있다. 그리고 자연생태환경에 대한 관심의 증가가 생태관광의 필요성을 제고시키는 결과를 낳고 있다.

다음은 이러한 거시적 환경 내에서 서로 상호작용하는 관광체계(BRIPI)에 대해 살펴보기로 하자. 이들 5가지의 미시적 요소가 서로 상호작용하며 계속 변화하는 것을 주목함으로써 관광현상을 체계적이고 총체적으로 이해하는 것이 가능하다.

첫째, 관광행동(Tourist Behavior)이다. 이는 관광현상의 주체적 요소로써 관광자의 행동에 관련된 현상이다. 즉 왜 관광을 하는가? 누가 관광을 하는가? 어떻게 관광을 하며, 어떠한 행동을 하는가? 등에 대한 내용들을 담고 있다. 이를 관광배출요인(push factor), 관광주체, 관광시장, 관광수요 등으로 부르기도 한다.

둘째, 관광자원(Tourism Resources)이다. 이는 관광현상의 객체적 요소로써 관광대상에 관련된 현상을 일컫는다. 즉 어떠한 자원이 관광자를 끌어들이고 만족시키는가? 또한 어떻게 관광자원을 개발해야 하는가? 등에 관련된 구성요소인 것이다. 여기에는 관광자의 매력을 끄는 자연자원과 인문자원 모두를 망라한 광범위한 시공간적 요소를 포함하고 있다. 이를 관광유인요인(pull factor), 관광객체, 관광대상, 관광공급 등으로 표현하기도 한다.

셋째, 관광산업(Tourism Industry)이다. 이는 관광현상의 매체적요소로서 관광행동과 관광자원을 연결시켜주는 부분이다. 즉 어떻게 관광자의 만족을 통해 사업자의 이윤을 창출할 수 있는가? 관광자가 얼마나 편안하고 신속하게 관광을 할 수 있게 하는가? 또한 얼마나 안전하고 만족스럽게 여행을 할 것인가? 등의 기능을 하게 된다. 관광산업은 이동과 체재 중에 관련된 많은 관광기업과 관광사업이 포함된다. 즉 숙박업, 여행업, 교통업, 오락업, 음식업, 회의산업, 리조트산업 등의 경영활동과 관련되어 있다. 이를 관광연결요인(connect factor), 관광매체, 관광공급 등으로 표현하기도 한다.

넷째, 관광정책(Tourism Policy)이다. 이 또한 관광현상의 매체적요소로서 주로 정부가 관광현상에 개입하는 부분을 말한다. 즉 관광정책요소는 정부부문이 주체가 되어 일정한 목표달성을 위해 정부가 지원 또는 규제하는 행위를 말한다. 다시 말해 정치·경제·사회·환경·기술적인 목표를 위해 민간기업이 자율적으로 기능하지 못할 때 정부가 이를 위해 개입하는 형태를 말한다. 물론 대부분의 국가에서는 법치국가의 원칙에 따라 관광관련법규를 제정하여 이에 근거한 행정을 하고 있다. 이를 좀 더 구체적인 의미로 관광행정이라고도 부르기도 한다.

다섯째, 관광정보(Tourism Information)다. 관광정보 역시 관광현상의 매체적 성격을 띠고 있으며 최근에 더욱 강조되고 있다. 21세기에는 관광정보요소가 더욱 중요하게 작용하고 있다. 얼마나 빠르고 정확하게 그리고 많은 정보를 얻고 활용할 것인가에 대해 관심이 집중되고 있다. 최근 개인용 컴퓨터의 보급과 새로운 컨텐츠가 소개되면서 관광현상 역시 많은 영향을 받고 있으며 변화일로에 있다. 20세기는 관광정보요소를 주로 관광산업요소에 포함시켜 다루어 왔으나, 21세기는 관광자나 정부, 관광지 등에서도 관광정보를 주체적이고 적극적으로 다루고 있어 별도의 구성요소로 다룰 시점에 와있다고 본다.

그림 1-1 **관광현상의 기본체계**

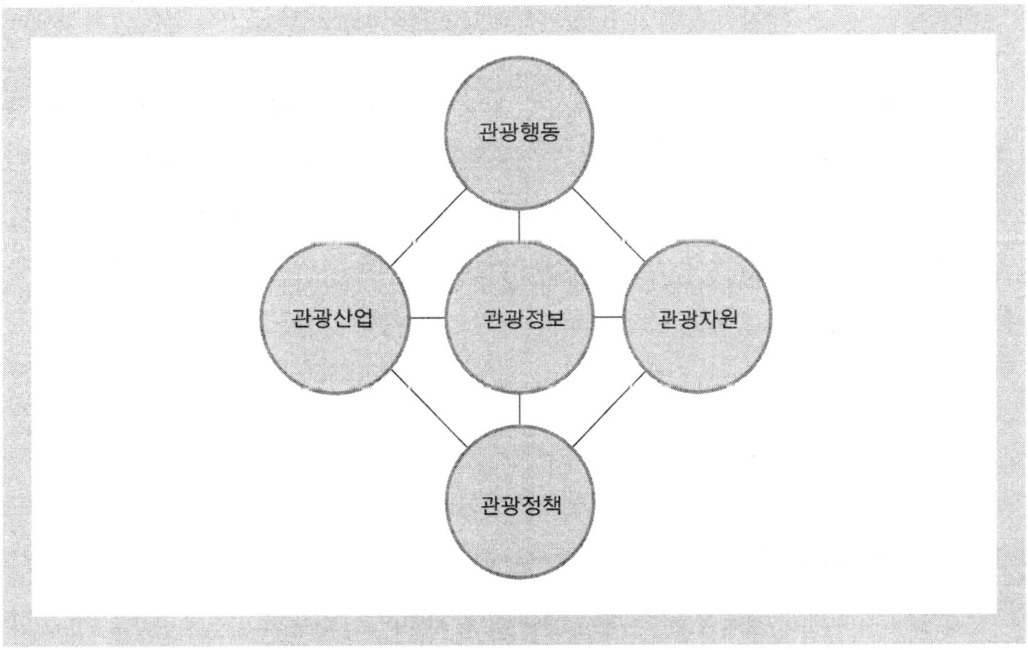

2. 관광현상의 기본개념

1) 관광의 어원

가. 동양에서의 관광 어원

한자문화권인 중국과 한국, 그리고 일본에서는 관광(觀光)이라는 용어를 공식적으로 쓰고 있다. 이러한 동양권에서의 관광에 대한 용어의 기원은 기원전 8세기경 중국 주나라시대로 거슬러 올라간다. 이 시기에 만들어진 오경의 하나인 역경에 觀國之光, 利用賓于王이라는 구절이 나오는데 이것을 관광의 어원으로 보는 견해가 지배적이다. 관국지광, 이용빈우왕이란 나라의 빛을 본다는 것은 왕의 손님이 되기에 유익하다라는 뜻으로 풀이되며, 이러한 관국지광의 앞 뒤 글자를 따서 관광이란 용어를 사용하게 된 것이다.

여기서 관(觀)이란 의미는 어떠한 대상을 보다라는 뜻과 보여주다라는 의미로 풀이된다. 이렇게 볼 때 관광은 우리가 주체가 되어 어떤 대상을 본다라는 의미와 더불어 우리의 것을 남에게 보여주다라는 뜻을 동시에 갖고 있는 것이다. 또한 나라의 빛(國之光)에서 빛(光)이란 아름다운 풍경이나 뛰어난 문물 등의 다른 것보다 우수한 것, 훌륭한 것, 과시할만한 가치가 있는 것을 총칭하는 의미를 내포하고 있다. 이러한 빛의 대상은 과거에는 선진문물 등을 의미하는 협의의 대상이었으나 현대에 와서는 자연적인 대상과 사회·문화적인 대상, 그리고 제도와 기술적 대상 등을 포함하는 광범위한 것으로 그 의미가 확대되었다.

나. 서양에서의 관광어원

잡지에서 사용되기 시작하여 현재는 관광의 공식용어로 사용되고 있다. 이는 불어의 Tour와 영어의 Turn에서 파생되었으며 이들 어휘는 라틴어의 또르누스 Tornus가 어원이며 순회한다는 뜻을 가지고 있다. 따라서 영어권에서 Tourism은 순회한다는 의미의 Tour에다가 현상이나 사상 등의 의미가 있는 ism을 합성해서 사용한 용어로서 어원의 의미상 이동현상을 강조하는 용어라 할 수 있다. 이는 동양의 관광이란 용어가 어떠한 대상을 본다라는 행위에 초점이 있는 반면, 서양의 Tourism은 순회한다는 공간적 이동을 강조하는 것으로 어원의 의미론에서 차이가 있다.

또한 여행이라는 뜻으로 사용되고 있는 Travel은 불어의 Travail에서 유래하며 고된 일이라는 의미를 담고 있다. 그 시대에 있어서 집을 떠난다는 일은 당연히 어려움과 고생을 수반할 수밖에 없었다는 여행의 한 단면을 잘 나타내주는 용어다. 한편 독일어권에서의 관광은 **프렘덴베르케르** Fremdenverkehr로서 여기서 Fremden은 낯선 곳이나 외국을 뜻하며, Verkehr는 왕래나 교통이란 의미로서 이들의 합성어로 외국여행의 뜻을 가지고 있다.

2) 관광의 개념정의

가. 경영·경제적인 측면의 정의

경영·경제적인 측면에서의 관광은 하나의 산업현상으로 간주되며, 여기서 관광자는 금전을 소비하는 일종의 경제단위로서 경제인(economic man)인 것이다. 이러한 관점은 선진국에서 있어서 관광진흥의 초기단계에 경제재건을 목적으로 관광을 수단적으로 인식하면서 강조되었던 개념이다. 또한 관광을 통해 경제개발을 추진하려는 개발도상국이나 저개발국에서도 이러한 경제적인 측면의 정의를 강조하고 있다. 이러한 경영·경제적인 측면의 대표적인 정의를 살펴보면 다음과 같이 관광사업체를 강조하는 개념이다.

- ✓ 관광은 거주지를 떠나 있는 사람들의 사업·유흥·여가활동을 촉진하기 위해 재화 또는 서비스를 직접 공급해주는 모든 사업의 총칭이다.
- ✓ 관광은 여행자를 유인하고 수송하며 숙식을 제공하는 사업으로 동시에 이들 욕구에 영합하는 사업이다.

한국의 경우도 1980년대 경제개발시기에는 이러한 관점의 정의가 주로 활용되어 왔다. 예를 들어 관광수입, 관광지출, 국제관광수지 등의 경제적 변수를 강조하고 관광산업은 마땅히 흑자산업이 되어야 한다는 관광정책의 단면이야말로 경영·경제적인 사고의 산물이라 할 수 있다. 그러나 이러한 사고방식의 개념정의는 관광현상을 편협하게 만든다. 즉 관광현상의 주체인 관광자와 관광대상이 되는 물리적 공간, 시간적 범주 등과 같은 관광의 속성을 다 나타내지 못하기 때문이다. 관광의 사회적 측면과 생태환경적 중요성을 강조하는 21세기에는 보다 포괄적인 관점의 정의가 요구된다고 하겠다.

나. 통계·기술적 측면의 정의

통계·기술적 측면의 관광정의는 실무적으로 관광현상제반에 관한 통계자료의 수집을 목적으로 관광자의 범위나 관광목적, 여행거리, 체재기간 등의 기준을 설정하려는 의도로 내려진 정의다. 이러한 통계는 두 가지 차원에서 수집되고 있다. 첫째, UN을 위시한 국제기관에서 각 회원국으로부터 수집한 통계자료를 가지고 전 세계 또는 2개국 이상의 지역단위를 대상으로 작성하는 통계가 있고, 둘째는 각 국이 자국의 자료를 외국의 자료와 비교하기 위해 국가별로 작성하는 통계가 있다.

현재 관광부문의 국제통계에 대한 기준은 국제연합(UN)과 세계관광기구(UNWTO : UN World Tourism Organization)에서 제시하고 있는 기준이 통용되고 있으나 한국의 경우 통계작성상의 용어, 항목, 분류 등이 미비하거나 국제통계기준과 상이한 점이 많아 효율적인 국제관광 통계작성과 활용에 어려움이 있다.

세계관광기구와 국제연합에서 사용하는 통계적 목적의 관광에 대한 정의를 보면 다음과 같다.

- ✓ 관광이란 1년 미만의 기간 동안 일상생활권을 떠나 여가, 업무, 기타의 목적으로 여행을 하거나 머무르는 인간의 활동이다.

즉 국제연합과 세계관광기구에서는 관광활동의 주체를 방문자(visitors)라 하며, 이를 다시 관광자(tourist)와 당일방문자(same day visitors)로 구분하고 있다. 여기서 방문자를 일반 여행자(traveler)와 구분하는 데는 환경, 방문기간, 방문목적의 세 가지 기준이 적용된다. 즉 일상생활환경의 탈피, 1년 이내(연속적)의 방문기간, 영리적 활동 추구 이외의 방문목적 등 세 가지 기준을 충족시키는 경우 일반 여행자와 구분하여 방문자로 정의하며, 방문자는 방문지에서의 숙박여부에 따라 관광자와 당일 방문자로 다시 구분하는 것이다. 통계적인 측면의 관광자 정의를 도식화하면 다음 [그림 1-2]와 같다.

그림 1-2 **통계적 측면의 관광자 분류**

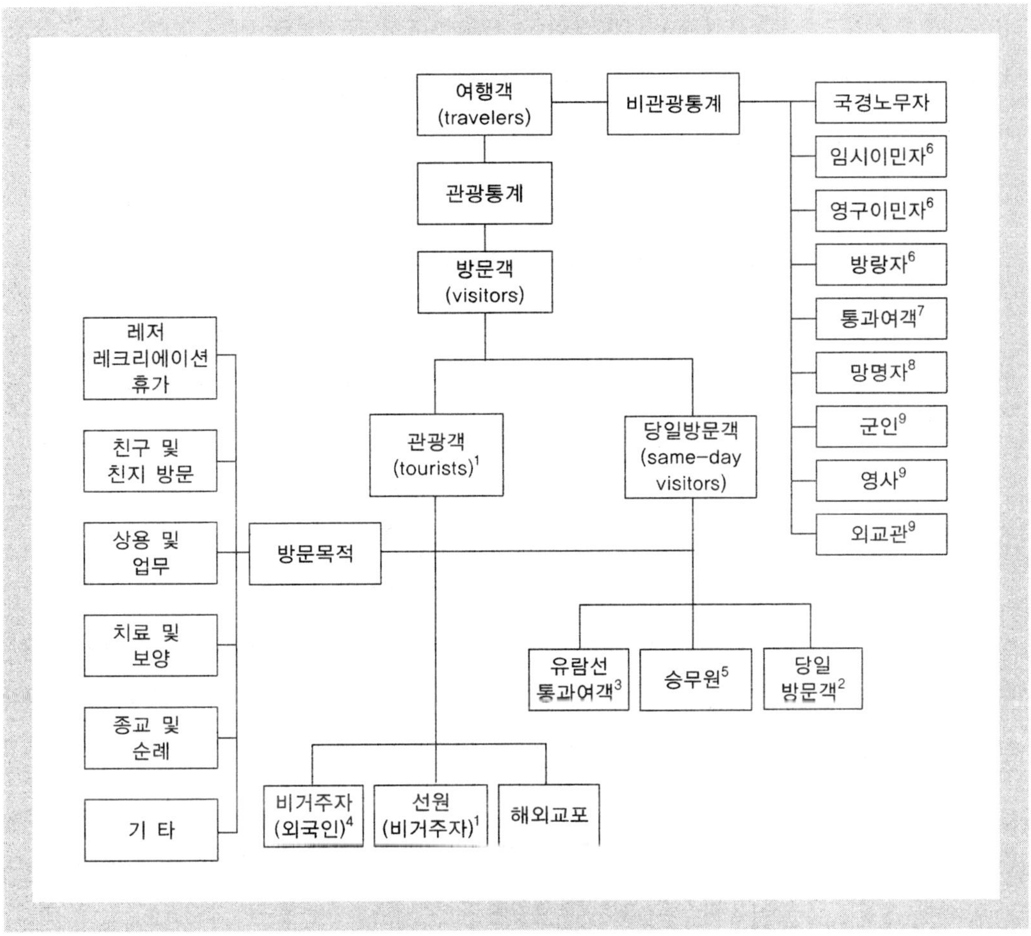

1. 방문지에서 하루 이상, 1년 미만 체류하는 사람
2. 레저, 레크리에이션 및 기타 각종 목적으로 방문했으나 당일 떠나는 사람으로 당일통과 여객 포함
3. 크루즈 유람선으로 항해 중 상륙하여 당일관광을 즐기는 사람 또는 유람선상에서 숙박하는 경우(International Maritime Organization 규정, 1965)
4. 정박 중인 선박 또는 비행기의 외국인 승무원으로 방문국의 숙박시설에서 체류하는 사람
5. 거주지가 외국인 승무원으로 당일 방문자
6. 'Recommendations on Internaional Migration Statistics'의 규정에 의함(United Nations, 1980)
7. 항구 또는 공항의 통과여객으로 환승지역을 벗어나지 않는 자.
8. 'High Commissioner for Refugees'의 규정에 의함(United Nations, 1967)
9. 본국에서 근무지로 돌아오는 경우 및 반대의 경우

자료 : World Tourism Organisation(WTO), Tourism Policy and International Tourism in OECD Countries, 1997에서 재인용

다. 문화인류학적 측면의 정의

문화인류학자의 관광현상에 대한 관심은 관광현상자체와 관광자의 성격 규명, 그리고 관광자와 방문지역의 주민과의 관계에 초점을 두고 있다. 우선 문화인류학적 측면의 관광정의를 보면 다음과 같다.

✓ 관광이란 변화를 추구하려는 사람들이 그들의 일상생활권을 떠나 여가활동 속에서 추구하는 일련의 비일상적 행위의 집합이다.

이러한 정의에서 보듯이 이들은 그 동안의 관광현상과 관광자에 대한 개념을 피상적인 것으로 보고 관광자들의 행위에 대한 근본적이고 심층적인 연구를 하는데 초점을 두고 있다. 즉 관광은 일상생활(직장일과 가사일 등)을 벗어나게 하는 현대적 의례(ritual)로 보고 있다. 따라서 놀이, 의례, 의식, 성찬식, 명상, 참배, 순례 등을 포함하는 비일상적 행위와 같은 선반위에 관광행위를 놓고 보는 것이다.

이러한 의례의식과 같이 관광은 일상생활동안의 체험과는 대조를 이루는 마음의 상태를 갖게 된다. 이러한 마음의 상태를 리미노이드(Liminoid) 혹은 역치성이라고 한다. 예를 들면 놀이에 몰입해 있는 상태나 명상시간 동안 초월적인 존재와 접촉하는 그러한 상태를 마치 관광하는 동안 겪게 되는 것과 매우 흡사하게 보고 있는 것이다.

이를 좀 더 자세히 보면 관광은 다른 의례와 같이 일상생활권에서 벗어나는 단계 즉 이탈기를 갖는다. 그리고 비일상적인 방문장소에서 색다른 것과 변화를 경험하게 되는 중간기를 거친다. 그리고 다시 일상생활권으로 다시 돌아오는 회복기를 갖는다. 이렇게 볼 때 관광은 기본적으로 모든 의례행위와 동일한 구조를 갖는다고 보는 것이다.

이러한 문화인류학적 측면의 관광에 대한 견해는 다른 측면에서 간과하기 쉬운 점을 통찰할 수 있게 해준다. 문화인류학적 측면에서 관광자를 보는 관점을 몇 가지 더 소개하면 다음과 같다.

✓ 관광자란 고유한 경험(authentic experience)을 추구하며 전 세계를 누비고 다니는 신유한 계급임과 동시에 세계의 분화를 단일 이데올로기 속으로 통합하려는 국제적 중산층이다.

✓ 관광명소 앞에서 평등을 구가하는 자들이다.

✓ 비록 일상생활체계속에서는 자신보다 더 높은 지위를 가진 사람 앞에서도 관광하는 동안에는 도덕적 우월성을 향유하는 자들이다.

관광자는 관광현상의 주체적인 중요한 요소임에도 불구하고 경영·경제적인 측면이나 마케팅 차원에서 관광자행동 등은 관광자를 주로 목적달성을 위한 피상적이고 수단적인 것으로 다루어 온 것을 부인할 수 없는 실정이다. 여기서 문화인류학적 차원의 관광정의는 관광현상을 보다 근본적이고 구조적으로 이해하는데 일조할 수 있는 내용이 많다고 본다.

라. 통합적·체계적 측면의 정의

통합적·체계적 측면의 관광정의는 관광현상과 관련된 모든 요소를 통합하여 체계적으로 정의하는 관점이다. 이는 관광현상자체가 매우 복잡하고 다양한 것을 전제하고 종합사회과학적 시각에서 내리는 정의인 것이다. 이러한 통합적 측면의 정의를 예를 들면 다음과 같다.

- ✓ 관광이란 영구적 거주지 및 어떠한 생산활동과 연관되지 않는 비거주자의 여행 및 체류에서 발생하는 일련의 현상과 관계의 총체다.
- ✓ 관광이란 특정한 산업현상이라기 보다는 인간행태, 자원이용행위를 포괄하는 인간활동이며, 동시에 인간과 이를 둘러싸고 있는 환경과의 상호작용을 포함하는 현상이다.
- ✓ 관광학연구는 일상거주지를 벗어난 인간에 관한 연구이며, 이러한 인간의 요구에 부응하는 산업 및 인간과 산업이 관광지의 사회문화적·경제적·물리적 환경에 미치는 영향에 관한 연구다.
- ✓ 관광이란 송출국과 수용국간에 발생하는 관광주체, 관광매체, 관광대상들의 복합현상으로서, 경제·사회·문화요인들이 이들 현상에 영향을 미치는 시스템이다.

관광현상의 특성을 고려해 볼 때 여러 가지 요소를 종합적이고 체계적으로 보는 통합체계적인 측면의 정의는 관광현상을 포괄적으로 보는데 매우 적합하다. 따라서 본서에도 이러한 관점에서 다음과 같이 관광의 정의를 사용하고자 한다.

- ✓ 관광현상이란 변화욕구를 추구하여 일상생활권을 떠나 있는 사람들의 관광 행위와 이러한 욕구충족의 대상이 되는 관광자원에 관한 현상이며, 동시에 이들을 연결시켜주는 관광산업과 관광정책 그리고 관광정보에 대한 현상과 그들 관계의 총체다.

3) 관광의 유형

세계관광기구(UNWTO)와 국제연합(UN)의 관광분류기준에 따르면, 관광의 기본적인 유형은 국민 국내관광(domestic tourism), 외국인 국내관광(inbound tourism), 그리고 국민 국외관광(outbound tourism)으로 구분되며, 이들의 조합을 통해 다시 국내관광(internal tourism), 국민관광(national tourism), 국제관광(international tourism)으로 분류한다.

예를 들어 한국의 경우 국민국내관광이란 한국인이 설악산이나 제주도 등의 국내지역을 여행하는 것을 지칭한다. 또한 외국인 국내관광이란 외국인이 한국의 관광지를 여행하는 것을 말하며, 국민 국외관광이란 한국인이 외국의 관광지를 여행하는 것을 말한다.

표 1-1 **관광의 기본 유형**

구 분	내 용
국민 국내관광(domestic tourism)	자국의 국민이 자국내에서 하는 여행
외국인 국내관광(inbound tourism)	외국의 국민이 자국을 방문하는 여행
국민 국외관광(outbound tourism)	자국의 국민이 외국을 방문하는 여행

또한 이러한 기본적인 유형을 바탕으로 관광이동의 지역적인 측면과 관광행위의 주체를 기준으로 하여 조합해보면 다음과 같은 관광유형의 재분류가 가능하다. 즉 한국의 경우를 예를 들어 보면 국내관광(internal tourism)이란 우리나라 안에서 이루어지는 모든 관광을 지칭하는 것으로 한국인의 국내관광과 외국인의 국내관광이 여기에 속한다. 그리고 국제관광(international tourism)이란 한국국경을 넘나드는 모든 관광형태를 지칭하는 것으로 한국인의 국외관광과 외국인의 한국관광이 해당된다. 그리고 국민관광(national tourism)이란 한국인이 주체가 되어 하는 관광유형으로 한국인의 국내·외 관광 모두가 속한다.

표 1-2 국경과 관광주체에 의한 관광유형

구 분	내 용
국내관광 (internal tourism)	국민 국내관광(domestic)+외국인 국내관광(inbound)
국제관광 (international tourism)	국민 국외관광(outbound)+외국인 국내관광(inbound)
국민관광 (national tourism)	국민 국내관광(domestic)+국민 국외관광(outbound)

4) 관광과 인접개념

관광현상은 흔히 일을 떠난 자유로운 시간과 공간에 관련되어 있다. 그리고 이러한 시공간에서 관광자는 일상생활과는 다른 색다른 경험을 추구하게 된다. 이처럼 관광이라는 현상은 여가와 레크리에이션, 그리고 놀이와 같은 인접개념과의 상관관계가 매우 높은 활동이라고 볼 수 있다. 물론 현대에 와서 관광의 목적과 그 형태가 다양해져서 일과 관련한 관광현상도 커지고 있지만, 많은 부분이 여가를 비롯한 사회활동과 크게 관련이 있다고 보고 이러한 인접개념 내지 유사개념을 살펴보고자 한다.

(1) 여가(Leisure)

여가의 어원은 자유스러워지다라는 뜻을 가진 라틴어 리세레(licere)에서 유래하였다. 이 말은 불어의 leissir, 즉 허락되다로 발전하였고, 오늘날 영어의 레저(leisure)로 진전되었다. 이러한 여가의 어원은 고대 이래로 귀족계급은 일을 할 필요가 없으며, 따라서 그들이 지적·문화적 그리고 예술적 활동을 할 자유를 부여받고 있다는 것을 함축하고 있다. 이러한 여가의 개념정의는 [그림 1-3]과 같이 다섯 가지 차원으로 나누어 볼 수 있다.

그림 1-3 **여가의 개념정의에 대한 차원**

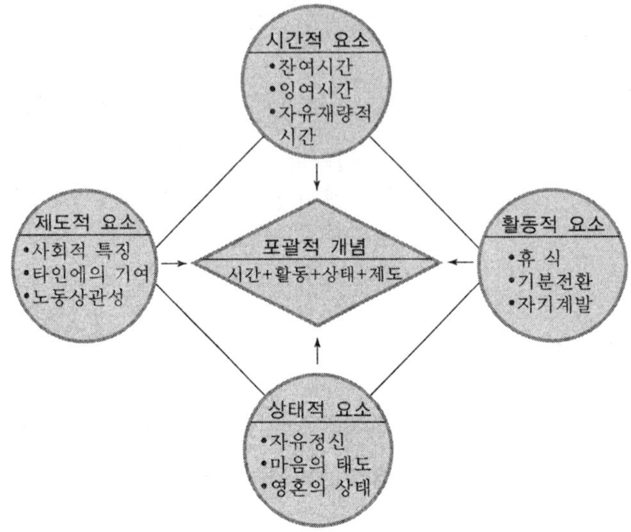

가. 시간적 차원의 정의

여가에 대한 시간적 차원의 정의는 인간의 일상생활을 크게 생활필수시간, 노동시간 및 자유시간으로 3분 해서 이중 자유시간만을 지칭하는 개념이다. 사회학 사전의 정의를 보더라도 여가는 1일 24시간 중에서 노동, 수면, 기타 필수적인 것에 바쳐진 시간을 제외한 잉여시간으로 규정되어 있다.

이러한 여가의 시간적 차원의 정의는 여가 자체를 계량화하기 용이하다는 이유로 최근 들어 가장 빈번하게 사용되고 있으나, 자유재량시간의 불분명한 기준과 여가의 속성에 대한 질적 판단의 근거가 없다는 점에서 한계가 있다.

나. 활동적 차원의 정의

여가에 대한 활동적 차원의 정의는 시간적 개념의 여가 중에서 활동을 중요시하는 개념이다. 즉 여가를 개인이 노동, 가족, 그리고 사회의 의무로부터 벗어나 휴식, 기분전환, 그리고 자기계발을 위한 활동의 총체로 보는 것이다.

이와 같이 여가는 단순히 생활의 만족을 위한 질(quality)을 추구하고자 자유로이 선택하는 활동으로 수면, 식사, 노동과 같이 고도의 일상화된 활동(routinized activity)이 아닌 것이다. 그러나 이러한 활동적 차원의 정의는 관찰 상의 용이성이 있는 반면에, 계량화의 어려움이 있다는 단점이 있다.

다. 상태적 차원의 정의

여가의 시간적·활동적 차원의 정의가 개관적인 정의라 한다면, 상태적 차원의 정의는 다분히 주관적인 정의로서 주로 철학자나 심리학자, 종교학자들에 의해 발전되어 왔다.

먼저 철학자들의 여가에 대한 관점은 그리스의 아리스토텔레스에 의해 대표되는 것으로 이들은 여가를 존재의 상태(state of being)로 보고 여가개념자체가 삶의 목적이 되어야 한다고 보는 것이다. 또한 종교가들도 여가는 정신적·영적인 태도이며, 단지 외적인 요인에 따른 불가피한 결과가 아니라 마음의 자세(attitude of mind)이며 영적 상황(condition of soul)으로 보고 있다. 또한 심리학자들의 여가에 대한 관점은 여가가 인간이 활동하든가, 안 하든 간에 일상생활의 필요성에 의하여 요구되는 것이 아니며, 경험과 마음의 상태(state of mind)임을 강조하고 있다.

즉 여가는 주어진 시간이나 활동이라기보다는 마음의 상태인 동시에 마음의 지주로 보는 것이다. 바꾸어 말하면 사람이 일을 하면서도 자유스러운 마음으로 한다면 여가를 향유한다고 볼 수 있는 것이다. 일과 여가란 이를 향유하는 마음에 있는 것으로 여가와 일을 통합할 수 있는 개념이면서 우리의 일과 여가를 보는 시각의 전환을 가져다주는 개념이기도 하다.

이러한 여가의 상태적 정의는 객관적 정의로 다룰 수 없는 여가의 질적인 측면을 잘 조명해주고 여가의 방향을 제시해주는 장점이 있는 반면에 관찰 및 계량화의 어려움이 있다는 단점이 존재하고 있다.

라. 제도적 차원의 정의

여가에 대한 제도적 차원의 정의는 또 다른 관점으로 여가를 한 시대의 사회제도나 가치에 의해 정의하는 방법이다. 즉 여기서 여가란 그 시대의 가치관에 따라 변화할 수 있는 것이다.

예를 들어 근대 경제학자이자 사회학자인 톨스타인 베블렌은 그의 저서 **유한계급론**(The theory of leisure class)에서 여가를 상류 사회계층의 상징적 활동으로 보고 이의 특성을 시간의 비생산적인 소비와 과시적 소비 등으로 제시하고 있다. 즉 이 시대의 상류계층을 대표적인 여가계층(유한계급)으로 보고 이들은 노동으로부터 해방되어 생활의 전반적인 부분에서 상징적인 여가를 향유하고 있다고 보고 있다. 바로 이들의 제반 특성과 활동이 여가라는 것이다. 제도적 차원의 여가정의는 앞서 다룬 차원과는 다른 관점의 시각을 제공해준다. 즉 그 사회가 어떠한 배경을 가지고 있으며 공유하는 가치관이 여가를 정의하는 잣대가 되는 것이다. 한국에 있어서 여가에 대한 유교적인 가치관은 대단히 부정적이다. 즉 일을 하지 않는 다는 것은 바로 죄악인 것이다. 또한 서구의 청교도적인 윤리도 이와 비슷하다. 이러한 사회에서 여가란 매우 비생산적인 것, 사치한 것으로 자리매김 될 수밖에 없는 것이다.

마. 포괄적 차원의 정의

여가에 대한 포괄적 차원의 정의는 앞에서 다룬 개별적인 여가의 기준은 여가의 본질을 통합할 수 없기 때문에 이들 요소를 포괄적으로 수용할 필요가 있다는 관점에서 최근 많이 시도되고 있다.

따라서 여가의 포괄적 정의는 앞에서 설명한 여가의 시간적, 활동적, 상태적, 그리고 제도적 요소가 적절히 배합된 복합적 속성을 가진다. 즉 여가는 개인이 가정, 노동, 기타 사회적 의무로부터 자유스러운 상태 하에서 휴식, 기분전환, 자기계발, 사회적 참여를 이루기 위해 활동하게 되는 시간이라고 할 수 있다. 이는 현대사회가 복잡성을 띠어가고 있는 상황에서 여가의 다면적 속성을 수용하는 포괄적 관점이라 할 수 있다.

(2) 레크레이션(Recreation)

레크레이션은 라틴어 **레크레티오**(recretio)와 **레크레어**(recreare)에서 유래된 말이다. 전자가 **새로운 것을 창조하다** 또는 **새로와지다**, 나아가 **회복**과 **재생**을 뜻한다면, 후자는 **축적**을 의미한다. 영어사전을 보면 recreation을 **레크리에이션**으로 발음할 경우 휴양, 보양, 기분전환, 오락이라는 뜻이고, **리크리에이션**으로 발음할 경우에는 재건, 재창조 등을 나타내고 있다. 근원적으로는 재건이나 재창조의 리크리에이션에서 파생된 것이나 오늘날에는 양쪽의 의미를 포함시켜서 레크리에이션으로 많이 쓰고 있다.

일반적 레크레이션을 위락이라고 번역되어 사용되고 있다. 즉, 레크레이션은 재창조의 리크리에이션, 기분전환, 위로, 즐거움의 뜻을 갖고 있다. 그러나 오늘날의 레크리에이션은 노동을 위한 심신의 피로회복과 기분전환, 정신건강, 인간의 성장과 사회의 안전을 위해 가치가 있다는 개념에서 많은 사람들이 실시하고 있다.

레크레이션은 그것이 개인 또는 집단적으로 여가 중에 영위되는 활동이고, 그 활동 자체에 의하여 직·간접적으로 동기가 주어진 자유롭고 즐거운 활동이다. 동기가 즐거움이고 개인적인 만족이며, 자체적인 매력을 가지고 있으면 바로 레크리에이션인 것이다.

레크레이션은 인간을 재생시키고 그들의 활력을 회복시키며 일로부터의 휴식을 취하고 노동을 준비하게 하는 활동으로서 여가보다는 노동과 더 많은 관련이 있는바, 그라지아(S. de Grazia)는 이를 **노동으로부터 인간이 휴식을 취하고 기분전환을 하고 노동생산을 위한 활동**으로 정의하고 있으며, 칼슨(C. Carlson)은 레크리에이션을 **각 개인이 자발적으로 행하여 그 행위로부터 직접 만족감을 얻어 즐길 수 있는 모든 여가의 경험**으로 인식하고 있다.

여가와 레크리에이션의 관계는 전자를 시간개념으로 보고 후자를 활동개념으로 보려는 견해가 지배적인데, 레크레이션은 재생 및 사회적 편익을 증진하고지 하는 자발적 활동으로서 다음과 같은 특징을 지니고 있다.

- ✓ 육체, 정신 및 감정의 활동을 포함하기 때문에 휴식과 구별된다.
- ✓ 개인적향락과 만족의 추구이므로 노동의 동기와는 구별된다.
- ✓ 선택의 범위가 무한정하기 때문에 수많은 형태로 나타난다.
- ✓ 여가시간에 행해지는 활동이다.
- ✓ 자발적 의사에 의해 참여된다.
- ✓ 진지하며 목적을 가지고 행해진다.

이러한 점에서 레크레이션은 여가시간에 영위되는 자발적 활동의 총체로서 여가의 하위개념이라고 할 수 있다. 여가와 레크리에이션의 차이점을 좀 더 상세히 살펴보면 [표 1-3]에서 보는 바와 같이 여가는 포괄적이고 덜 조직적이며 개인적인 동시에 내적 만족을 추구하는데 비하여, 레크레이션은 범위상 한정적이며 비교적 조직적이며 동시에 사회의 편익을 강조하고 있다. 또한 여가가 보통 시간의 개념이나 마음의 상태를 말하는데 비하여, 레크레이션은 공간에서의 활동을 가리킨다.

표 1-3 여가와 레크레이션의 차이점

여　가(Leisure)	레크레이션(Recreation)
포괄적 활동범주 비조직적 개인이 목적우세 자유시간 자유·내적 만족 강조	한정적 활동범주 조직적 사회적 목적 우세 자유시간 내의 활동 재생·사회편익 강조

자료 : John R. Kelly, "Work and Leisure: A Simplified Paradigm", Journal of Leisure Research, No. 4, 1972.

(3) 놀이(Play)

놀이(Play)는 **갈증**을 의미하는 라틴어 플라가(plaga)와 독일어 스피엘(Spiel)에서 유래된 말로 인간의 본능적이며 무조건적인 요구를 반영하는 행동을 말한다. 놀이는 레크리에이션과 마찬가지로 자유와 만족을 강조하는 개념으로 자유롭고 자발적이며 비예측적인 성격을 지닌다. 놀이는 활동자체에서 만족감을 찾는 것이어야 하며, 결과나 목적을 지향하기 보다는 활동의 과정이나 그 자체가 주는 쾌락이 중시된다.

인간의 문화를 놀이의 연속으로 보며, 놀이가 문화에 우선한다고 주장한 호이징가(J. Huizinga)는 인간의 본질을 **놀이인**(homo ludens)으로 규정지으면서, 놀이의 특징을 다음과 같이 제시하고 있다.

- ✓ 자유롭고 자발적인 활동이다.
- ✓ 그 자체에 몰두하는 것이다.
- ✓ 일상적이거나 진실된 것은 아니다.
- ✓ 시·공간의 경계가 없다.
- ✓ 창조적이다.
- ✓ 질서와 규율이 있다.
- ✓ 불확실성이 있다.
- ✓ 사회성과 상징성을 지니고 있다.

이처럼 놀이는 그 자체가 자기표현인 동시에 인간의 본질적인 행동인 것이다. 이와 같은 호이징가의 놀이론은 여가의 문화성을 가장 강하게 강조한 것으로써 오늘날 한층 많은 여가로서의 기조를 만들고 있다고 말할 수 있다. 호이징가는 놀이를 인간에 있어서 가장 높은 가치를 가지는 활동이고, 인간의 문화는 놀이에서 발전했다고 주장하고 있다.

3. 관광현상의 발전과정

관광이 대중화된 사회현상으로 자리 잡은 것은 최근의 일이지만, 이동이라는 전제조건을 관광의 핵심적 요소로 볼 때, 관광의 기원은 생존을 목적으로 이동했던 고대이전으로 돌아간다. 그러나 이때의 관광목적은 현대적 의미의 다양한 목적보다는 필요한 물자와 토지같은 생존조건을 충족시키기 위해 이동을 했던 것이기 때문에 엄격한 의미에서 관광의 본질을 벗어난다. 그러나 이집트나 로마와 같은 문명발상지를 중심으로 종교·교역·건강 등의 목적을 띠고 관광여행의 현상이 나타나기 시작하여 중세와 근대 그리고 현대에 이르는 일련의 발전과정을 겪게 된다.

세계적인 관광발전사를 한마디로 요약하기에는 무리가 따르지만 관광매체의 개입여부를 기준으로 하여 시대별로 주요 특징을 기술하면 〈표 1-4〉와 같이 4단계로 나누어 볼 수 있다. 즉 자연발생적 관광시대, 매개사업적 관광시대, 개발육성적 대중관광시대, 그리고 대안적 관광시대로 구분하여 볼 수 있다.

표 1-4 세계적 관광현상의 발전과정

구분	자연발생적 관광시대 (tour)	매개사업적 관광시대 (tourism)	개발육성적 관광시대 (mass tourism)	대안적 관광시대 (alternative tourism)
시기	고대~1840년대	1840~1940년대	1940~1990년대	1990년대 이후
관광 동기	종교, 건강, 교육, 탐험	종교, 상용, 건강, 휴양,	상용, 휴양, 쾌락, 스포츠, 방문, 종교, 시찰, 회의, 건강, 교육, 연수, 탐험	기존의 동기 +특별관심관광(SIT), 생태, 의료, 세계적교류, 가상체험,
관광체계요소	관광행동, 관광자원	관광행동, 관광자원, 관광산업	관광행동, 관광자원, 관광산업, 관광정책	관광행동, 관광자원, 관광산업, 관광정책, 관광정보
관광 계층	특권귀족층	부유층, 중산층	대중	전국민
정부 역할	역할무의미	자유방임적 역할	주도적 역할	조성적 역할
정부 개입	무개입	간접적·소극적 개입	직접적·적극적 개입	직접적·적극적 개입
관광 현상	개인적 차원	사업적 차원	국가적 차원	세계적 차원
관광 형태	개인여행	단체여행	단체여행〉개별여행	개별여행〉단체여행
관광진흥초점	없음	경제적 이익	경제·사회적 이익	경제·사회·환경적 이익

자료 : 장병권(1996), '한국관광행정론', 일신사, 286쪽 참조 후 일부 재작성.

1) 자연발생적 관광시대

자연발생적 관광단계는 고대에서 1841년 토마스 쿡이 관광사업을 시작할 때까지를 말하며, 이때는 관광현상에 기업이나 정부의 개입이 없었던 시대로서 관광자 스스로 여행을 하는 자연발생적인 성격이 강한 시기이다. 이 시기의 주된 관광동기는 종교적인 이유로 성지순례가 주종을 이루었으며, 일부 교역목적의 이동도 있었다. 또한 일부 귀족층을 중심으로 온천(spa)을 방문하는 건강목적의 여행도 문헌상에 나타나 있다. 그리고 중세로 넘어오면서 문예부흥기에는 견문확대를 목적으로 하는 교육관광(Grand Tour)과 탐험도 주요 관광동기가 되었다.

2) 매개사업적 관광시대

매개사업적 관광시대는 1840년대에서 제2차 세계대전 이전인 1940년대까지를 말하며, 이 시기에는 관광현상에 사업체가 개입하기 시작한다. 관광행위에 참여하는 관광객의 동기도 자연발생적인 단계보다는 다양화하기 시작하여 귀족층과 일부 부유층들 사이에는 휴양을 위하여 온천을 방문한다던지 해안가에 별장을 짓고 휴식을 즐기는 새로운 형태의 관광도 나타나기 시작하였다. 또한 관광계층도 산업혁명의 영향으로 새롭게 부상되는 신흥중산층까지 확대된다. 관광현상에 대한 정부의 역할은 자유방임적인 차원에 머물러 단지 관광발전을 위한 여건조성에 간접적이고 소극적인 영향력을 행사하는 시기다. 또한 이 시기의 정부의 관광진흥을 위한 초점은 주로 경제적 이익을 추구하는데 집중되었다. 관광형태에 있어서는 여행업의 선구자인 토마스쿡이 시도한 포괄여행이 유행하여 단체여행의 성격이 두드러지는 특징을 보인다.

3) 개발육성적 관광시대

개발육성적 관광시대는 제2차 세계대전 이후부터 1990년대에 이르는 대중관광시대를 말한다. 이 시기는 관광산업을 전후복구의 수단으로 인식하고 선진국을 중심으로 한 많은 국가에서는 관광진흥에 박차를 가하게 되었다. 대중교통의 발전과 관광자의 경제사회적 지위의 향상으로 관광활동에 일반 대중이 참여하게 되고, 복지관광(social tourism)정책 까지 등장하게 된다. 정부의 관광진흥 초점은 초기에는 경제적 이익에 집중되던 것이 차츰 사회문화적 가치도 반영되는 형태를 띠게 되었다. 관광자의 참여동기도 순수한 관광의 목적과 더불어 상용이나 국제회의, 스포츠교류, 연수 등 겸관광의 형태로 다양화하기 시작한다. 이러한 다양한 관광동기로 하여금 관광형태도 단체여행과 더불어 개별적으로 여행하는 형태가 급증하기 시작한다. 이 시기를 특징짓는 관광현상의 체계는 정부가 관광정책에 적극 참여하게 됨으로써 진흥자의 역할과 조정자의 역할을 수행하게 되는 복잡한 체계를 갖게 된다.

4) 대안적 관광시대

대안적 관광시대는 1990년대 이후에 전개되는 새로운 차원의 관광시대이다. 정보화로 인하여 새로운 개별여행환경이 개선되고, 세계화의 진전에 따른 동질적 공간의 확대에 대한 이문화체험의 기대가 높아지면서 지금까지와는 다른 대안적 형태의 관광이 활성화되고 있다. 또한 무엇보다도 생태적 환경보호에 대한 관심이 증가하면서 생태관광(eco-tourism)의 도입과 활용이 확산되고 있다. 이는 1991년 리우환경회의에서 제창된 지속가능한 개발(sustainable development) 개념이 관광부문에도 예외 없이 적용되고 있는 것이다. 2000년대 관광자의 관광동기는 기존의 다양한 동기와 함께 개인의 흥미, 이문화체험, 세계적 교류, 가상체험을 통한 관광욕구 발생 등이 주요 동기가 되고 있다. 따라서 관광형태도 기존의 단체여행의 형태보다는 개별여행의 형태가 주도적이다. 정부의 관광진흥에 대한 초점도 경제적 이익과 사회적 이익, 그리고 환경적 측면을 공히 고려하는 역할로 바뀌고 있다.

대안관광(alternative tourism)의 구체적인 형태는 지속가능한 관광(sustainable tourism), 녹색관광(green tourism), 연성관광(soft tourism), 생태관광(eco-tourism), 자연관광(nature tourism), 책임관광(responsible tourism), 적정관광(appropriate tourism), 토착관광(indigenous tourism), 지역기반관광(community-based tourism), 의식적 관광(sensible or sensitized tourism), 대면관광(people-to-people tourism), 통제관광(controlled tourism), 별장관광(cottage tourism) 등으로 새로운 시대의 가치에 부합하는 다양한 형태로 제시되고 있다.

제2장 02 관광현상과 관광학 연구

1. 관광학연구의 학문적 성격

일반적으로 어느 한 분야에 대한 집중적인 관심과 연구가 새로운 분과학문으로 자리 잡게 되는 데는 크게 세 가지의 경우를 들 수 있다. 우선 그 중의 하나는 전문화의 과정으로 기존의 학문이 더욱 복잡해지고 다양해지면서 노력의 분화가 요구되고 그 결과 새로운 학문분과가 형성되는 경우이다. 두 번째는 새로운 이론의 발견이 그 기초가 되는 경우로 흔히 자연현상을 연구하는 자연과학분야에서 기대할 수 있는 과학적 혁명 같은 것이다. 세 번째는 새로운 주제에 대한 개안이다. 즉 인간의 현실적 삶의 문제와 연관되어 그 해결방안을 강구하는 실천적 접근을 배경으로 하는 경우이다.

관광학이 하나의 독립된 개별학문으로 뿌리내리게 된 배경을 이 세 가지 중에서 찾는다면 마지막의 경우에서 그 유사근거를 찾을 수 있다. 이는 관광학의 형성배경이나 학문적 성격이 기존학문의 분화나 이론의 진화에 기인한다기보다는 관광이라는 새로운 삶의 형태와 관련된 현상과 문제의 출현에 근거하고 있음을 의미하며, 학문자체의 인식보다는 사회의 요구와 요청에 더욱 기초하고 있음을 보여준다.

한편 관광현상을 연구하는 관광학은 성격상 다음과 같은 특징을 갖는다.

첫째, 관광학은 종합학문의 성격을 가지고 있다. 그러므로 어느 특정 학문적 연구에 의존하기보다는 [그림 1-4]에서 보는 바와 같이 다양한 학문분야로부터 다각적인 접근이 이루어지는 학제적 접근방법(inter-disciplinary approach)의 특성을 가지고 있다. 즉 이러한 학문적 특성은 각 학문의 특성을 관광이라는 현실적 이슈에 의도적으로 통합시켜 연구하게 된다.

그림 1-4 **관광현상의 연구와 인접학문과의 관계**

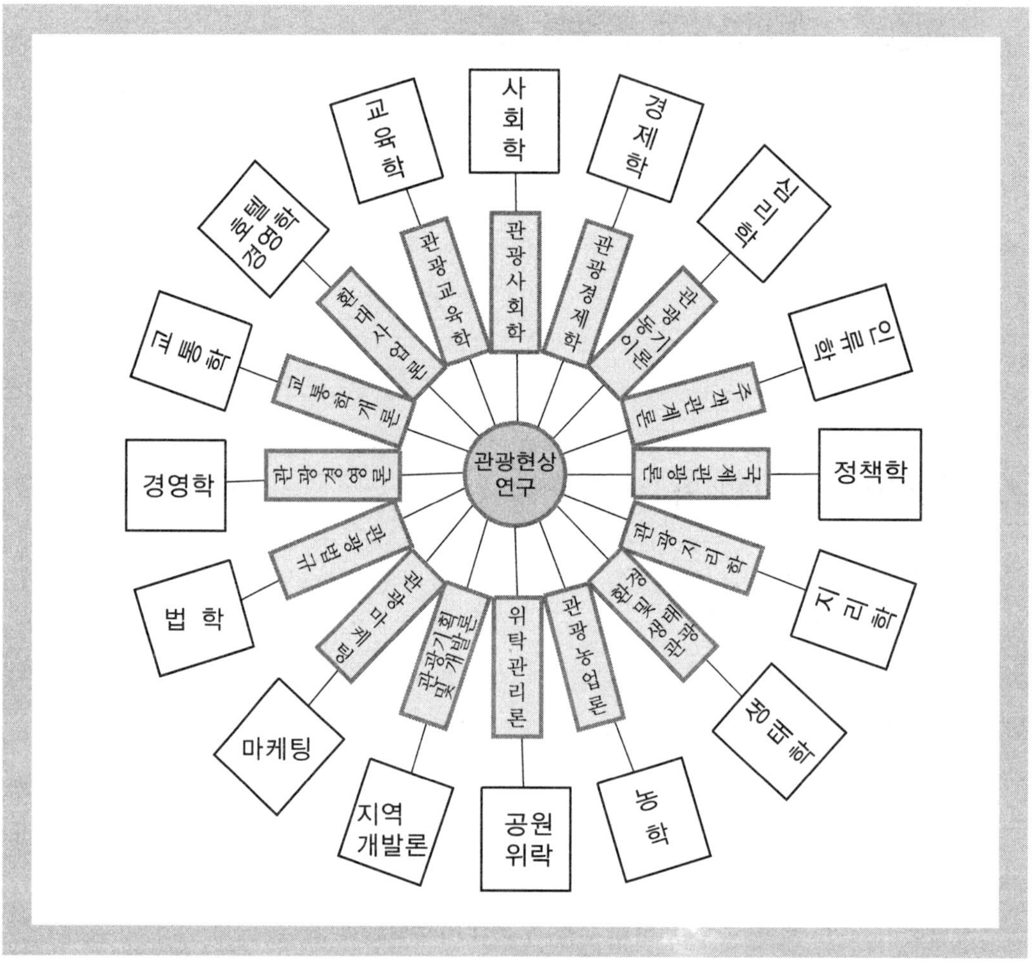

둘째, 관광학은 순수학문이기보다는 응용학문에 속한다.

셋째, 관광학은 학문자체만을 위한 학문이라기보다는 연구를 통해 인간과 사회의 현실적인 문제, 즉 관광문제를 해결하려는 규범적 또는 실천적 성격을 강하게 띤다. 따라서 관광학은 실천학문이다.

2. 관광학 연구의 전개과정

오늘날 관광은 보편적인 사회문화적 현상임과 동시에 거대한 산업군으로 자리 잡고 있다. 이에 따라 많은 연구자와 경영자들이 관광현상에 커다란 관심을 가지게 된 것은 당연한 일이라 하겠다. 여러 가지 연구문헌을 검토해보면 하나의 연구주제로 관광현상이 얼마나 인기가 있는지 쉽게 알 수 있다. 이러한 차원에서 지난 몇십 년간 학술연구의 결과물을 살펴보면 크게 네 그룹으로 분류되어 발전과정을 겪고 있으며, 이들 각각의 발전과정은 관광현상에 대한 독특한 입장과 사고체계를 보여주고 있다.

즉 초기단계의 지지론적 입장의 연구에서 시작하여 경계론적 입장의 연구, 대안론적 입장의 연구를 거쳐 현재 지식체계적 연구 순으로 발전과정을 거치고 있다. 이들은 연대순으로 등장하긴 하였지만, 하나의 관점이 다른 입장의 연구를 대체하면서 발전한 것이라기보다는 한 관점의 주제와 입장은 다음 관점을 대두케 하였으며, 현재는 이 네 가지 관점이 공존하면서 활용되고 있다. 그리고 각각의 입장은 원래의 관점을 유지하고 있으며 때로는 상호작용하고 혹은 독자적인 관점을 고수하기도 한다.

1) 지지론적 입장의 연구 : 관광은 선(the good)이다

이 첫 번째 관점의 출발은 20세기 초로 거슬러 올라가지만, 본격적인 시기는 제2차 세계대전 이후 유럽 국가들의 전후복구수단으로 경제적 재건이 중요한 과제일 때 관광을 그 수단으로 활용하고자 하는 동기에서 시작되었다고 볼 수 있다. 그후 신생독립국가들도 경제발전을 추진하면서 관광산업을 전략적으로 육성하고자 할 때 이러한 입장의 연구가 이를 지원하게 된 것이다. 이렇게 관광현상에 대한 지지론적 입장의 연구는 관광학 연구에 있어서 초기단계의 입장으로 관광의 경제적 측면의 영향과 효과에 관심을 둔 사람들에 의해 형성된 것이다. 이러한 연구의 수행은 민간부문에서는 관광업체, 컨설팅회사, 관광관련협회와 같은 사람들과 공공부문에 있어서는 국가의 관광관련부서와 정치가 등의 직업적인 배경을 가진 사람들에 의해서 주로 실행되었다.

이들은 주로 관광이 가져다주는 경제적인 이익에 초점을 두고 연구를 수행하였다. 즉 관광은 노동집약적인 산업이어서 고용과 소득창출효과가 크다는데 착안하여 이들 분야에 연구를 중점적으로 수행하였으며, 또한 다른 부문에 대한 파급효과도 커서 많은 지역사회와 국가의 생존 가능한 경제대안으로 제안되었다. 그리고 국제수지를 개선하는 중요한 외화수입원이 된다는 점을 강조하고 있다.

이러한 주장을 강화하기 위해 지지론적인 입장을 표명하는 사람들은 비경제적인 관광의 영향과 효과에 대해서도 긍정적인 평가를 하였다. 즉 관광은 자연환경과 인공환경을 보존해주고, 과거의 전통을 부활시키며, 문화적인 공연을 적극적으로 활성화시킨다. 그리고 관광은 범문화적 교류와 지구평화를 위한 전망을 밝게 한다는 것이다.

관광의 긍정적인 전망에 대한 견해는 많은 국제기구의 관광개발에 대한 차관지원 같은 지지활동을 통하여 더욱 강화되었다. 따라서 각 국에서는 1960년대 말부터 관광의 경제적인 측면이 매우 명확하게 인식되어 관광산업에 대한 붐이 일기도 했다. 오늘날 확고히 구축된 전 세계의 관광개발 네트워크를 통해 관광에 대한 지지는 관광과 관련이 있는 업계와 정책분야에 있는 사람들에 의해 계속 강화되고 있는 추세다. 그리고 이러한 입장의 연구는 지금까지도 강력한 입장으로 계속 추진되고 있다.

2) 경계론적인 입장의 연구 : 관광은 악(the bad)이다

시간이 경과함에 따라 관광문제에 관한 세심한 관찰과 신중한 연구의 수행 결과, 지지론적인 입장에 대한 도전이 제기되기 시작했다. 1960년대에는 거의 들리지 않았던 새로운 주장이 발전되어 경계론적인 입장의 기초가 된 것이다.

관광에 대한 이러한 사고에 공헌을 한 것은 관광관련 사회학자들과 그와 관련된 학술단체의 구성원들, 자연과 문화관련 공공기관, 그리고 다양한 정보를 제공하는 일반미디어 등이다. 경계론적인 입장의 주장은 비경제적인 측면의 부정적인 영향에 초점을 두고 있으며, 경제적인 측면에서도 매우 회의적인 입장을 견지하고 있다. 즉 관광은 자연과 환경을 파괴하고, 지역주민과 그들의 문화를 상품화하여 왜곡시키며, 관광지의 사회구조와 전통문화를 파괴한다는 것이다. 또한 경제적인 영향에 있어서도 지지론적인 입장과는 달리 관광은 대개 계절적이고 비숙련직 고용만을 창출시킬 뿐이며, 이익도 외부의 기업체로 누출이 심하다는 것이 그들의 입장이다.

이러한 경계론적인 입장의 주장은 계속적으로 지지론에 날카로운 도전을 하였으며, 반박하는 주장의 정도도 이전의 지지론의 주장에 대한 전적인 반박에서부터 관광의 바람직스럽지 못한 결과에 대한 선별적인 주장에 이르기까지 다양하게 제시되었다. 1970년대에 들어서면서부터 -한국의 경우는 1980년대- 본격적으로 시작된 이들 간의 논쟁은 사안별로 격렬하게 진행되었으며 논쟁이 되는 내용은 다음 〈표 1-5〉와 같다.

표 1-5 관광영향에 대한 지지론과 경계론의 입장

지지론적 입장		경계론적 입장	
경제적 영향	사회문화적 영향	경제적 영향	사회문화적 영향
• 노동집약적 성격으로 인한 고용과 소득창출 • 외화발생 • 기존의 기반시설 위에 건설가능 • 지역생산품과 함께 개발가능 • 개발확신 • 기타경제활동보충 • 높은 승수효과	• 교육기회의 증대 • 국제이해와 평화 증진 • 언어와 인종장벽 제거 • 사회문화적 장벽제거 • 정치와 종교장벽 제거 • 문화유산 및 전통의 보존 • 지구촌의 세계관과 멤버십의 강화 • 자신의 고유문화에 대한 평가 강화	• 인플레이션을 야기 • 높은 누출 발생 • 계절성으로 인한 실업초래 • 변화, 루머, 질병의 확산 • 경제변동에 민감 • 경제개발의 불균형 초래 • 외부에의 경제적 종속과 의존 증가 • 전시효과 증대 • 자원파괴 및 시각공해 유발	• 오해의 야기 • 고정관념의 초래 • 외국인 기피 및 혐오현상초래 • 사회적인 오염초래 • 문화, 종교, 예술의 상업화 • 가족구조의 파괴 • 범죄발생 증가 • 관광목적지의 갈등 초래

자료 : 이연택(1993).

3) 대안론적 입장의 연구 : 관광의 선과 악은 방법(the how)에 있다

지지론과 경계론간의 양극화된 논의는 주로 관광의 영향과 관련된 것이었기 때문에 관광의 대안적인 형태나 응용된 유형을 도입할 경우 기존의 형태보다 양적·질적 측면에서 다소 부정적인 영향을 최소화할 수 있다. 대안론적인 입장의 연구발전은 이러한 응용론의 입장에서 시작된 연구경향으로 많은 관광의 대안적인 형태의 제시에 관심을 기울이고 있다.

새롭게 대두된 이 관점은 관광에 대한 지지론과 경계론의 장점을 모두 취합하여 관광목적지와 그들의 사회문화적, 인공적, 자연적 환경에 바람직하게 부응하는 형태의 관광을 옹호하고 관광자들에게 새로운 취향과 보상경험을 제공하고자 하는 것이다. 이와 관련하여 제시된 전략들은 앞서 대안적 관광시대에서 열거한 일련의 관광의 대안적 형태(alternative forms of tourism)가 모두 해당되며, 현재에도 계속해서 증가되는 추세에 있다.

일반적으로 대안론적 입장의 관광은 지역중심으로 지역자원을 활용하며, 상대적으로 관리가 용이하고 비파괴적이며, 관광자와 지역주민에게 공히 이익이 되는 관광개발유형을 연구결과로 제시하고 있다. 이러한 응용적인 관광은 대중화·상업화되고 통제불가능하며 경성관광(hard tourism)위주인 현재 관광개발형태에 대한 대안으로 활용되고 있다.

이 주장에 대한 찬성론자들은 학계인사들, 연구관계그룹, 컨설턴트, 자연보호주의자, 지역개발가 및 관광사업경영자들에서 찾아볼 수 있다. 심지어는 종교단체에서도 연성관광(soft tourism)의 이익을 촉진하려는 의도에서 국제적인 연결망을 조직해 왔다. 이 연성관광은 현재도 충분히 실시할 수 있으며, 세계적으로 유행되고 있는 경성관광의 비용과는 상반되는 것이다.

이처럼 대안적 관광입장은 시간이 지남에 따라 계속 주목을 받고 있는 것이 사실이다. 사실 하나의 주장이 출현할 때마다 새로운 대안이 도입되기 마련이다. 생태관광(ecotourism)이라고 잘 알려진 최근의 대안도 이렇게 마련된 대안적 관광형태의 대표적 사례로서 학계와 정부, 업계의 주목을 끌고 있다.

그러나 이러한 일련의 대안적 관광형태는 관광현상의 부분적인 치료책으로 등장한 것이어서 세계적으로 발생하는 대규모의 관광문제를 모두 해결하기에는 부족한 개념이다. 그러나 관광현상이 계속해서 증가하고 문제점이 발생할수록 이에 대한 대안적인 연구경향의 수요는 21세기에도 계속해서 요구될 것이다.

4) 지식체계론적인 입장의 연구 : 관광에 대한 전체와 근본(the why) 알기

지식체계론적인 입장은 기존의 입장에 대한 통합적인 관점으로 주로 학계를 중심으로 전개되는 연구동향을 말한다. 이러한 통합적인 지식체계입장이 대두되게 된 것은 다음과 같은 현실적인 인식에 기초하고 있다.

첫째, 관광은 거대한 산업으로서 매일 수백만의 관광자에게 서비스를 제공하고 관광현상은 우리의 일상생활 속에 깊숙이 자리 잡고 있다는데 관광연구자들은 전반적인 인식을 같이 하고 있다.

둘째, 관광과 관련된 모든 개발은 바람직한 변화와 함께 바람직하지 못한 결과를 동시에 내포하고 있다는 점을 인정해야 한다. 따라서 이들에 대한 비용과 편익에 대한 내용을 모두 파악하는 것이 중요하다.

셋째, 관광영향에 대한 지지론적 입장과 경계론적 입장, 그리고 대안론적인 입장은 전반적으로 관광의 일부분만을 다루고 있다는데 있다.

넷째, 관광의 체계적인 연구나 그 중요성 및 기능의 이해를 위해 관광을 전체적으로 고려해 보는 것이 관광에 관한 지식의 형성에 도움이 될 것이며, 이는 제도화된 관광현상과 거대산업이 된 관광교역에 대한 지식의 구축에 커다란 기여를 할 것이라는 점이다. 바로 지식체계론적인 입장은 이러한 발전적이고 전체적인 견해에서 등장하게 된 것이다.

학계에 지지기반을 둔 이 마지막 관점은 자체적으로 과학적인 기반을 확보하려는 동시에 다른 관점과의 연계를 유지하려는 의도를 가지고 있다. 객관적인 입장에서 볼 때 그 토대라는 것은 한 관점을 다른 관점에 귀속시키는 것이 아니라 각 관점들을 상호접근시키기 위한 연계수단으로서의 객관성을 의미한다. 이러한 지식체계론적인 입장은 다음과 같은 사항을 내포하고 있다. 즉 다양한 영역이나 분야와 관광과의 관계, 관광의 구조에 관한 체계적인 연구, 관광현상을 발생시키고 관광편의를 도모한다는 좀 더 큰 맥락에서의 관광의 유통구조, 개인을 비롯한 단체, 업계, 정부시스템 수준에서의 관광의 기능, 관광에 영향을 주고 또는 영향을 미치는 요인, 관광계획 및 수용력에 대한 다양한 견해 등을 포함한다.

이들 연구의 목적은 관광을 통합적(holistic)으로 다루는데 기여하기 위한 것이다. 즉 관광의 단편적인 영향이나 형태적 측면이 아니라 관광을 전반적으로 다룸으로써 관광에 관한 지식의 과학적 체계를 형성하려는데 그 주목적이 있다.

예를 들어 관광현상에 관한 정의도 이러한 연구동향의 발전에 따라 초기에는 경제적 측면의 정의와 통계목적의 기술적 정의가 널리 사용되었지만 최근에는 이러한 연구발전의 경향을 반영하여 통합적 차원의 정의가 더욱 보편화되어 관광현상을 총체적인 시스템으로 간주하는 경향이 강하다. 즉 관광현상은 단편적인 지식체계가 아닌 것이다.

3. 관광학연구의 접근방법

관광학연구의 목적은 모든 과학이 추구하는 것과 같이 관광현상을 이해하고 설명하며, 이를 통해 문제를 해결하는데 있다. 이러한 연구목적의 달성을 위한 접근방법이란 연구를 수행하는 방법론의 문제로서, 구체적으로는 추구하는 연구의 목표와 대상에 따라 그에 맞는 접근기법이나 절차를 적용하는 문제인 것이다. 여기서 관광현상을 연구하는 관광학은 성격상 종합학문이기 때문에 연구를 수행하는 접근방법도 다양한 것이 사실이다. 이러한 접근방법을 분류하는 데에는 여러 가지 기준에 따라 다르다. 본서에서는 그 기본적인 방법을 네 가지로 나누어 설명하고자 한다.

1) 규범적 접근방법

규범적 접근방법이란 한 사회가 바람직하다고 믿는 가치관이나 신념에 근거하여 관광현상의 방향을 제시하는 연구방법인 것이다. 즉 관광현상이 지향하는 이념이나 사상, 그리고 연구자의 주관적인 가치에 의존하여 연역적인 방법으로 결론을 도출하는 방법이다. 따라서 규범적 접근방법의 지향점은 평화나 행복 같은 인간이 추구하는 보편적인 가치범주에 속한다고 볼 수 있다.

예를 들면 21세기 한국관광의 바람직한 방향이라든가 IMF시대의 건전한 여가생활에 관한 연구 등은 주로 이러한 규범적 성격의 범주에 속하는 주제라 할 수 있다. 여기에서는 연구가설을 설정하여 경험적인 자료를 근거로 이를 실증할 필요는 없다. 물론 경험적 자료를 바탕으로 이러한 방향을 제시할 수도 있지만 대체로 사회에서 공유되는 형이상학적인 가치관에 근거하여 논리를 전개하는 것이 더욱 알맞은 방법이 될 것이다. 이러한 방식은 자연과학적 과학관에 기초한 실증주의 학자들에 의해 과학성의 결여라는 이유로 비판의 여지가 많은 접근방법이라 할 수 있다.

2) 실증적 접근방법

실증적 접근방법은 어떠한 상태가 가장 바람직한가하는 가치의 문제와는 별개로 관광현상이라는 객관적 사실을 관찰하여 경험적 현상 속에 숨겨있는 인과사실 등을 실제로 검증하는 방법이다. 따라서 이들이 주장하는 과학적 지식의 특징은 경험적 사실에 기초하고 있으며, 관찰될 수 있는 사물이나 현상을 설명하는 진술들로 구성되어야만 한다. 이들은 오직 객관성을 중시하기 때문에 연구자의 가치나 의지가 배제되는 가치중립을 원칙으로 한다.

이 접근방식은 관광현상에 대해 관찰을 통하여 먼저 가설을 설정하고 경험적 자료들을 수집·처리·분석하여 설정한 가설의 진위여부를 밝혀 현상을 설명하고 예측하려는 방식으로 일종의 귀납적 방법인 것이다. 예를 들면 **한국호텔기업의 해외진출 결정요인에 관한 연구**라든가 **호텔종사원의 직무만족에 영향을 주는 요인 연구** 등은 이러한 실증적 연구방법의 좋은 사례들이다.

그러나 이러한 실증적 접근방법에 대한 비판이 없는 것도 아니다. 즉 관광이라는 사회현상은 본질적으로 자연현상과는 다른 독립적인 관찰대상으로서의 실재가 아니라 의미적으로 구성되어 있는 현실이라는 것이다. 따라서 이러한 관찰자의 입장에서는 관광현상의 본질적 파악이 어렵다고 보고 참여자의 입장에서 설명보다는 그 현상을 이해하는 자세가 더 적합하다는 것이다. 또한 가치중립이라는 전제가 실제 연구 수행에 있어서 다분히 지켜지지 않는 점에 비판의 여지가 많다.

3) 처방적 접근방법

처방적 접근방법은 연구의 실용성과 실천성을 앞세워 사회나 집단이 당면한 문제를 해결하는데 초점을 둔 접근방법이다. 이러한 접근방법 역시 통계적 가설검증없이 주어진 문제를 진단하고 처방하는데 초점을 두기 때문에 가치판단의 개입이 많으며, 연구자의 의도나 의지와 같은 주관성이 개입할 여지가 크다.

예를 들면 **21세기 한국관광정책 방안, 문화관광축제의 활성화 방안** 등은 이러한 범주의 연구주제로서 다분히 학문적 과학성은 결여된 방법이라 할 수 있다. 주로 정책적 연구나 학술용역 등에서 의뢰집단의 의도대로 연구되는 경향이 있어서 학문적 가치가 결여된 접근방법이라 할 수 있다. 그러나 응용학문과 실천학문의 특성을 가진 관광학의 성격상 이에 대한 수요는 많은 실정이다.

4) 기술적 접근방법

기술적 접근방법이란 관광현상에 대해 발생하는 빈도나 특징을 그대로 기술하는 접근방법을 말한다. 다시 말해 관광현상 속에 내재된 원인과 결과의 관계보다는 간단한 사실을 발견하는데 목적을 두고 있다. 따라서 연구가설을 설정할 필요도 없고 이를 검증할 필요도 없는 것이다. 단지 존재하는 사실에 대한 구체적인 자료를 구하여 그 특징을 기술하는 것으로 충분하다.

예를 들면 관광자 여론조사, 해외관광자의 동태조사, 하계 휴양에 대한 의견조사 등의 설문지 분석을 통한 조사연구가 이러한 부류에 속한다.

이상에서 관광현상에 대한 접근방법을 크게 네 가지로 분류하여 간단히 설명하여 보았다. 여기서 관광현상을 연구하는 가장 바람직한 접근방법은 무엇인가? 어느 한가지의 방법도 완전할 수는 없다. 이러한 연구방법에 대한 논쟁은 과거에서부터 끊임없이 계속되고 있으며, 한가지 방법만으로는 관광현상을 충분히 설명할 수 없다는 명제에 귀착된다고 볼 수 있다.

현재까지의 논쟁의 결과로 볼 때 과학성의 확보라는 문제로 압축될 수 있는데 이렇게 볼 때 실증적 접근방법이 가장 표준적 접근방법이었던 것이 사실이다. 하지만 이 역시 관광이라는 사회현상은 자연현상과 같을 수 있겠느냐하는 인식론의 문제에 한계를 가지고 있다. 여기서 우리가 가져야 할 자세는 연구목적과 연구대상, 그리고 연구주제의 특성에 따라 적합한 한 가지 방법을 선택하든가 혹은 몇 가지 접근방법을 병행하는 자세가 바람직하다고 볼 수 있다.

제3장 03 관광환경 변화와 최근 동향

1. 관광환경 변화

1) 경제환경 변화

세계적으로 OECD 국가의 원유 생산 여력이 지속적인 감소 추세를 보인데 반해 개발도상 국가의 원유 수요가 급증함에 따라 국제 유가가 지속적으로 상승하게 되었으며 미국 서브 프라임 모기지 부실 사태로 인한 세계 금융시장 불안이 지속되면서 경상수지 악화를 초래했다. 물가 불안에 따른 소비 침체와 기업투자 침체는 세계 경제 성장률을 저하시키는 요인으로 작용하였다. 미국의 경상수지 및 재정수지 적자, 경기침체 등으로 유가를 비롯한 국제 상품 가격 급등세를 야기하여 전 세계적으로 물가를 급등시키는 악순환 구조를 형성하였다.

2008년은 6월부터 시작된 국제 유가 상승 및 장기 금리 상승, 대규모 재정 적자 등 세계적인 경기침체의 영향으로 세계관광기구(UNWTO)에서 전망한 국제관광객 성장 추정치인 4.0%를 하회하는 수준으로 국제 관광시장이 급속하게 위축되었다.

세계적인 경기침체와 함께 발생한 원화약세는 국내관광객의 소비심리를 위축시키면서 2008년 7월 이후, 해외여행 수요를 급격하게 감소시키는 원인을 제공하였다. 이와 함께 상대적으로 방한 관광객의 구매력이 상승하게 되었고 엔고현상 및 유류할증료 인상으로 인해 일본관광객의 근거리 목적지 방문 선호 추세가 증가하였다.

2) 사회환경 변화

소득수준 향상으로 인한 가처분 소득 증가, 의학기술 발달 및 라이프스타일 변화에 따른 핵가족화, 고령화 등 우리 사회의 인구구조 변화가 가속화되고 있다. 관광 제반 여건의 개선, 관광을 통한 삶의 질 향상 추구 등 관광에 대한 가치관의 변화는 관광행태 및 소비 패턴에 새로운 변화를 야기하고 있다.

사회환경 변화에 따라 관광 행태는 복잡, 다양화되는 양상을 보이고 있다. 건강과 행복 추구에 대한 관심이 증가하면서 웰빙, 로하스 등 삶의 질 향상을 위한 다양한 트렌드가 등장하고 있으며 인구 구조의 고령화가 진행됨에 따라 시니어 가계소비 지출이 증대될 것으로 전망되면서 소비시장 구조가 재편되고 있다.

이와 더불어 세계적으로 인적 교류가 활성화되면서 우리나라도 외국인 유학생 및 근로자, 결혼이주 여성, 이민자 등 다문화 사회로 변화하고 있다. 이러한 환경 변화에 대응하기 위하여 이주민의 한국 사회 적응 및 정착을 위한 지원사업이 본격적으로 추진되고 있으며 관광부문에서는 취약계층의 국내여행 경비를 지원하는 복지관광 사업에 다문화 가정을 정책 대상으로 포함시키고 있다.

주 5일 근무제가 보편화되면서 국민의 생활 의식이 기존의 노동 중심적 사고에서 여가 중심으로 변화하고 있으며 체험, 참여 형태의 복합 생활문화 레저활동의 활성화와 가족 단위 여가활동 증가 등 관광 및 여가 행태를 변화시키고 있다.

관광객의 여행 경험이 축적됨에 따라 기존의 대량관광 패턴에서 탈피하여 전문적인 지식습득을 추구하는 성향을 보이면서 사람들이 가지 않는 오지 탐험, 종교 여행 등 특별한 흥미나 취미를 목적으로 하는 특수목적관광(SIT) 수요가 증가하고 있다.

3) 기술환경 변화

디지털 경제가 급속하게 확산됨에 따라 시·공간을 초월한 IT를 기반으로 하는 관광산업 경영시스템이 변화하고 있다. 정보통신 기술의 발달로 시간, 장소를 초월하여 경제적이며 편리한 의사소통 수행이 가능해졌으며 다양한 공간과 연계 시스템 강화로 공간 이동형 관광정보 제공 수단이 다양화 될 것으로 예상되고 있다.

디지털과 인터넷 보급 확산에 따른 라이프스타일 변화는 유비쿼터스 시대의 도래와 함께 관광형태 변화에 영향을 미칠 것으로 전망된다. 또한 이동통신의 발달, 위성 DMB 서비스 등 통신 기술 발달에 따라 시간을 계획적으로 사용하는 소비자를 지칭하는 트랜슈머(Transumer)가 등장하면서 관광정보 제공 방식에도 변화를 가져올 것으로 전망된다.

산업부문에서는 여행업, 호텔업 등 관광사업체의 경영 효율화 작업이 가속화되고 있으며, 항공 및 숙박료에 대한 저비용 경영 체제를 구축하고 있다. 세계 각국은 관광산업의 경영 효율화 및 기술 경쟁력 확보로 역내 관광경비를 절감하기 위한 방안을 다각도로 모색하고 있다. 향후 관광산업과 디지털 산업과의 복·융합화를 통하여 관광기술(Tour Technology)을 기반으로 하는 지식기반형 3차 산업으로써 신관광산업이 등장할 것으로 전망된다. 세계적으로 환경의 중요성이 증대됨에 따라 미국, 일본 등 선진 각국에서는 환경 문제에 대응하기 위하여 한경 오염을 기술적으로 해결하는 청정 에너지를 활용한 에너지 산업 등 환경기술 개발과 환경 산업 육성에 박차를 가하고 있다.

4) 기후환경 변화

환경오염의 심화 등으로 환경 문제의 심각성이 국제사회 현안으로 대두되면서 기후변화와 지구 온난화에 대응하기 위한 국가 간 협력 체계 구축 및 프로젝트 수행 등 공동 대응전략을 모색하려는 움직임이 가속화되고 있다. 이처럼 지속가능한 관광에 대한 책임을 강조하는 관광 문화 정착을 위한 인식제고와 정책적 요구가 증가하고 있다.

국제관광의 속성상 항공료, 호텔 이용 등으로 탄소 배출을 과다 발생시킴에 따라 환경에 대한 각국의 관심이 증대되면서 관광객이 이용하는 시설 및 서비스의 무공해 에너지 개발이 가속화될 것으로 전망된다.

또한 지구 온난화 등 환경위기에 대한 대응이 국제사회의 아젠다로 부각됨에 따라 정부는 새로운 국가 비전으로 **저탄소 녹색성장**을 제시하였고 관광산업도 녹색기술을 기반으로 하는 친환경 관광개발 매뉴얼을 개발, 보급하는 등 친환경 개발을 지향하고 자연순응형 개발을 실천하기 위한 노력을 기울이고 있다.

기상이변, 자연 재해 증가 등 국제 환경 문제에 대한 세계 각국의 관심의 관심이 증가함에 따라 세계관광기구(UNWTO)는 2007년 다보스 선언을 통해서 기후 변화가 관광산업에 미치는 영향과 기후 변화에 대한 책임에 대해서 합의하였다. 다보스 선언에서는 각국의 정부와 국제기구, 관광산업 관련 주체에게 이에 따른 책임의 이행을 촉구함으로써 관광을 통한 국제사회의 의무를 환기하는 계기를 마련하였다.

2008년에는 경남 창원에서 건강한 습지, 건강한 인간(Healthy Wetlands, Healthy People)을 주제로 제 10차 람사르 총회를 개최하여 세계의 습지보전 상황을 평가하고 공동의 정책을 개발하였다. 향후 환경 문제에 공동으로 대응하기 위한 정부, 지역사회, 민간단체, 국제기구 간 협력체계 구축이 본격화 될 전망이다.

표 1-6 **관광환경 변화 주요 내용**

분야	환경 변화 내용
경제환경	• 유가상승 • 장기 금리 상승 • 재정 수지 적자 • 물가 급등 • 원화약세 • 엔고 상승 • 유류 할증료 인상
사회환경	• 웰빙·로하스 등 삶의 질 중시 패턴 증가 • 인구구조의 고령화 • 핵가족화 가속 • 인적 교류의 활성화로 인한 다문화 사회로 이행 • 주 5일제 근무의 보편화 • 노동 중심적 사고에서 여가 중심 사회로 변화 • 체험·참여 형태의 레저·관광활동의 활성화 • 가족단위 여가 활동 증가 • 특수 목적 관광(SIT) 수요 증가
기술환경	• IT를 기반으로 한 경영 시스템 변화 • 관광정보 제공 수단의 다양화 • 유비쿼터스 시대의 도래 • 이동통신의 발달, 위성 DMB 서비스 확대 • 트랜슈머(Teansumer) 등장 • 관광산업의 융·복합화 현상 가속
기후환경	• 지구 온난화 현상 가속 • 지속 가능한 관광에 대한 관심 증대 • 책임관광·생태관광의 관심 증대 • 탄소 배출 감소를 통한 저탄소 녹색성장 정책 대두

2. 세계의 관광동향

세계관광기구(UNWTO)가 발표한 통계에 의하면 2008년도 국제관광객 수는 전년대비 1.9% 증가한 9억 2,200만 명으로 집계되었다. 성장세를 보면 테러전쟁이나 경제위기 시기를 제외하고는 지속적으로 성장추세에 있음을 알 수 있다. 각 국가의 관광수입도 계속 성장추세에 있으며 2008년도 1조 달러에 육박하고 있다.

표 1-7 세계관광 성장추세

(단위: 백만 명, %, 십억 달러)

연 도	관광객(백만명)	성장률(%)	관광수입(10억불)	성장률(%)
1950	25	–	2	–
1960	69	10.6	7	12.6
1970	166	9.1	18	10.1
1980	284	5.5	103	19.1
1990	457	7.5	264	21.0
1995	565	21.5	405	50.2
2000	689	20.5	475	16.3
2001	688	−0.1	482	2.9
2002	709	3.1	474	−3.0
2003	697	−1.7	514	8.7
2004	764	10.0	633	9.3
2005	808	5.4	680	3.1
2006	847	5.0	742	5.1
2007	904	6.1	857	5.4
2008	922	1.9	944	1.8
2009	880	−0.5	852	−0.1

자료 : UNWTO World Tourism Barometer(2009, 6) UNWTO Tourism Highlights 2008,
주) 2008년은 잠정치

2008년도에 외래관광객을 가장 많이 유치한 국가는 프랑스로서 7,930만 명이고, 그 다음이 미국, 스페인 순이었다. 아시아국가로서는 중국이 유일하게 5,300만 명으로 10위 안에 포함되었다.

표 1-8 주요국가 외래관광객 현황(2008년)

(단위 : 백만 명)

순위	국가명	방문객수		증가율(%)	
		2007	2008	07/06	08/07
1	프랑스	81.9	79.3	3.8	-3.2
2	미국	56.0	58.0	9.8	3.6
3	스페인	58.7	57.3	1.1	-2.3
4	중국	54.7	53.0	9.6	-3.1
5	이탈리아	43.7	42.7	6.3	-2.1
6	영국	30.9	30.2	0.7	-2.2
7	우크라이나	23.1	25.4	22.1	9.8
8	터키	22.2	25.0	17.6	12.3
9	독일	24.4	24.9	3.6	1.9
10	멕시코	21.4	22.6	0.1	5.9

자료 : UNWTO World Tourism Barometer(2009.6)
주) 2008년은 잠정치

세계적으로 관광수입 주요 국가를 보면 미국이 2008년 말 현재 1,101억불로 1위이며, 스페인 616억불, 프랑스 556억불, 이탈리아 457억불 순으로 나타났다. 아시아 국가로서는 중국이 408억불로서 가장 많게 나타났다.

표 1-9 주요국가 관광수입 현황

(단위 : 십억 달러)

순위	국가명	관광수입		증가율(%)	
		2007	2008	07/06	08/07
1	미국	96.7	110.1	12.8	13.8
2	스페인	57.6	61.6	3.3	-0.4
3	프랑스	54.3	55.6	7.3	-4.6
4	이탈리아	42.7	45.7	2.5	-0.1
5	중국	37.2	40.8	9.7	9.7
6	독일	36.0	40.0	0.7	3.5
7	영국	38.6	36.0	2.6	1.6
8	호주	22.3	24.7	12.5	10.3
9	터키	18.5	22.0	9.7	18.7
10	오스트리아	18.9	21.8	4.0	7.5

자료 : UNWTO World Tourism Barometer(2009.6)
주) 2008년은 잠정치

3. 한국의 관광동향

1) 국민 국내여행동향

2008년도 국내여행 참가자수는 전년대비 2.6% 증가한 3,739만 1,314명으로 나타났으며, 이는 당일 여행 0.03% 감소, 숙박여행은 0.4% 증가한 결과이다. 국민국내여행 이동총량은 1월 1일부터 12월 31일까지 국내숙박여행과 국내당일여행을 합한 총 일수를 의미하는데 2008년도의 경우 4억 8백만 명을 기록하였다. 월별로는 국내여행참가자수 총량은 여름 휴가철인 8월이 가장 많았고 추석이 있던 9월과 설이 있는 2월 순으로 나타났다.

표 1-10 **연도별 국민국내 관광동향**

연도	국내여행 참가자수(명)	여행형태		국민국내여행 이동총량(인.일)	여행형태	
		당일여행	숙박여행		당일여행	숙박여행
1999	33,014,966	27,836,148	22,909,078	272,607,234	134,505,416	138,101,818
2001	36,323,833	32,266,983	26,670,032	327,928,709	171,289,223	156,639,486
2004	37,134,692	29,769,774	31,707,910	227,537,202	124,815,978	102,721,224
2005	36,888,642	30,003,805	31,225,594	388,836,797	148,649,882	240,186,915
2006	37,666,721	31,975,212	31,817,115	416,982,061	168,373,799	248,608,262
2007	36,443,445	30,472,456	31,226,028	477,372,260	183,033,025	294,339,235
2008	37,391,314	30,461,915	31,350,952	408,026,189	141,017,187	267,009,002

자료 : 한국관광공사 관광통계
주) 위 자료는 표본추출방법에 의해 산출된 추정치로 전국에 거주하는 만 15세 이상의 남·녀를 모집단으로 함

2) 한국의 외래관광동향

한국의 외래관광동향을 보면 먼저 외래관광객 입국현황으로써 1978년 최초로 100만 명을 돌파한 이후 꾸준한 증가를 보이며, 88올림픽이 개최되던 1988년도에는 200만 명을 넘어섰다. 그리고 계속해서 1991년도에는 300만 명을 돌파하고 1998년도 400만 명을 돌파하였다. 2년 후인 2000년도에는 유사 이래 최초로 외래관광객 500만 명 시대에 돌입하게 되었으며, 2002년 월드컵 유치를 계기로 2005년도에는 600만 명 시대를 열었으며, 2008년 말 700만 명을 목전에 두고 있다.

표 1-11 연도별 외래관광객 입국현황 (단위 : 명, %)

연도	외래관광객수(명)	증가율(%)	연도	외래관광객수(명)	증가율(%)
1970	173,335	36.8	1992	3,231,081	1.1
1975	632,846	22.3	1993	3,331,226	3.1
1976	834,239	31.8	1994	3,580,024	7.5
1977	949,666	13.8	1995	3,753,197	4.8
1978	1,079,396	13.7	1996	3,680,779	-1.8
1979	1,126,100	4.3	1997	3,908,140	6.1
1980	976,415	-13.3	1998	4,250,216	8.8
1981	1,093,214	12.0	1999	4,660,000	9.6
1982	1,145,044	4.7	2000	5,321,792	14.2
1983	1,194,551	4.3	2001	5,146,013	-3.3
1984	1,297,318	8.6	2002	5,346,118	3.9
1985	1,426,045	9.9	2003	4,752,762	-11.1
1986	1,659,972	16.4	2004	5,818,138	22.4
1987	1,874,501	12.9	2005	6,022,752	3.5
1988	2,340,462	24.9	2006	6,155,046	2.2
1989	2,728,054	16.6	2007	6,448,240	4.8
1990	2,958,839	8.5	2008	6,890,869	6.9
1991	3,196,340	8.0	2009	7,817,533	13.4

자료 : 한국관광공사 관광통계

3) 한국의 국외관광동향

국민 해외여행도 1989년 해외여행 자율화이후 급속한 증가추세를 보여 1989년도에 최초로 100만 명 이상이 해외로 나갔고, 1992년도에 200만 명, 1994년도에 300만 명 돌파라는 급성장 기록을 보였다. 그 후 세계에서 가장 높은 해외여행증가율을 보이며 1996년도에는 465만 명이 출국하였으나 1997년도 경제위기로 인하여 최초로 마이너스 성장률 기록, 1998년에는 306만 명 수준으로 출국현황이 위축되었다. 그러나 IMF경제위기의 극복으로 인해 1999년도에는 전년대비 41% 증가한 434만 명이 출국하였으며, 2000년도에도 27% 증가한 550만 명이 출국하였다. 그 후 높은 성장률을 기록하며 2005년도에는 유사 이래 최초로 해외관광객 1,000만 명 시대를 열게 되었다. 2007년도 1,300만 명 시대를 돌파하였으나 2008년도에 미국 발 세계경제악화와 신종인플루 때문에 1,200만 명 정도로 다소 격감한 상황이다.

표 1-12 연도별 국민 해외여행 증가추세

(단위 : 명, %)

연도	출국자	성장률	해외관광여행 허용연령 확대단계
1986	454,874	-6.0	
1987	510,538	12.2	
1988	725,176	42.0	
1989	1,213,112	67.3	
1990	1,560,923	28.7	
1991	1,856,018	18.9	50세 이상('80. 1. 1)
1992	2,043,299	10.1	45세 이상('87. 9. 16)
1993	2,419,930	18.4	40세 이상('88. 1. 1)
1994	3,154,326	30.3	30세 이상('88. 7. 1)
1995	3,818,740	21.1	연령제한 폐지('89. 1. 1)
1996	4,649,251	21.7	
1997	4,542,159	-2.3	
1998	3,060,000	-32.5	
1999	4,340,000	41.6	
2000	5,508,242	27.0	
2001	6,084,476	10.5	
2002	7,123,407	17.1	
2003	7,086,133	-0.5	
2004	8,825,585	24.5	
2005	10,080,143	14.2	
2006	11,609,878	15.2	
2007	13,324,977	14.8	
2008	11,996,094	-10.0	
2009	9,494,111	-20.9	
2010	11,466,936	17.2	

자료 : 한국관광공사 관광통계

한국의 여행수지 현황을 보면 88올림픽 개최년도인 1988년에 19억불의 관광수지 흑자를 기록한 이후 계속 감소추세를 보였다. 1991년에는 최초로 관광수지적자를 3억 5천만 불을 기록하고 계속 적자를 보이다가 1998년도에는 관광진흥노력과 IMF금융경제위기로 인한 출국감소로 인해 42억 2천만 불의 흑자라는 경이적인 기록을 나타냈다. 그러나 그 후 급격한 해외여행자수 증가와 해외지출경비의 증가로 2007년도에는 100억불이 넘는 여행수지 적자를 가져오기도 했다.

표 1-13 연도별 우리나라 관광수지

(단위 : 천 달러, %)

연 도	여행수입	증가율(%)	여행지출	증가율(%)	여행수지
1986	1,547,502	97.3	612,969	1.2	934,533
1987	2,229,156	48.6	704,,201	14.9	1,594,955
1988	3,265,232	42.0	1,353,891	92.3	1,911,341
1989	3,556,279	8.9	2,601,532	92.2	954,747
1990	3,558,666	0.1	3,165,623	21.7	393,043
1991	3,426,416	-3.7	3,784,304	19.5	-357,888
1992	3,271,524	-4.5	3,794,409	0.3	-522,885
1993	3,474,640	6.2	3,258,907	-14.1	215,733
1994	3,806,051	9.5	4,088,081	25.4	-282,030
1995	5,586,536	46.8	5,902,693	44.4	-316,157
1996	5,430,210	-2.8	6,962,847	18.0	-1,532,637
1997	5,115,963	-5.8	6,261,539	-10.1	-1,145,576
1998	6,865,400	34.2	2,640,300	-57.8	4,225,100
1999	6,801,900	-0.9	3,975,400	50.6	2,826,500
2000	6,609,100	-2.8	6,377,400	60.4	231,700
2001	6,373,200	-6.4	6,547,000	6.0	-173,800
2002	5,918,800	-7.1	9,037,900	38.0	-3,119,100
2003	5,343,400	-9.7	8,248,100	-8.7	-2,904,700
2004	6,053,100	13.3	9,856,400	19.5	-3,803,300
2005	5,793,000	-4.3	12,025,000	22.0	-6,232,000
2006	5,759,800	-0.6	14,335,900	19.2	-8,488,500
2007	6,093,500	5.8	16,950,000	18.2	-10,856,500
2008	9,017,100	48.0	12,641,100	-25.4	-3,624,000
2009	9,782,400	0.7	11,040,400	-24.3	-1,258,000
2010	8,593,500	-12.2	11,876,000	7.6	-3,282,500

자료 : 한국관광공사 관광통계

4) 남북왕래현황

2008년도 북한을 방문한 남한주민은 전년 대비 7.6% 감소한 약 46만 명으로 기록되었다. 이는 2008년도 새 정부가 출범한 이후, 6·15공동선언과 10·4선언을 둘러싼 남북양측의 입장차이, 달라진 대북정책에 대한 북한의 대응 등에 있어서 미묘한 갈등이 있었으나, 관광객 감소에 직접적인 영향을 미치는 상황은 아니었다. 그러나 2008년 7월 발생한 금강산 관광객 피살사건 이후 남북교류의 상징인 금강산관광이 잠정 중단되고 사고 진상조사 및 책임소재, 재발방지 대책 등을 둘러싸고 남북 간 입장차가 첨예하게 대립하면서 남북관계는 급속도로 냉각되었다. 아울러 남북 간 갈등이 계속되면서 개성관광도 2008년 11월 개시 1년 만에 중단되면서 남북관광사업은 전면 중단되는 상황을 맞이하게 되었다.

표 1-14 **국민방북자(2008년)**

(단위 : 명)

구분	방북자수
입경	466,192
출경	465,104
계	931,377

자료 : 법무부, 2008년 기준.

제2부

관광현상과 관광행동

제1장 01 관광행동에 대한 학제적 이해

관광현상체계에 있어서 관광행동요소는 주체적인 요소라 할 수 있는데, 이는 관광경영이나 관광자원의 개발, 관광행정을 위한 각종 관광정책의 입안 그리고 관광정보의 제공에 있어서 선행적으로 이해해야 한다는 것을 시사해준다.

이러한 관광행동은 결국 사람에 관한 것이며 그중 일상권을 떠나있는 관광환경에 속한 사람에 관한 사항이다. 이들이 왜 관광을 하는가에 관한 문제와 어떻게 관광을 하는가 하는 문제는 여러 가지 관점에서 설명이 가능하다. 여기서는 3가지 관점, 즉 경제학적 관점과 문화인류학적 관점, 그리고 심리학적 혹은 사회심리학적 관점에서 설명하고자 한다.

1. 관광행동에 대한 경제학적 이해

관광행동에 대한 이해에 있어서 초기에는 관광자를 합리적인 행동을 하는 경제인으로 보는 경제학적인 이해가 중심을 이루었다. 이러한 관점은 관광행동을 가치의 효용이론(utility theory of value)에 근거한 합리적·의식적·경제적 타산의 결과로서 이해하려는 것이다.

마샬에 따르면 소비자행동은 주로 합리적이며 경제적 복지의 향상을 위하여 의식적으로 행해지는 것이라고 주장하면서 그는 경제적 행동모델의 전제로서 다음과 같은 사항을 제시하고 있는데, 이는 관광행동에 대한 이해에 있어서도 시사하는 바가 크다.

- ✓ 인간은 전적으로 합리적이다.
- ✓ 인간은 구매할 상품이 주는 만족의 정도를 비교적 합리적으로 측정할 수 있다.
- ✓ 인간은 자신의 욕구를 충족할 수 있는 상품을 합리적으로 비교하여 대안적인 상품에 대한 완전한 지식을 갖고 있다.
- ✓ 인간의 욕구는 모두 의식적으로 규명할 수 있다.

이러한 상황을 관광행동에 적용시켜 볼 때, 관광자는 시간적·금전적 제약 속에서 최상의 관광경험을 획득할 수 있는 합리적인 행동자인 것이다. 이러한 경제학적 측면에서 관광행동에 영향을 주는 변수로는 관광제품이나 관광가격, 소득, 그리고 물리적 거리 등이 주요 요인이 된다.

이처럼 관광행동에 대한 경제학적인 이해는 관광자들이 구매하는 모든 관광제품으로부터 전체적 효용을 극대화하고자 관광행동에 참여하고 있음을 반영하고 있다. 그러나 경제학적 접근방법은 관광행동의 합리적이고 이성적인 측면을 강조하고 있지만 관광자들의 복잡하고 다양한 행동을 설명하기에는 다음과 같은 문제를 가지고 있다.

첫째, 관광자들은 관광행동에 직접 참여하기 전에는 관광행동의 경험을 터득할 수 없다는 점에서 관광행동 시 완벽한 지식을 갖추고 행동한다는 경제인적 접근의 논리가 타당성이 적다. 즉 관광상품은 경험재(experience goods)이기 때문에 사전에 합리적인 의사결정을 하기에는 불충분하다는 것이다.

둘째, 경제인적 접근방법의 관점에서 볼 때, 관광자는 최대만족을 찾는 빈틈없는 계산기처럼 행동한다. 그러나 이러한 접근에도 불구하고 관광행동은 합목적성의 추구보다도 심리환경적 요소에 의하여 더 큰 영향을 받는다. 예를 들면 가격이나 물리적 거리 같은 경제적 변수보다는 관광의사결정 시에 개인의 여행동기나 심리적 만족 등의 변수가 더욱 영향을 줄 수 있다는 것이다.

따라서 경제학적 접근방법은 관광자의 복잡한 의사결정 중 한 단면을 나타내줄 뿐 복잡한 관광행동의 심층을 설명하는 데에는 한계를 가지고 있다.

2. 관광행동에 대한 문화인류학적 이해

관광행동에 관한 문화인류학적 시각은 다른 분야에서 간과하기 쉬운 색다른 인식의 틀을 제공해준다. 특히 의례나 놀이, 순례와 같은 인류학적 행위와의 비교 속에서 관광행동에 대한 통찰력을 제공해준다. 여기서 관광행동은 일상생활에서 벗어나게 하는 일종의 현대적 의례활동인 것이다. 즉 관광자는 변화를 경험하기 위해 집에서 멀리 떨어진 장소를 자발적으로 여행하는 사람으로 정의된다. 이런 성격으로 관광은 모든 일상생활로부터의 필수적, 구조적인 단절의 일종으로 보는 것이다. 많은 현대사회를 특징짓는 것 중에 관광여행도 이러한 범주에 속하는 것이다.

관광은 놀이, 의례, 의식, 성찬식, 순례 등을 포함하는 비일상적 행위의 집합에 속한다. 관광은 위와 같은 현상과 마찬가지로 참여자의 입장에서 볼 때, 정상적인 도구적 생활과 생계활동으로부터의 이탈이며 정신적, 표현적, 문화적 욕구들을 전면적으로 부각시키는 다른 종류의 도덕상태로 사람들을 몰입시킨다.

많은 문화인류학적 접근방법의 공통점을 보면 일상과 비일상적 행위로 구분하여 관광행위를 일상에서의 이탈과 관광활동 중의 몰입상태, 그리고 일상생활로의 복귀 등의 생활주기개념을 가지고 설명하고 있다. 특히 이 중에서 관광활동 중에 나타나는 현상을 의례중심기에 볼 수 있는 현상과 비교하면서 이를 리미노이드(liminoid)라 불렀다. 이러한 현상은 놀이에 몰입해 있는 시간이나 일터에서 벗어나 여가를 즐기고 있는 동안, 그리고 성찬식을 진행하는 동안, 명상이나 참배하는 동안의 상태와 매우 흡사하다고 보는 것이다.

리미노이드란 역치성으로 이는 문지방을 넘는다라는 의미를 가지고 있다. 즉 우리의 일상적 범주를 넘어선 일종의 피안의 세계일 수도 있다. 터너란 학자는 이러한 마음의 상태를 코뮤니타스(communitas)라 부르고, 이러한 상태의 특징으로 서열과 신분의 상징이 제거되며, 위계와 일상적 규범도 바뀌게 된다. 경우에 따라서는 역할의 전도도 일어나며, 역할수행자보다는 개별인간으로서 의사소통이 나타나기도 한다.

이처럼 관광행위에 대한 문화인류학적 이해는 경제적 혹은 경영적 관점에서 보는 관점과는 다른 색다른 관점으로 일상권에서 이해하기 어려운 다양한 관광문화(tourist culture)를 이해하고 독특한 관광상품의 개발에 대한 단초를 제공하기도 하며, 관광행위에 대한 폭넓은 이해의 기초를 제공해준다.

3. 관광행동에 대한 심리학적 이해

오늘날 관광자는 하나의 경제인(economic man)이기보다는 사회문화적 환경 속에서 행동하는 심리적 실체(psychological entity)로 간주하는 경향이 있다. 이는 관광행위에 대한 전통적인 경제학적 이해에 대한 편협성과 불합리성에 반기를 들면서 시작되었고 결과적으로 심리적 실체인 관광자의 마음(블랙박스)을 해체하기 시작하였다.

관광행위에 대한 심리학적 이해의 초점은 관광자를 하나의 의사결정자로 보고 이들의 관광행위에 관한 의사결정과정에 영향을 주는 심리적 요인들을 찾아내는데 있다. 예를 들어 욕구만족이론에 의하면 모든 관광자는 자신의 어떠한 욕구를 충족시키고자 행동한다고 한다. 이들은 보통 욕망을 가지고 있는데 상황에 따라서 이것은 실제적 욕구로 발전하게 되어 관광대상을 통해 욕구충족을 하게 된다. 이때 최적의 경험보다는 주관적인 스스로의 만족을 추구하며, 거리의 인식에 있어서도 물리적인 거리보다 마음속으로 느끼는 심리적 거리를 중시하게 된다고 한다.

관광행위에 대한 심리학적 이해는 관광자의 욕구와 동기, 관광자의 성격과 유형, 관광자의 태도, 관광행위에 대한 학습과정, 관광자의 지각(perception)과정 등을 그 대상으로 하고 있다.

그림 2-1 **관광행위에 영향을 주는 사회·심리적 요인**

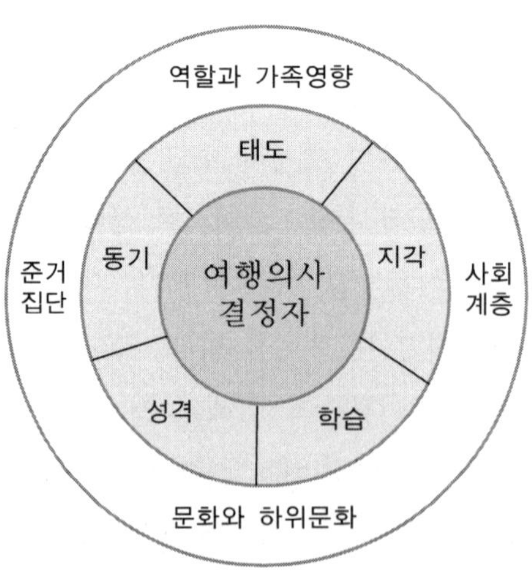

제2장 02 관광욕구와 관광동기

1. 관광욕구

욕구를 심리적 결핍상태라고 볼 때, 관광욕구는 관광을 하게끔 하는 심리적 결핍상태라 할 수 있다. 우선 인간의 기본적인 욕구를 설명하기 위한 마슬로우(A. H. Maslow)의 욕구 5단계설을 통해서 관광에 대한 욕구를 살펴보는 것이 유용할 것이다. 마슬로우는 인간의 기본적인 욕구를 5가지의 단계로 이루어져 있다고 보았다. 그는 인간의 지고한 가치인 사랑의 실천을 주장하기 위해 그 하위단계의 욕구의 위계체계에 대해 설명하고 있다.

첫 번째 욕구단계로서 생리적 욕구(psysiological needs)를 들고 있다. 이는 배고프고 목마르고 성적 욕구를 느끼는 등의 저차원적인 마음의 결핍상태를 말한다. 우리의 속담에서도 금강산도 식후경이라는 말이 있듯이 이러한 기본적인 욕구가 다른 욕구에 선행된다는 것이 그의 주장이다. 이러한 생리적 욕구충족의 대상으로 관광을 생각해 본다면 고대시대의 생존을 위한 이동에 있어서는 설명력이 있지만, 현대에 와서는 이러한 생리적 욕구차원에서 관광행위를 설명한다는 것은 일부 식도락여행이나 퇴폐·보신관광 같은 행위에서 보여지는 것 외에는 설명력이 없는 듯하다.

두 번째의 욕구단계는 안전욕구(safety needs)이다. 마슬로우는 첫 번째의 생리적 욕구가 충족되면서 외부위험으로부터의 안전을 추구하려는 욕구가 발생한다고 보고 있다. 이러한 안전욕구 역시 현대 관광을 설명하기에는 적합하지 않다고 본다. 안전이란 요소가 관광여행시에 중요하게 고려되는 요인이긴 하지만 안전자체가 관광을 하게 하는 마음의 결핍상태라고 보기에는 어렵다.

세 번째의 욕구단계는 소속욕구(Love Needs)이다. 두 번째의 욕구가 충족되면서 사람은 다른 사람들과 어울리고 어딘가에 소속되기를 원한다는 것이다. 소속욕구의 경우 관광행위를 설명하는데 어느 정도 유용하다고 보아진다. 특히 동호인을 중심으로 한 패키지여행 시에 소속욕구는 설명력을 갖는다. 최근 특별관심관광의 경우 개인의 흥미와 취미에 맞는 여행에 참여함으로써 그들과의 상호교류를 기대하는 측면은 이러한 소속욕구가 내재되어 있다는 가설이 충분히 성립할 수 있다.

네 번째의 욕구단계는 존경욕구(Self-Esteem Needs)로서 세 번째의 욕구가 충족되면서 사람들은 다른 사람들로부터 존경을 받기를 원하며 권위를 가지려 한다는 것이다. 이러한 욕구단계를 관광행위의 욕구에 적용시켜 볼 때, 과거 관광여행이 대중화되기 전에는 어느 정도 설명력을 갖고 있었으나, 관광여행이 보편화된 현대에 와서는 관광욕구로서 설명력이 부족하다고 본다. 그러나 오지로의 여행이나 고급여행, 그리고 극지방의 탐험 같은 관광여행의 경우는 아직도 이러한 욕구를 일부 충족시켜 줄 수 있다고 본다.

다섯 번째 욕구단계는 자아실현욕구(self-actualization needs)의 단계로써, 사람은 네 번째의 단계에서 멈추지 않고 사랑과 같은 고귀한 가치의 실현을 계속해서 추구한다는 것이 마슬로우의 주장이다. 이러한 자아실현의 내용과 방법은 사람마다 다양하게 나타날 수 있다. 관광여행의 경우 이러한 자아실현의 욕구가 관광행위의 욕구로서 많은 설명력이 있다고 본다. 특히 사회가 다양해지면서 사람들의 가치관도 다양해지고 있다. 이러한 자기실현으로 혹은 그 수단으로 관광여행은 어느 정도 설명력을 갖고 있다고 본다. 예를 들면 다른 문화를 경험하면서 문화전달자로서의 역할을 수행한다든지 세계인으로서의 소양을 갖춘다든지 하는 것은 이러한 범주에서 기대할 수 있는 것들이다.

이상에서 인간의 기본적인 욕구를 설명하는 마슬로우의 욕구이론을 관광욕구에 적용시켜 보았다. 마슬로우의 욕구이론이 어느 정도 관광행동에 대한 설명력을 갖추고 있기는 하지만 이는 관광자를 전제로 설명한 것이 아니기 때문에 현대관광의 욕구를 설명하기에는 부족함이 있다. 따라서 현대적 의미의 관광욕구를 제대로 파악하기 위해서는 관광자를 대상으로 한 사례를 살펴볼 필요가 있다.

마이요(Mayo)는 인간의 관광여행과 관련된 욕구를 세 가지로 제시하고 있는데, 지적욕구, 탐험·모험욕구, 그리고 다양성의 추구욕구 등이 그것이다.

우선 지적욕구(intellectual needs)란 인간의 지적탐구심의 결핍상태를 말하며, 이는 알고자하는 욕구(need to know)와 이해하고자 하는 욕구(need to understand)로 나누어진다고 설명하고 있다. 여기서 알고자 하는 욕구란 피상적 지적욕구 충족에 가까우며 따라서 경유형관광자나 초행관광여행자들의 욕구에 부합된다고 할 수 있다. 이해하고자하는 욕구란 심층적 지적욕구 충족에 대한 것으로 체재형 관광자나 반복여행자들의 욕구에 가깝다고 볼 수 있다.

탐험과 모험에 대한 욕구는 인간이 본능적으로 가지고 있는 인간자신과 주변세계에 대한 호기심과 탐험심으로써 현대관광의 단면을 설명하는데 매우 유용하다고 보고 있다. 또한 다양성의 욕구란 인간이 변화를 추구하고 일탈과 도피를 통해 현실과 잠시 절연하고자하는 욕구로 일상생활 속의 반복성과 예측가능성과 대비되는 욕구라 할 수 있다. 이러한 다양성의 추구야말로 관광을 통하여 삶의 균형을 찾으려는 현대 관광자들의 관광욕구를 잘 설명해 준다고 할 수 있다. 이와 같이 마이요는 마슬로우의 욕구의 관광욕구에 대한 적용에 있어서 몇 가지를 비판하면서 관광여행에 대한 욕구를 설명하기 위해서는 위의 세 가지 욕구가 더욱 설명력을 갖추고 있다고 주장한다.

따라서 현대적 의미의 관광욕구란 마이요가 제시한 욕구, 즉 지적욕구, 탐험과 모험욕구, 다양성의 욕구에다가 호이징가가 주장하는 위락형 욕구를 포함하여 네 가지로 설명하는 것이 적당하다고 본다. 위락형 욕구란 사실 즐거움을 추구하는 관광활동 중에서 많이 찾아볼 수 있기 때문에 빼놓을 수 없는 관광욕구인 것이다.

2. 관광동기

관광동기(tourism motivation)란 관광욕구를 충족시킬 수 있도록 하는 추동력(driving force)을 말한다. 따라서 관광동기는 관광자로 하여금 구체적인 관광행동을 하게 한다. 일반적으로 관광욕구 역시 관광행동을 유발하는 원동력이라는 점에서 관광동기와 혼용해서 사용하는 경우가 많다. 하지만 관광동기는 관광행동을 지향하는 근접된 개념으로 관광욕구보다 한층 구체화된 마음의 상태로 이해하는 것이 바람직하다.

그림 2-2 **관광행동의 성립과정**

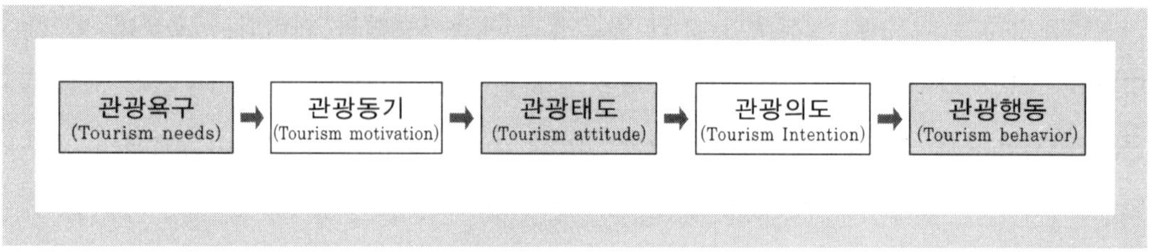

이러한 관광동기는 잠재관광자에게 관광행동을 하게끔 영향력을 행사하기도 하며, 관광목적지나 관광상품의 선택 시에도 지속적으로 영향을 미친다. 따라서 관광동기를 잘 파악한다는 것은 관광경영이나 관광정책의 수립 시에 크게 도움이 된다. 관광동기의 분류에 있어서 일본의 다나까는 관광동기를 다음과 같이 네 가지로 분류하고 있다.

- ✓ 심정적 동기 : 사향심, 교우심, 신앙심
- ✓ 정신적 동기 : 지식욕구, 견문욕구, 환락욕구
- ✓ 신체적 동기 : 치료, 보양, 운동욕구
- ✓ 경제적 동기 : 쇼핑, 사용목적

또한 매킨토시와 골드너는 다음과 같이 분류하고 있다.

- ✓ 신체적 동기 : 휴식, 스포츠, 건강에 대한 욕구
- ✓ 문화적 동기 : 타 지역의 예술, 종교 등에 대한 욕구
- ✓ 사교적 동기 : 새로운 사람과의 만남, 친구·친지와의 만남
- ✓ 지위와 명예 : 타인으로부터의 인정, 존경, 명예에 대한 욕구

그리고 이마이라는 학자는 현대인의 관광동기를 다음과 같이 3가지로 분류하고 있다.

✓ 긴장해제의 동기 : 기분전환, 일상의 단조로움과 복잡함으로부터의 도피, 자연과 접촉
✓ 자기확대의 동기 : 미지에의 동경, 자연과의 접촉
✓ 사회적 존재 동기 : 지인, 가족과의 화목과 교제, 일반적이고 대중적인 행동으로 인식

또한 배출-유인모델(push-pull model)에서 보면 관광동기는 아래 그림과 같이 관광행동을 하게 하는 배출요인으로써 작용하게 된다. 즉 관광목적지의 속성이 관광자를 끌어당기는 유인요인(pull factor)이라면 관광동기는 관광자를 그의 일상환경으로부터 밀어내는 배출요인(push factor)인 것이다.

그림 2-3 **배출-흡인모델에서 본 관광동기**

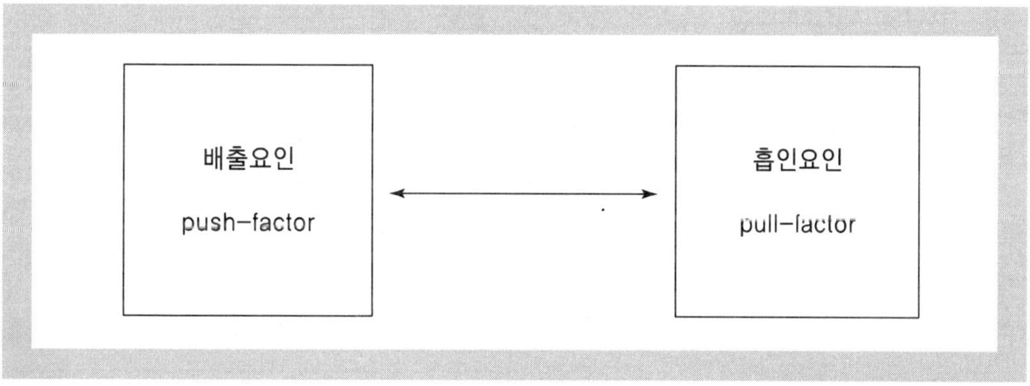

자료 : M. Uysal and L. A. Hagan(1993), "Motivation of Pleasure travel and tourism", VNR Encyclopedia of Hospitality and Tourism, p. 802.

이러한 관광동기는 인간의 심리적 내면에 잠재되어 있어 관광자의 성격과 태도형성에도 영향을 미치며 어느 한가지의 관광동기보다도 여러 가지 동기가 복합적으로 작용하여 관광행동을 유발하는 것으로 이해할 필요가 있다.

제3장 03 관광자의 성격과 태도

1. 관광자의 성격

관광행동은 관광욕구와 동기 외에도 관광객의 지각, 학습, 태도, 성격 등의 내적 요인과 개인의 사회적 역할, 가족의 영향, 준거집단, 문화 등의 외적 요인들의 상호작용에 의해 이루어진다.

오늘날 관광자를 경제인으로 간주하기보다는 심리적 실체를 가진 행동과학인으로 보려는 시도가 보편화되고 있다. 이는 관광자의 행동이 비가시적인 속성을 띠므로 관광상품을 구매, 사용, 평가하는 과정에서 나타나는 일련의 연속적인 정신과 육체적 행동과정으로 이해되어야 하기 때문이다.

이러한 관광행동은 관광자의 성격에 의해 가장 상이하게 나타난다. 그런데도 지금까지 인간의 성격과 그의 행동 간의 관계를 구명해 보려는 연구는 부단히 진행되어 왔으나 성격이 개념적으로 동기와 명확히 구분된다는 연구결과는 아직 없다. 인간의 성격은 학습, 지각, 동기, 감정, 그리고 역할의 복합적 산물이자 현상이다.

이를 부연해서 설명하면, 성격이란 다른 사람과 구별되는 특징이라 할 수 있는데, 학자 중에는 이 성격을 특성의 축적이라 말하는 사람도 있다. 이러한 특성적 접근(trait approach)방법은 인간이 특정 환경 내에서 자극과 반응을 지속적으로 보이고자 하는 성향이다. 이 성향을 관광행동에 적응시켜 보면, 관광자들은 관광환경에 대하여 지식·관습·태도들을 전 생애에 걸쳐 축적해 가는 가운데, 특히 인간의 성격이 관광의 사결정에 많은 영향을 미치게 되므로 관광상품은 관광자의 심리적 반응에 크게 의존하는 결과를 가져온다 할 수 있다. 왜냐하면 관광상품을 구매한 결과는 경험이며 만족·불만족형태로 나타나므로 관광상품에 대한 정보와 경험이 구매결정과 만족에 직접적인 영향을 미치기 때문이다.

(1) 사이코그래픽스에 따른 관광자의 성격

관광자의 상이한 성격을 분석해 보면 관광자의 행동을 이해하는 데 중요한 단서가 된다. 개인이 나타내는 일상적인 행동, 가치, 욕구와 지각은 성격의 반영으로 볼 수 있고, 이것을 가리켜 생활양식 또는 사이코그래픽스(psychographics)라 한다. 관광자의 성격유형을 구분한 대표적인 학자가 플로그(S. Plog)이다. 그는 인간의 성격과 관련하여 관광자를 사이코센트릭형(psychocentrics), 알로센트릭형(allocentrics), 미드센트릭형(midcentric)의 세 유형으로 분류하고 그 특징을 다음과 같이 설명하고 있다.

첫째, 사이코센트릭형 관광자는 사교성이 부족하여 주의나 관심을 내적, 주관적 세계에 두고 자기중심적인 활동과 고독을 즐기는 특성을 가지고 있어 가족적인 분위기와 안정감을 주는 유명관광지를 선택함과 동시에 보편적이며 위험이 따르지 않는 활동을 선호한다고 한다.

둘째, 알로센트릭형 관광자는 사교적이고 활동적이어서 주로 객관적인 세계에 관심을 두는 적극성을 보이고 있어 항상 신기하고 새로운 지역과 모험적인 경험을 추구하면서 자신의 계획에 따라 자유롭고 융통성 있는 여행을 즐기고 또 그 활동을 선호한다고 설명하고 있다.

이러한 유형 간에는 유사성이 중복되는 경우가 존재하는데 두 유형이 중첩되어 나타나는 것이 바로 미드센트릭형 관광자이다. 이 유형은 모험적이거나 이국적이고 친근하지 않은 관광지를 선호하지만 항상 그러한 성향을 보이는 것이 아니라 경우에 따라서는 두 유형이 혼합된 형태의 성향을 나타낸다. 대부분의 위락여행객들은 이러한 성향을 보이고 있어 유명관광지는 이들의 목적지가 되고 있음과 동시에 이 유형의 집단이 위락관광의 주요시장을 형성하고 있다.

한편, 중간지향성의 집단 중 모험지향성이나 완벽지향성에 가까운 성격을 나타내는 수준에 따라 준알로센트릭형(near allocentric)과 준사이코센트릭형(near psychocentric)을 추가하기도 한다.

최근에 와서 특이한 상황은 관광여행에 대한 참여기회가 증대되자 관광자들이 점차 사이코센트릭형에서 미드센트릭형과 알로센트릭형으로 변화해 간다는 사실이다. 이러한 경향은 관광자의 경험과 정보의 수준에 따라 관광자의 만족도도 달라질 수 있다는 사실을 입증해 주는 실례가 된다. 이상과 같이 사람의 성격유형을 구분하는 사이코그래픽스에 의한 성격과 관광행동 간의 관계를 요약한 것이 〈표 1-1〉이다.

표 1-1 사이코그래픽스에 의한 관광자의 성격

사이코세트릭 형(psychocentric)	알로센트릭 형(allocentric)
• 친근감 있는 관광목적지 선호 • 관광목적지에서 일상적이고 평범한 행동 추구 • 어느 정도의 긴장완화를 위해 유흥거리가 있는 장소 선택 • 자동차와 같은 안전 운송수단 선호 • 대규모 현대화된 숙박시설, 가족 중심형의 레스토랑 및 쇼핑시설 선호 • 가족적인 분위기를 선호하고 이국적인 분위기를 배제한 친숙한 유흥을 선호함 • 제공될 서비스 내용이 미리 계획되어 있는 패키지 투어(ready made tour)에 참가하기를 좋아함	• 전인미답지역의 관광목적지를 선호 • 현지인과의 대면적 접촉과 자연과 모험적인 행동 선호 • 새롭고 신기한 장소선택 • 항공기, 크루즈, 도보여행과 같은 모험적인 교통수단 선호 • 현지식과 현지숙이 가능한 지역을 선호함(몽골의 겔) • 낯선 사람들과 이국문화를 접할 수 있는 선술집 같은 장소를 즐김 • 행동은 자유스럽게 할 수 있는 하프메이트 투어(half made tour)와 주문여행(order made tour) 참여를 선호함

자료 : S. Plog(1982), "What destination area rise and fall in popularity", Travel Research Association, Oct., p. 117. 일부 수정.

2. 관광자의 태도

관광자의 태도란 관광상품이나 관광서비스에 대한 관광자의 심리적 상태를 반영하는 중요한 개념이다. 즉 태도란 주어진 사물에 대하여 한결같이 호의적으로 혹은 비호의적으로 반응하려는 비교적 안정되고 지속적인 개인의 학습된 선유경향과 선입관이라고 정의할 수 있다. 다시 말하면 태도란 학습되어진 것으로 어떠한 방법으로 개인이 행동하려는 성향이나 경향을 말한다.

심리학자들은 태도를 3가지 요소로 구성되어 있다고 한다. 즉 [그림 2-4]와 같이 첫째는 지식요소(knowledge component)이며, 둘째는 감정요소(feeling component), 그리고 셋째는 선입관요소(predisposition component)가 그것이다.

그림 2-4 **태도의 구성요소와 여행결정과정**

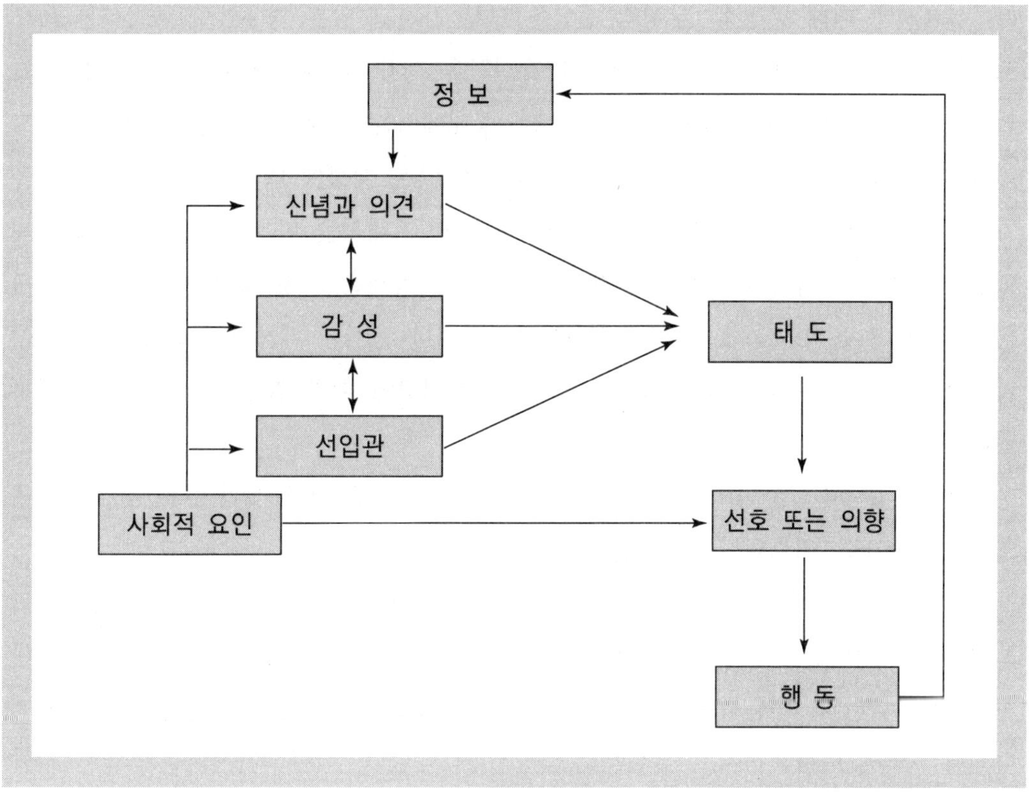

첫째, 지식요소란 개인이 자신의 환경 내에 있는 다른 사람, 장소, 사건, 생각, 상황, 경험 가운데 어떤 측면에 대해 가지고 있는 신념이나 의견이다. 이러한 신념이나 의견은 어느 시점에 처한 개인이 사실로써 지각된 유형적 증거에 근거하고 있다.

예를 들어 어떤 사람은 뉴욕시에는 관광자가 보고 행할 수 있는 것이 엄청나게 많고 흥미롭고, 세계적인 도시라는 의견을 가질 수 있다. 또한 그 사람은 뉴욕시는 저녁 이후의 좋지 않은 곳을 배회할 경우, 지갑은 물론 생명까지도 잃을지도 모르는 위험한 도시라는 의견을 갖고 있을 수도 있다. 이러한 것이 뉴욕시의 여러 가지 측면에 대한 의견과 신념이며, 이것은 뉴욕시에 대한 감정의 기초를 제공하게 된다.

둘째, 감정요소란 어떤 대상물에 대한 개인의 정서적 판단이다. 그 대상물은 좋거나 나쁜 것으로 판단된다.

예를 들면, 어떤 사람을 좋아할 수도 싫어할 수도 있고 사랑할 수도 미워할 수도 있다. 뉴욕시에 대해 긍정적, 부정적 신념을 모두 가지고 있는 경우에도 좋아하는 쪽으로 결론지을 수도 있다. 어떤 대상에 대해 신념을 갖지 않고는 거기에 대한 감정도 가질 수 없는데, 왜냐하면 태도적 감정은 진공상태에서는 존재할 수 없기 때문이다. 그러나 다른 한편 정서가 전혀 혹은 거의 개입되지 않은 대상에 대해서도 신념과 의견을 가질 수도 있다. 비행기 기내식사가 그 한 예이다. 기내식을 먹는 사람은 음식에 대해 이렇다 저렇다는 특별한 감정을 갖지 않는다. 기내 음식은 그저 평범하다는 의견을 지니고 있어 그 음식을 개선하게끔 시정을 요구하거나 음식에 대해 항공사에 편지를 쓴다거나 하지는 않는다. 왜냐하면 이 사람은 특정대상에 대한 감정이 무관심하기 때문이다.

셋째, 선입관요소는 심리학자들의 정의에 따르면 대개 어떤 상황이나 사람에 대해 호의적으로 또는 비호의적으로 반응하는 경향을 말한다.

사람들은 일반적으로 태도의 구성요소인 지식, 감정, 그리고 선입관을 조화시키려고 노력한다. 만약 누군가가 많은 사람이 모이는 것을 싫어하고, 디즈니월드는 1년 내내 사람들로 초만원을 이룬다고 믿는다면, 그가 디즈니월드에 대해 긍정적인 감정을 가진다거나 그곳을 여행목적지로 결정할 가능성은 거의 없다. 심한 혼잡을 원치 않는 사람들은 부정적인 태도를 갖게 되어 디즈니랜드를 피하려는 성향을 갖게 된다.

제4장 04 관광자 행동에 영향을 주는 사회적 요인

1. 관광행동과 문화

오래 전부터 문화는 개인의 행동에 포괄적·근원적·지속적으로 영향을 미치는 주요 요인으로 인식되어 왔다. 관광행동이란 인간행동의 한 하위행동이라고 볼 수 있기 때문에 문화적 가치가 개인행동 전반에 포괄적으로 영향을 미친다고 한다면 그것은 관광행동에도 같은 영향을 미치는 것으로 보아야 한다. 사실 문화적 가치가 개인행동과 더불어 관광행동에 직·간접으로 영향을 주고 있다는 것을 부인할 수는 없다.

그러면 문화적 특성은 관광행동에 어떠한 의미를 내포하는가? 이 문제에 답하기 위하여 몇 가지 가설적인 예를 들어 설명하면 다음과 같다.

첫째, 문화적 가치추구로서의 쾌락주의는 여가활동의 방향과 결부되어 관광활동에 영향을 주기 때문에 관광관련기업의 기회와 참여를 제공할 것이다. 이러한 이유는 문화적 가치추구가 쾌락주의로 변함에 따라 여행, 오락, 스포츠 등에 대한 수요가 증대할 것이다.

둘째, 안정의 가치가 관광제품 및 서비스에 그대로 반영될 것이다. 안정추구 지향적인 관광자들은 관광지의 안전성에 더 큰 가치를 둘 것이다.

셋째, 전통 혹은 내부지향성에서 탈피하고 타인지향적 사고의 성향으로 나아가 관광패턴에 영향을 미칠 것이다. 타인지향적 사고는 직장동료 등의 같은 많은 사람들의 가치기준에 더 많은 영향을 받아 그것이 관광의 패턴에도 많은 변화를 가져다 줄 것이다.

넷째, 개인주의성향은 자존욕구와 결부되어 여행에 있어서 개인의 정체성이 중요시될 것이다. 그러므로 이와 같은 관광자들의 가치체계가 반영되도록 관광개발을 계획하거나 관광제품을 출시하는 것이 효과적일 것이다.

이처럼 문화는 개인의 관광행동에도 영향을 미치게 된다는 것이다. 그렇기 때문에 어떤 문화 속에서 형성된 가치관은 관광행동을 설명해 줄 수 있는 주요 요인이 된다. 그러므로 관광관련사업자들은 어떤 문화 속에서 형성된 관광자들의 가치체계에서 사업의 기회와 위협요인을 발견할 수 있어야 한다. 이를 위해서는 관광자들의 문화적 가치를 분석하여 이를 사업에 반영시켜야 할 필요가 있다.

2. 관광행동과 사회계층

상이한 계층에 속해있는 사람들의 행동이나 태도 및 가치가 다르기 때문에 그들의 관광행동에도 차이가 나타날 수 있다는 것을 파악할 필요가 있다. 사회계층에 따라 상이한 행동패턴을 보이게 된다는 것은 사회계층이 개인의 행동에 영향을 미친다는 것을 의미한다. 그러므로 사회계층에 따른 개인의 행동패턴에 대한 이해는 관광관련 사업자들에게 있어서 중요한 의미를 제공하여 준다.

어떤 사회 내의 계층을 보편적인 것으로 구분한다는 것은 매우 어려운 문제이다. 그러나 분류가 가능한 사회계층의 기준에 따라 몇 가지 계층으로 분류할 수 있다. 예를 들어 개인의 성취, 소유물, 가치관 등의 기준에 의해 상류층, 중류층, 하류층으로 분류하는 것이다.

사회계층은 그들의 전문화된 활동을 제외하고는 개인의 행동을 제약한다. 왜냐하면 같은 계층의 사람들은 서로 밀접한 사회적 관계를 가지고 그들과 유사한 행동규범에 따르도록 제약하기 때문이다. 이는 관광행동에도 그대로 반영될 수 있다. 상류층의 사람들은 고급의 호텔, 레스토랑을 찾는 반면에 하류층의 사람들은 이러한 상품에 관해 전혀 관심이 없을 수 있다. 그리하여 사회계층은 소속된 구성원들의 행동을 제약하기도 하며 또한 그들 행동의 준거점이 되기도 한다.

동일한 사회계층에 속한 사람들은 가치태도나 행동패턴에서 서로 유사하고 다른 계층의 사람들과는 상이한 경우가 많다. 그러므로 관광행동에 있어서도 계층 간의 행동패턴은 다르게 나타난다. 이러한 점은 관광관련사업 경영자들에게 매우 유용한 정보가 된다. 왜냐하면 어떤 기업이 자사의 제품을 특정의 사회계층에 맞추어 설계함으로써 보다 효율적으로 사업을 전개해 나갈 수 있기 때문이다. 예를 들면 고급의 사교휴양지나 골프와 같은 상류층의 신분을 반영하는 위락 및 관광활동인 경우에 상업적 시설들을 상류층에 맞추어 집중적으로 투자할 수 있으며, 그들에게 소구될 수 있는 메시지를 선택함으로써 투입된 비용의 효율성을 극대화할 수 있는 것이다.

3. 관광행동과 집단

사회적 집단이란 상호적인 활동을 하는 2인 이상의 집합이다. 그러나 단지 두 사람 이상 구성된 집단이라 하더라도 집단이 되기 위해서는 상호 의존적이고 공통된 규범·가치·신념을 지니는 집단이어야 한다. 집단에는 대소집단, 회원집단, 친교집단 등이 존재하며 공식적 집단과 비공식적 집단이 있다.

공식적 집단은 비교적 고도로 조직화된 사회의 집단으로서 사장과 부장과 같이 특정한 역할과 권한을 지니며 조직의 구체적인 목적을 가지고 있는 집단이다. 그리고 비공식적인 집단은 친목단체나 친구 등과 같이 집단의 목표나 권한관계가 모호하다. 이는 관광행동에 있어서 매우 중요한 의미를 갖는다. 왜냐하면 관광소비 패턴이나 의사결정에 있어서 개인은 집단의 영향을 받기 때문이다.

집단은 그 구성원의 행동에 영향을 줄 수 있는 힘을 지니고 있는 반면에 그 집단 속에서 자기가 수행하는 역할이 있으며, 그러한 역할은 다양하기 때문에 사람들의 행동은 여러 가지로 집단의 영향을 받는다. 특히 관광은 참여집단 간에 개인의 역할을 수행함에 있어서 상호 간에 멀리 떨어진 환경에 처해 있다고 느낄 때 집단 간의 상호작용이 강렬해지게 되기 때문이다. 그러므로 여행을 통해 우리는 소수의 친구집단과 강렬한 사회적 관계를 경험할 수도 있으며, 타 지역의 사람들과 사회적으로 상호작용을 통해 교류하게 된다. 관광을 할 때 사람들은 어떤 행동규범을 수용할 수도 있고 거부할 수도 있는 융통성이 상대적으로 크다.

사회집단 중 전문가의 영향력은 집단의 특성에 따라 다르게 나타날 수 있다. 어떤 집단의 관광의사결정은 관계된 관광에 대해 우수한 지식, 경험을 가지고 있다고 판단되는 사람이나 여행전문가에 의해 커다란 영향을 받는다. 이를 준거파워라고 한다. 준거파워는 개인이 그 집단과 동일시하려 하거나 밀접히 관련되고 싶어하는 욕망이 강할수록 그에게 미치는 영향력은 크다. 개인은 누구나 자신의 행동에 지침을 제공하여 주는 준거집단을 가지고 있다.

준거집단(reference group)이란 일반적 혹은 특정의 가치·태도·행동의 형성에 있어서 개인의 비교 또는 준거점이 되고 있는 개인이나 집단을 말한다. 이러한 준거집단에는 가족, 친구, 사회계층, 그리고 지역사회에 이르기까지 매우 다양하다.

4. 관광행동과 가족

가족은 관광행동에 있어서 주된 영향력을 가진 요인이 동시에 관광소비단위로서의 행위주체가 된다. 그러므로 가족이 어떻게 관광의사결정을 하고 의사결정에 영향을 미치고 있는가에 대한 이해가 무엇보다 중요한 과제가 된다. 가족이 관광자의 행동에 있어서 중요한 것은 개인의 행동에 지배적인 영향력을 미친다는 데 있다. 즉 가족은 서로의 밀접한 대면관계를 유지하고 있다는 점에서 1차적 집단임과 동시에 개인의 행동에 있어 가치·규범·행동의 표준을 제공한다는 점에서 주된 준거집단이 된다. 가족구성원들 중 중요 결정자가 누구인가에 특별한 관심을 가지게 된다. 이것은 가족구성원들의 역할구조가 다양하기 때문이다. 구매결정과 관련된 역할은 어느 한 사람이 독자적으로 수행하는 것이 아니라 여러 가족 구성원들의 분담에 의해 이루어지는 경향이 있다.

한편, 가족구매의사결정에 영향을 미치는 요인에는 여러 가지가 있을 수 있다. 그것은 문화적 요인, 사회계층, 생활양식, 그리고 가족생활주기에 기인한다. 신혼기의 부부는 출산 전까지 오락이나 유흥을 즐기려는 경향이 많으며 유행과 스타일에 관심이 있다. 자녀가 태어나면서 지향하는 것도 바뀌게 된다. 이제 주된 관심사는 육아와 주택이며 저축의 필요성도 커진다. 나이가 들면서 수입이 오르고 떨어짐에 따라 가족의 요구사항도 변한다. 비교적 가족의 재정상태가 안정되어 있는 중년단계의 경우 휴가용 자동차에 관심을 보일 수 있으며, 돈이 많이 소요되는 해외여행을 하려고 할지도 모른다. 또한 자녀들이 독립해 나간 후 재정적으로 안정된 중년의 경우, 세계일주라든지 호화유람선 여행 등을 고려할 수도 있다.

관광의사결정에 있어서 가족의 각 구성원들이 수행하는 역할은 복잡하면서도 시간이 경과함에 따라 변한다. 다시 말해 언제, 어디서, 구매하며, 어떤 장소를 선택할 것인가는 가족의 역할과 파워구조에 따라 각기 다를 수 있는 것이다. 또한 가족이 속한 문화, 사회계층, 생활주기 등에 따라서도 그것에 미치는 영향은 다르다. 그러므로 가족구조에 영향력을 주고 있는 제 요인을 관찰하고 이를 미래로 시켜 보는 것은 향후의 관광추세를 추정하는 데 중요한 의미를 갖는다고 할 수 있다.

분명히 노동시간의 감소는 보다 많은 가족오락을 가져다주는 시간을 제공하고 있으며 이로서 여가시간을 즐길 수 있는 제품들에 대한 수요는 더욱 증대될 것이다.

가족생활주기(family life cycle : FLC)란 미혼에서 출발하여 가정을 이루고 살다가 마침내 부부 중 한 명이 사망하기까지 모든 개인이 거치게 되는 모든 단계를 의미한다. 이 가족생활주기가 관광행동의 연구에서 중요한 것은 각 가족은 서로 배타적인 발전단계별로 분류될 수 있음은 물론, 각 단계는 관광 시에 추구하거나 이용하는 서비스의 종류와 밀접히 관련되기 때문이다.

따라서 다양한 생활주기단계에 있는 가족의 특성은 여행의 구매행동에 다양한 영향을 미치거나 기회를 제공하게 된다고 볼 수 있다. 그리하여 독신자들은 기혼자보나 옥외활동에 다양하게 참여할 것임을 예측할 수 있다. 이는 결혼생활이 여가형태를 변화시킨다는 것으로 결혼을 계기로 과거에 혼자서 즐기거나 친구를 동반했던 활동들은 줄어들게 됨을 뜻한다.

양친기에 이르면 가족성원 간의 관계나 가족구조는 서서히 바뀐다. 가령 양친으로서 책임은 자신들의 생활양식에 급격한 변화를 강요받아 지금까지 외식과 오락비용에 지출했던 비용은 자녀의 의류와 장난감 등의 구입에 전용되고 오락과 여가활동도 가정 내 또는 근린지역으로 한정된다.

또한 자녀들 때문에 여가활동 참여기회도 줄어들게 되고 자신들의 만족을 추구하기 위해 참여했던 여가활동으로부터 가족역할과 관련되는 활동으로 전환을 시도하는 경향을 띠게 된다. 더불어서 자녀의 출생 전에는 부부가 주된 여행동반자였으나 이제 그러한 동반관계는 자녀의 출생으로 점점 약화된다.

표 4-2 **가족생활주기별 특성**

라이프 싸이클 주기	구매 또는 행동패턴	관광시장성
1. 미혼기 : 부모와 별거하는 젊은 독신	금전적 부담없음. 패션의 의견선도자, 오락지향적, 구매 : 기본적 주방용품, 기본가구, 승용차, 휴가	매우 높음
2. 신혼기 : 무자녀 신혼부부	다음 단계보다 금전적으로 여유있음. 가장 높은 구매율, 가장 높은 내구재 구매율, 구매 : 승용차, 냉장고, 스토브, 감각적 내구성 가구, 휴가	높음
3. 보금자리 Ⅰ기 : 6세 미만의 막내자녀	주택구입이 결정, 유동자산적음, 금전 여유가 극히 없음, 신제품에 대한 관심, 광고품을 선호 구매 : 세탁기, 드라이어, TV, 유아식품, 감기약, 비타민, 인형, 왜건, 썰매, 스케이트	낮음
4. 보금자리 Ⅱ기 : 막내자녀가 6세 이상	재정적으로 개선, 몇몇 부인은 취업, 광고에 의한 영향감소, 대량구매 : 식품을 대량구입, 세척제, 자전거, 음악레슨, 피아노	낮음
5. 보금자리 Ⅲ기 : 부양자녀를 지닌 노년부부	재정사정이 더욱 개선, 보다 많은 부인이 취업, 몇몇 자녀는 취업광고로 영향을 주기곤란, 내구재 구입률이 상상, 구매 : 새롭고 보다 취향에 맞는 가구, 자동차여행, 필요가전품, 보우트, 치과서비스, 잡지	비교적 높음
6. 노부부 Ⅰ기 : 출가자녀를 지닌 노년부부, 가장 취업	주택보유비율이 결정, 재정사정과 저축에 여유가 있음, 여행, 오락, 교육에 보다 관심, 선물, 기부금에 적극적, 신제품에 대한 관심은 감소, 구매 : 휴가, 사치품, 주택개량	높음
7. 노부부 Ⅱ기 : 출가자녀, 가장퇴직	수입이 격감, 주택은 그대로 보유, 구매 : 의료기기, 의료서비스, 건강, 수면, 소화를 돕는 상품	낮음
8. 고독한 독신기 : 취업	수입에는 큰 변동이 없으나 주택을 처분하는 경향	비교적 높음
9. 고독한 독신기 : 퇴직	수입이 격감, 특별한 보살핌, 애정, 안정이 필요, 의료서비스, 건강소화에 필요한 제품수요	낮음

자료 : Williams D. Wells and George Gubar, "Life Cycle Concept in Marketing Research," Journal of Marketing Research, November 1988, pp.355-363, in J.Paul Peter : Jerry C. Oolson, Consumer Behavior : Marketing Strategy Perspective (Homewood, Illinois, Richard D. Irwin), p.459.

제3부

관광현상과 관광자원

제1장 01 관광자원의 기본적 이해

1. 관광자원의 개념과 특성

자원(resource)이란 라틴어의 종교용어인 re-sourgere에서 유래하였으며, 그 뜻은 사물을 창조하는 재료로서 종교적인 의미의 단어이다. 그 후에 많은 학자들의 연구에 의해 자원의 개념은 우리의 일상생활 속에 깊숙이 자리 잡게 되었는데, 현재에 와서는 자원을 자연이 부여한 것에 머무르지 않고 자연과 인간의 기술이 상호작용한 결과물로 인간의 욕구를 충족시키는 것으로 폭넓게 인식하고 있다.

관광자원(tourism resources)이란 이러한 자원가운데에서 관광자의 욕구를 충족시킬 수 있는 매력성과 유인성을 가진 것으로 정의할 수 있다. 관광자원이 가지고 있는 특성을 살펴보면 다음과 같다.

첫째, 관광자원은 그 범위가 매우 광범위하다는 특성을 가지고 있다. 즉 관광자원의 대상은 자연공원과 같은 자연자원과 축제나 민속행사와 같은 인문자원을 모두 포함한다. 또한 유형·무형의 자원을 망라하는 매우 광범위한 개념으로 인식할 필요가 있다.

둘째, 관광자원은 시·공간과 가치관의 변화에 따라 변한다는 특성을 가지고 있다. 즉 한시대의 생활양식이 시간이 지남에 따라 유용한 관광자원이 될 수 있다. 예를 들면 지나간 시대를 무대화한 각종 민속촌은 매력적인 관광자원이 되고 있음을 알 수 있다. 또한 동시대라 할지라도 공간에 따라 관광자원으로서의 매력을 가질 수 있다. 예를 들면 동서양의 문화차이라든가 한 지역의 독특한 생활양식은 다른 지역의 관광자들에게 호기심을 불러일으키기에 충분하다.

셋째, 관광자원은 지속가능한 관광개발이 필요한 자원이다. 관광자원은 개발을 통해 관광자의 욕구를 충족시킬 수 있지만, 한편관광자원 자체가 자연의존적이기 때문에 보존과 보호의 노력이 필요하다. 이는 다분히 규범적인 특성이긴 하지만 무분별한 관광개발은 관광자원의 가치를 훼손시키며 경우에 따라서는 원상복구가 불가능한 경우도 발생할 수 있다. 최근에 환경문제회의 등에서 제안되는 지속가능한 관광개발(sustainable tourism development)개념은 이러한 관광자원의 특성을 반영한 개념인 것이다.

2. 관광자원의 분류

관광자원의 분류는 관광자원의 현황을 파악하고 효율적인 관광개발을 하기 위해 필요하다. 즉 자원이 지닌 매력성(attractiveness)과 특성을 고려하여 그 중요도에 따라 우선순위를 정할 수 있는 기초자료를 제공해준다. 이를 통해서 자원이 국제적, 국가적 또는 지역적으로 얼마나 큰 중요성을 지니며, 시장성은 어느 정도인지 등을 알 수 있기 때문에 관광에서 중요하게 다루어지는 부분이라 할 수 있겠다.

일반적으로 관광자원은 여러 가지 기준에 의해서 다양한 분류가 가능하며, 분류자에 따라서 다양하게 제안되고 있다. 여기에서는 관광자원의 특성과 관광자원의 입지, 관광자의 이용형태, 그리고 법제도상의 기준을 가지고 분류하고자 한다.

1) 관광자원의 특성에 의한 분류

관광자원의 특성에 의한 분류는 관광자원이 가지고 있는 속성과 특징을 분류의 기준으로 사용하는 방법이다. 여기에는 관광자원의 속성이 자연이냐 인문적이냐에 따라 자연관광자원과 인문관광자원으로 나눌 수 있다. 또한 관광자원의 속성이 유형적이냐 무형적이냐에 따라 유형관광자원과 무형관광자원으로 분류하기도 한다.

표 3-1 **특성에 의한 관광자원의 분류**

<table>
<tr><td rowspan="7">자연
관광
자원</td><td rowspan="4">관상적
관광자원</td><td>지형</td><td>산악, 계곡, 고원, 호수, 하천, 해안, 섬, 사막</td></tr>
<tr><td>생물</td><td>동물, 어류, 조류, 파충류, 곤충류, 수목, 초지, 서식지, 동물상(fauna), 식물상(flora), 화초류</td></tr>
<tr><td>기상</td><td>눈, 안개, 태풍(typhoon, cyclone, storm)</td></tr>
<tr><td>천문</td><td>오로라, 별자리, 신기루, 일식, 월식</td></tr>
<tr><td rowspan="3">잠재적
관광자원</td><td>기후</td><td>햇빛, 온도, 바람</td></tr>
<tr><td>광천</td><td>온천, 냉천</td></tr>
<tr><td>지형</td><td>산악, 하천, 구릉, 해안</td></tr>
<tr><td rowspan="9">인문
관광
자원</td><td rowspan="2">문화적
관광자원</td><td>문화유산</td><td>유·무형문화재, 민속자료, 기념물, 국보, 보물</td></tr>
<tr><td>문화적
전시건물</td><td>박물관, 미술관, 과학관, 민속관</td></tr>
<tr><td rowspan="2">사회적
관광자원</td><td>사회형태</td><td>촌락, 사회제도, 국민성, 민족성</td></tr>
<tr><td>생활형태</td><td>미풍양속, 습관, 생활양식, 인정, 식사, 의복, 주거</td></tr>
<tr><td rowspan="5">산업적
관광자원</td><td>농업관계</td><td>농원, 목장, 농산물, 재배법, 재배지, 농산물가공시설, 목초지</td></tr>
<tr><td>임업관계</td><td>휴양림, 조림지, 식수 및 유실수, 벌채, 채취</td></tr>
<tr><td>수산업관계</td><td>수산물, 양식시설, 양식장, 해산물가공시설</td></tr>
<tr><td>공업관계</td><td>공장, 기계설비, 생산공정</td></tr>
<tr><td>상업관계</td><td>시장, 전시회(박람회), 상점가, 쇼핑 ,유통기구, 의료기술, 컨벤션</td></tr>
</table>

2) 관광자원의 입지에 따른 분류

입지유형에 의한 분류는 관광지의 입지적 특성과 이용자가 거주하는 시장과의 위치에 따라 분류하는 것이다. 즉 입지조건에 따라 산악형, 내륙형, 내수면형, 해안형 등으로 분류되는데, 일반적으로 관광지 유형분류에 많이 채택되고 있으며 구체적인 분류기준은 다음과 같다.

표 3-2 **입지유형에 의한 관광자원 분류**

구분	입지유형에 의한 분류
산악형	스키장, 골프장, 삼림욕장, 관광농원, 관광목장, 자연수목원, 심신수련장, 자동차야영장, 야영장, 리조트랜드 등
내수면형	낚시터, 주운관광, 수변위락시설, 자동차야영장, 자연습지 야영장, 리조트랜드, 주제공원 등
내륙형	유원지, 온천, 유적, 전적지, 민속박물관, 주제공원, 동·식물원, 자동차야영장, 야영장, 노인휴양촌 등
해안형	해수욕장, 수상놀이시설, 담수풀장, 마리너, 관광유람선, 해안생태관광자원, 해상공원, 노인휴양촌 등

3) 이용형태에 의한 분류

관광자의 이용형태에 의한 분류로서 관광자의 활동과 체재기간에 따라 경유형과 체재형으로 분류할 수 있다. 경유형은 주유형이라고도 하며 주로 정적·시각적 관광활동이 중심을 이루며, 체재형은 체류형이라고도 하며 관광지에서의 숙박활동과 각종 스포츠활동 등이 이루어지는 동적·체험적 관광활동의 특성이 있다.

표 3-3 **이용형태에 따른 분류**

유 형	특 성	활 동 시 설
경유형	정적, 시각적 관광활동	전망대, 상가, 쇼핑시설, 관람시설 등
체재형	동적, 체험적 관광활동	휴양시설, 숙박시설, 운동시설, 오락시설, 골프장, 생태학습장 등

4) 법·제도에 의한 분류

관광자원의 유형을 관광관련 법과 제도에 의하여 구분해보면 다음과 같다.

표 3-4 법제도상 관광자원 분류

관련법	관광자원
관광진흥법	관광지, 관광단지, 전문·종합휴양지, 관광특구, 관광문화축제, 전적관광지, 시범야영장
자연공원법	국립공원, 도립공원, 군립공원
도시공원법	어린이공원, 근린공원, 도시공원
온천법	온천휴양지
문화재보호법	국보, 보물, 사적, 명승, 천연기념물, 중요무형문화재, 중요민속자료

제2장 02 관광자원의 현황과 실태

한국의 관광자원현황과 실태에 대해서 크게 자연관광자원과 인문관광자원으로 분류하여 살펴보면 다음과 같다.

1. 자연관광자원

1) 자연공원

자연공원은 자연생태계와 자연경관, 문화유적 등을 보호하고 지속적으로 이용할 수 있도록 하여 자연환경의 보전, 국민의 여가와 휴양 및 정서생활의 향상을 기하기 위하여 지정한 일정구역으로 국립공원, 도립공원, 군립공원으로 구분할 수 있다.

2008년도 12월말 기준 우리나라의 자연공원은 총 76개소(총면적 7,808㎢)로 전 국토의 4.9%(육지면적 기준)를 차지하고 있으며, 이 중 국립공원이 20개소, 도립공원이 23개소, 군립공원이 33개소이다.

가. 국립공원

국립공원은 우리나라를 대표할 만한 자연생태계보유지역 또는 수려한 자연경관지로 환경부장관이 지정한 곳이다. 1967년 12월 29일 지리산 국립공원 지정을 최초로 1960년대에 4개소, 1970년대에 설악산 등 9개소, 1980년대 7개 공원을 포함하여 총 20개의 국립공원을 지정하였으며 현황은 [표 3-5]와 같으며, 전체 국립공원면적은 전국토의 6.6%에 해당한다.

공원별 특징을 보면 한려해상과 다도해해상국립공원은 바다 및 도서와 육지를 대표하는 해상공원이고, 태안해안과 변산반도국립공원은 해안절경과 육지를 대표하는 해안공원이며, 경주국립공원은 사적공원으로 이들 5개소를 제외하면 나머지 국립공원은 우리나라를 대표하는 명산 등을 위주로 산악육지공원으로 구성되어 있다.

표 3-5 국립공원 현황(2010년 12월)

공원명	위치	면적(㎢)	지정	비고
지리산	전북, 전남, 경남	440.485	'67. 12. 29	
경주	경북	138.160	'68. 12. 31	경상북도 위탁관리
계룡산	충남	61.148	'68. 21. 31	
한려해상	전남, 경남	510.323	'68. 12. 31	해상 395,479
설악산	강원	370.000	'70. 3. 24	
속리산	충북, 경북	283.400	'70. 3. 24	
한라산	제주	149.000	'70. 3. 24	제주도 위탁관리
내장산	전북, 전남	76.032	'71. 11. 17	
가야산	경북, 경남	80.163	'72. 10. 13	
덕유산	전북, 경남	219.900	'75. 2. 1	
오대산	강원	298.500	'75. 2. 1	
주왕산	경북	105.582	'76. 3. 30	
태안해안	충남	328.990	'78. 10. 20	해상 289,543
다도해해상	전남	2,344.910	'81. 12. 23	해상 1,986,684
북한산	서울, 경기	78.450	'83. 4. 2	
치악산	강원	182.090	'84. 12. 31	
월악산	충북, 경북	284.500	'84. 12. 31	
소백산	충북, 경북	320.500	'87. 12. 14	
변산반도	전북	157.000	'88. 6. 11	해상 9,196
월출산	전남	41.880	'88. 6. 11	
계	20개소	6,579.854		

자료 : 환경부

나. 도립공원

도립공원은 특별시, 광역시·도 관 내의 자연경관을 대표할 만한 국립공원 이외의 수려한 자연경관지로 도립공원위원회와 시·도 건설종합계획심의회 심의를 거쳐 환경부장관의 승인을 얻어 시·도지사가 지정한다. 1970년대에 금오산 도립공원을 지정한 이래로 2005년 연인산까지 현재 23개소의 도립공원이 있으며 그 현황은 [표 3-6]과 같다.

표 3-6 **도립공원 현황(2010년 12월)**

공원명	위치	면적(㎢)	지정년월일
금오산	경북 구미, 칠곡, 김천	37.910	'70. 6. 1
남한산성	경기 광주, 하남, 성남	36.447	'71. 3.17
모악산	전북 김제, 완주, 전주	42.220	'71.12. 2
무등산	광주, 전남 담양, 화순	30.230	'72. 5.22
덕유산	충남 예산	21.045	'73. 3. 6
칠갑산	충남 청양	32.542	'73. 3. 6
대둔산	전북 완주	38.100	'77. 3.23
낙산	강원 양양	9.100	'79. 6.22
마이산	전북 진안	16.900	'79.10.16
가지산	경남 양산, 울산, 밀양	104.799	'79.11. 5
조계산	전남 승주	27.380	'79.12.26
두륜산	전남 해남	33.390	'79.12.26
선운산	전북 고창	43.700	'79.12.27
팔공산	대구, 경북칠곡, 군위, 경산, 영천	122.073	'80. 5.13
대둔산	충남 논산, 금산	24.856	'80. 5.22
문경새재	경북 문경	5.300	'81. 6. 4
경포	강원 강릉	9.471	'82. 6.26
청양산	경북 봉화, 안동	48.760	'82. 8.21
연화산	경남 고성	28.717	'83. 9.29
태백산	강원 태백	17.440	'89. 5.13
팔영산	전남 고흥	9.881	'98. 7.30
천관산	전남 장흥	7,954	'98.10.13
연인산	경기 가평	37,469	2005. 9.12
계	23개소	783,843	

자료 : 환경부

다. 군립공원

군립공원은 시, 군의 자연경관을 대표할 만한 국립공원 및 도립공원 이외의 수려한 자연경관지로 군립공원위원회의 심의를 거친 후 도지사의 승인을 얻어 지정하는 공원이다. 1981년 1월에 전북 순창의 강천산을 지정한 이래 2008년 12월 현재 전국에 33개소가 있으며 그 현황은 [표 3-7]과 같다.

표 3-7 **군립공원 현황(2010년 12월)**

공 원 명	위 치	면적(㎢)	지정년월일
강 천 산	전북 순창군 팔덕면	15.649	'81. 1. 7
천 마 산	경기 남양주시 화도읍, 진접면, 호평면	12.714	'83. 8. 29
보 경 사	경북 포상 송라면	8.509	'83. 10. 1
불영계곡	경북 울진군·읍, 서면, 근남면	25.140	'83. 10. 5
덕구온천	경북 울진군북면	6.053	'83. 10. 5
상 족 암	경남 고성군 하일면, 하이면	5.106	'83. 11. 10
호 구 산	경남 남해군 이동면	6.584	'83. 11. 12
고 소 성	경남 하동군 악양면, 화개면	3.144	'83. 11. 14
봉 명 산	경남 사천시 곤양면, 곤명면	2.645	'83. 11. 14
거열산성	경남 거창군 거창읍, 마리면	4.252	'84. 11. 17
기 백 산	경남 함양군 안의면	2.011	'83. 11. 18
황 매 산	경남 합천군 대병면, 가회면	17.988	'83. 11. 18
웅 석 봉	경남 산청군·읍, 금서·삼장·단성	18.200	'83. 11. 23
신 불 산	경남 울산 울주군 상북면, 삼남면	11.660	'83. 12. 2
운 문 산	경북 청도군 운문면	16.200	'83. 12. 29
화 왕 산	경남 창원군 창녕읍	31.283	'84. 1. 11
구천계곡	경남 거제시 신협읍, 동부면	5.871	'84. 2. 4
입 곡	경남 함안군 산인면	0.995	'85. 1. 28
비 슬 산	대구 달성군 옥포면, 유가면	13.000	'86. 2. 22
제주조각	제주 남제주군 악덕면	0.370	'86. 5. 30
장 안 산	전북 장수군 장수읍	6.380	'86. 8. 18
빙계계곡	경북 의성군 춘산면	0.840	'87. 9. 25
고복저수지	충남 연기군 서면	1.949	'90. 1. 20
아 미 산	강원 인제군 인제읍	3.982	'90. 2. 23
명 지 산	경기 가평군 북면	12.730	'91. 10. 9
방 어 산	경남 진수시 지수면	2.588	'93. 12. 16
대 이 리	강원 삼척시 신기면	6.590	'96. 10. 25
마라해양	제주 남제주군 대정읍, 악덕면	49.228	'97. 8. 19
성산일출해양	제주 남제주군 성산읍	16.156	'97. 8. 19
서귀포시립해양	제주 서귀포시 보목-강정동	19,540	'99. 1. 5
추 자	제주 북제주군 추자면	95.292	2000. 8. 31
우 도 해 양	제주 북제주군 우도면	25.863	2000. 8. 31
월성계곡	경남 거창군 북상면	0.650	2002. 4. 25
계	33개소	444,514	

자료 : 환경부

2) 관광단지

관광단지란 관광산업의 진흥을 촉진하고 관광자의 다양한 관광 및 휴양을 위하여 각종 관광시설을 종합적으로 개발하는 관광거점지역으로 관광진흥법에 의하여 지정된 곳을 말한다.

2000년 6월 지정된 관광단지는 총 9개소이며, 제주중문, 경주보문, 원주 월송, 평창 봉평단지는 일부시설을 완공하여 운영 중에 있으며, 김천 온천관광단지는 기반시설을 공사 중에 있다. 해남화원, 경주 감포관광단지는 토지 매입 및 매입 준비 중에 있으며, 인천 용유와 평창 용평단지는 행정절차를 추진 중이다.

한편, 관광단지의 개발 활성화를 위해 정부는 민자유치촉진법상 사회간접자본시설 중 제2종시설로 관광단지를 규정하여 민자를 적극적으로 유치케 하고 있으며 세제상의 혜택을 주기 위하여 지방세법의 규정에 의하여 취득세와 등록세를 50% 감면하며, 조세감면 규제법상의 규정에 의하여 특별부가세의 100분의 50에 해당하는 세액을 감면해 주고 있다.

표 3-8 관광단지 현황

단지명	위 치	규모(㎢)	사업비(억원)	사업기간	개발주체
경주보문	경주시 일대	8,006	9,709	1973~2010	경북관광공사
제주중문	서귀포 색달동,중문동	3,562	18,137	1978~2010	한국관광공사
경주감포	경주감포대본리,나정리	3,975	8,500	1997~2015	경북관광공사
원주오크밸리	원주시 지정면 월송리 일원	11.3	11,525	1997~2013	한솔개발 (주)
해남화원	전남 해남군 화원면	5,084	10,631	1991~2011	한국관광공사
평창봉평	강원평창군봉평면일대	3,995	9,488	1994~2009	(주)보광
인천용유/무의	인천 중구 을왕동 덕교동 일대	21.65	800,000	2003~2020	인천경제자유구역청
김천온천	김천시 부항면 일원	1,424	5,357	1997~2011	(주)우촌 개발
평창용평	강원 평창군 도암면 일대	16,367	14,385	1986~2015	용평리조트
여수화양	여수시 화양면 일대	9,989	15,031	2004~2015	(주) 일상
안동문화	경북 안동시 성곡/석동	1,662	3,989	2000~2015	경북관광공사
동부산	부산시 기장군 기장읍	3,638	8,812	2000~2011	부산도시공사

횡성두원	강원 횡성군 둔내면 일원	4,251	5,008	1992~2011	현대시멘트
알펜시아	강원도 평창군 도암면 수하리, 용산리 일대	4,912	11,245	2004~2008	강원도개발공사
광주 어등산	광주시 광산구 운수동 어등산 일대	2,732	3,400	2005~2015	광주광역시 도시공사
성산해양 관광단지	서귀포시 성산읍 고성리 일원	0,653	3,870	2006~2011	(주)보광제주
송도	인천 동춘동, 옥련동 일원	2,113	미정	2008~	인천관광공사
홍천 비발디파크	강원도 홍천군 서면 팔봉리, 대곡리 일원	5,468	11,300	1990~2011	(주)대명 레저산업
신화 역사공원	제주 서귀포시 안덕면 서광리 일원	4,043	15,945	2006~2014	제주국제자유 도시개발센터
팜파스	제주 서귀포 표선면 일원	3,008	8,775	2008~2018	(주)남영산업
중문 색달온천	제주 서귀포시 색달동 일원	1,093	2,324	2009~2012	(주)21세기 컨설팅

자료 : 문화체육관광부, 2009년 2월 기준

3) 관광지

관광지는 관광자원이 풍부하고 관광자의 접근이 용이하며 개발제한요소가 적어 개발이 가능한 지역과 관광정책상 관광지로 개발하는 것이 필요하다고 판단되는 지역을 말한다. 관광자의 관광활동에 필수적인 주차장, 상·하수도, 식음료대, 벤치 등 공공 및 편익시설을 공공사업으로 추진하고 그 외 이용관광자의 편의를 위한 각종 유희시설과 숙박 및 상가시설에 대해 민간자본을 유치하여 개발하는 사업이다. 정부에서는 이러한 관광지를 확대·개발함으로써 국민이 자유롭고 쾌적하게 이용할 수 있는 관광환경을 조성함은 물론 관광을 통하여 국민의 복지수준을 향상시키는 복지관광정책의 일환으로 활용하고 있다. 전국 관광지는 2008년 12월 232개소에 이르고 있다.

표 3-9 **관광지 개발현황(2009년 12월)**

구 분	관 광 지 명	개 소
부 산	태종대, 황령산, 해운대, 용호씨사이드	4
인 천	마니산, 서포리	2
경 기	대성, 용문산, 소요산, 신륵사, 평택호, 공릉, 한탄강, 산정호수, 산장, 수동, 장흥, 백운계곡, 임진각, 내리, 덕포진	15
강 원	춘천호반, 고씨동굴, 무릉계곡, 망상해수욕장, 화암약수, 고석정, 송지호, 장호해수욕장, 팔봉산, 삼포·문암, 옥계, 맹방, 구곡폭포, 속초해수욕장, 주문진, 삼척, 간현, 연곡, 청평사, 초당, 화진포, 오색, 광덕계곡, 용대, 홍천온천, 후곡약수, 석현, 등명, 화천온천, 방동약수, 용대, 영월온천, 강릉온천, 어답산, 구문소, 직탕, 아우라지, 유형문화, 석교온천, 동해 추암, 영월 마차탄광촌	40
충 북	양산팔경, 무극, 장계, 칠금, 충온온천, 능암온천, 온달, 교리, 돈산온천, 수옥정, 속리산레져, 능강, 금월봉, 계산, 괴강, 구병산, 다리안, 천동, 송호, KBS제천촬영장, 만남의 광장, 충주호체험,	22
충 남	대천해수욕장, 구두래, 신정호, 삽교호, 태조산, 예당, 무창포, 덕산온천, 곰나루, 용연저수지, 죽도, 안면도, 아산온천, 마곡온천, 금강하구둑, 마곡사, 칠갑산도림온천, 천안온천, 공주문화, 춘장대해수욕장, 간월도, 난지도, 왜목마을, 남당, 서동요역사	25
전 북	남원, 은파, 사선대, 방화동계곡, 금마, 운일암반일암, 석정온천, 금강호, 위도해수욕장, 마이산회봉, 지리산남원약수온천, 모악산, 김제온천, 상송온천, 웅포, 내장산리조트, 왕궁보석테마, 용담송풍, 모항, 백제가요정읍사, 미륵사지, 오수의견, 환황해권국제해양, 변산해수욕장, 벽골제	25
전 남	담양호, 나주호, 장성호, 영산호, 화순온천, 우수영, 땅끝, 성기동, 회동, 녹진, 지리산온천, 도곡온천, 도림사, 대광해수욕장, 율포해수욕장, 대구도요지, 불갑사, 한국차소리문화,마한문화공원, 회산연꽃방죽, 홍길동테마파크, 아리랑마을, 정남진 우산도-장재도, 신지 명사십리, 해신장보고, 운주사, 사포, 불갑사	27
경 북	백암온천, 성류굴, 영일만, 대진해수욕장, 장사해수욕장, 포항송도, 오전약수. 가산산성, 도산온천, 청도용암온천, 탑산온천, 문경온천, 영주순흥, 고래불, 예천온천, 문장대온천, 경산온천, 울릉도, 치산, 용유계곡, 풍기온천, 선바위, 청송주왕산, 풍기창락, 다덕약수, 호미곶, 다산, 포리, 하회, 청도온천	30
경 남	부곡온천, 충무도남, 당항포, 표충사, 미숭산, 마금산온천, 수승대, 오목내, 합천호, 합천보조댐, 중산, 금서, 가조, 농월정, 송정, 벽계, 곡안온천, 장목, 실안, 산청전통한방휴양지, 곡안, 사등, 옥수, 하동묵계(청학동)	23
제 주	용머리, 만장굴, 김녕해수욕장, 돈내코, 함덕해안, 협재해안, 제주남원, 송악산, 토산, 봉개휴양림, 묘산봉, 미천굴, 신흥, 수망, 오라, 표선, 세화/송당온천, 제주돌문화공원, 곽지, 만장굴	19
합계		232

자료 : 문화체육관광부, 2009년 12월 기준

4) 관광특구

관광특구는 외국인 관광객의 유치촉진을 위하여 관광시설이 밀집된 지역에 대해 야간 영업시간을 배제하는 등 관광활동을 촉진하고자 1993년에 도입된 제도이다. 관광진흥법 제2조에서는 외국인 관광객의 유치촉진 등을 위하여 관광활동과 관련된 관계법령의 적용이 배제되거나 완화되고, 관광활동과 관련된 서비스·안내체계 및 홍보 등 관광여건을 집중적으로 조성할 필요가 있는 지역으로서 관광진흥법에 의하여 지정된 곳이라고 정의하고 있다.

관광특구 지정신청(시행령 제56조의 2)의 요건은 다음과 같다.

- ✓ 문화체육관광부장관령이 정하는 상가·숙박·공공편익시설·휴양·오락시설 등의 요건을 갖추고 외국인 관광객의 수요를 충족시킬 수 있는 지역
- ✓ 당해 지역의 최근 1년 간 관광객이 10만 명이 이상일 것(서울특별시는 50만 명 이상).
- ✓ 임야·농지·공업용지·택지 등 관광활동과 관련이 없는 토지가 전체면적의 10%를 초과하지 말아야 한다.

문화체육관광부는 2004년 10월 관광진흥법을 일부 개정하여 특구 지정권한을 시·도지사에게 이양하고 특구에 대한 국가 및 지방자치단체의 지원근거를 마련하였으며, 관광특구진흥계획의 수립·시행 및 평가를 의무화하는 등 특구제도의 실효성을 확보하기 위해 다양한 제도적 장치를 도입하였다. 또한 2005년 4월에는 관광특구지역 안의 문화·체육시설, 숙박시설 등으로서 관광객유치를 위하여 특히 필요하다고 문체부장관이 인정하는 시설에 대하여 관광진흥개발기금의 보조 또는 융자가 가능하도록 하였다.

문체부에서는 관광특구활성화를 위하여 관광특구 평가 및 개선 방안 연구(2007.4~2008.1)를 실시하였으며, 그 결과를 토대로 우수 관광특구 8개소를 선정하여 등급별로 차등 지원하고 있으며, 2009년에는 다변화하는 여행패턴 변화 및 최근 관광트랜드에 맞게 차별화된 테마 및 주제 등을 반영한 관광특구를 중점적으로 선정하여 관광기반시설 등을 적극 지원하고 있다.

표 3-10 관광특구 지정현황

번호	시·도	특 구 명	지 정 지 역	면적(㎢)	지정시기	비 고
1	서울(4)	명동·남대문·북창지역	서울 중구 소공동, 회현동, 명동 일원	0.634	2000.3.30	남대문로, 태평로, 을지로, 퇴계로 인근지역
2		이태원	서울 용산구 이태원동, 한남동 일원	0.38	'97.9.25	이태원로 인근지역
3		동대문 패션타운	서울 중구 광희동, 을지로	0.58	2002,5.23	동대문패션타운, 동대문운동장
4		종로·청계	종로1-6가, 서린동, 관수동	0.54	2006.3.22	광화문-숭인동 청계천 전역
5	부산(2)	해운대	부산 우동, 중동, 송정동	6.22	'94.8.31	관광지, 해수욕장, 온천, 공원
6		용두산/자갈치	중구 부평동, 광복동, 남포동	1,038	2008.5.14	자갈치시장, 광복로, 용두산 공원
7	인천	월미	인천 중구 신포동, 연안동, 신흥동, 북성동, 동인천동 일원	3.00	2000.6.26	월미도 문화거리, 차이나타운, 자유공원, 신포시장
8	대전	유성	대전 봉명동, 구암동, 장대동, 궁동, 어은동, 도룡동	5.86	'94.8.31	엑스포과학공원, 온천유양지
9	경기(2)	동두천	경기 동두천시 일원	0.40	'97.1.18	동두천시, 소요산 입구
10		평택시송탄	경기 평택시 일원	0.49	'97.5.30	신장 1·2동, 지산동, 송북동
11	강원(2)	설 악	강원 속초시, 고성군 및 양양군 일부지역	148.58	'94.8.31	관광단지, 집단휴양 시설지구
12		대관령	강원 강릉, 동해, 평창, 횡성 일원	564.18	'97.1.18	강릉 동해시, 평창 횡성군
13	충북(3)	수안보온천	충북 충주시 상모면	9.22	'97.1.18	수안보온천지구
14		속리산	충북 보은군 내속리면	43.75	'97.1.18	법주사 집단 시설지구
15		단양	단양군 단양/매포읍 일원	4.45	2005.12.30	2개읍 5개리
16	충남(2)	아산시온천	충남 아산시	3.71	'97.1.18	온양, 도고, 아산온 천지
17		보령 해수욕장	충남 보령시	2.52	'97.1.18	대천, 무창포지역, 죽도
18	전북(2)	무주구천동	전북 무주군 설천면	7.61	'97.1.18	무주리조트
19		정읍내장산	전북 정읍시	3.50	'97.1.18	내장산 집단 시설지구
20	전남	구 례	전남 구례군 일원	78.02	'97.1.18	지리산온천, 화엄사 등

21		목포	목포시 북항, 유달산 일원	68.94	2007.9.28	유달산, 삼학도 등
22	경북	경주시	경북 경주시내지구, 보문지구, 불국지구	32.65	'94.8.31	관광단지, 시가지
23		백암온천	경북 울진군 일원	1.74	'97.1.18	온정도시계획구역
24	경남	부곡온천	경남 창녕군 부곡면 일원	4.82	'97.1.18	부곡온천지구
25		미륵도	경남 통영시 일원	32.90	'97.1.18	미륵도, 오비도, 월명도
26	제주	제주도	제주도 전역 (부속도서 제외)	1,809.56	'94.8.31	3개 관광단지, 10개 관광지구
		계	13개시/도 26개 관광특구	3,582.03		

자료 : 문화체육관광부, 2008년 9월 기준

5) 생태·녹색관광자원(Eco-Tourism·Green Tourism)

오늘날 산업공해와 지나친 개발로 인해 푸르고 깨끗한 자연공간이 해마다 부족해짐에 따라 현대 도시인들은 갯벌, 탐조, 동굴, 반딧불 등 자연그대로의 모습을 보고 즐기고자 하는 체험관광이 늘어나게 되었다. 그러나 생태자원을 보존에만 치중함에 따라 관광과 접목시키려는 노력이 부족하여 관광상품으로 개발·육성하는데 미흡한 면이 있었다.

UN에서는 2002년을 생태관광의 해로 지정하였고, 최근 국내에서도 생태·녹색관광 수요의 증대로 체계적인 생태·녹색관광자원 개발필요성이 대두함에 따라 정부는 생태자원을 최대한 보존하면서 환경친화적인 관광개발을 통해 초보단계에 있는 생태관광을 정착시키고자 다각적인 방안을 추진 중에 있다. 이에 2003년부터 생태·녹색관광자원 개발사업을 문화관광자원 개발사업에서 분리해서 추진하고 있다.

2003년에는 갯벌관광 개발 등 14개 사업에 55억 지원, 2004년에는 대나무생태공원 조성 등 14개 사업에 62.8억 원 지원, 2005년에는 민둥산생태관광 개발 등 18개 사업에 101.8억 원 지원, 2006년에는 수변생태공원조성 등 26개 사업에 132.2억 원을 지원하였으며, 2007년에는 탑정호생태관광 개발 등 26개 사업에 133억 원을 지원하여 갯벌, 철새, 동굴, 습지, 화석 등 자연환경의 관찰, 체험을 위한 보호·체험시설, 생태공원 등 기반시설을 조성하였으며, 2008년에는 27개 사업 189억 원을 지원하였으며, 2009년에는 32개 사업에 282억을 지원하였다.

향후 생태·녹색관광자원 개발 예산의 연차적 확대와 지원을 통해 전국을 균형있게 개발할 수 있도록 유도하고, 획일적 개발의 지양과 지역적 특색에 맞는 지속가능한 개발을 도모하고 있다.

6) 안보관광자원

안보관광지 개발은 6·25 전적지와 민통선 일대에 잘 보전된 자연경관 및 전적관광자원을 발굴·개발함으로써 전후 세대에게는 올바른 역사의식을 함양하는 장으로 활용하고, 우리나라를 방문하는 외국인 관광객에게는 특색 있는 관광경험을 제공하려는 것이다. 정부는 1987년에 강원도 구철원읍 주변을 전적관광지로 개발하기 위하여 제2땅굴과 필승교회, 도피안사, 노동당사, 백마고지 위령비 주변과 월정역 등에 국고 10억 원과 지방비 9억 8,000만원을 투입하여 주차장, 급수시설, 교량, 조경, 도로포장 등의 시설을 건설하였으며 고석정 관광지에 10억 원을 투입하여 철의 삼각지 전적관을 건립하였다.

또한 1990년대부터는 강원도지역의 김화, 평화의 댐, 직연폭포, 파로호, 펀치볼, 화진포, 건봉사 등 7개 지구에 대한 안보관광지 개발에 착수하여 도로의 개·보수, 주차장, 상·하수도 건설 등 각종 사업을 추진하였다. 2009년도부터는 **평화 문화광장** 조성 등 강원도 내 비무장지대(DMZ) 개발사업과 통일전망대(강원고성군) 주변 관광지 지정 및 건물 신축공사 등의 개발사업을 추진하고 있다.

2008년 안보관광자원에 대한 국내·외 관광객의 방문현황은 다음 〈표 3-11〉과 같다.

표 3-11 안보관광시설별 내·외국인 방문 현황(2008)

(단위 : 명)

관광지명	계	내국인	외국인
도로전망대, 제3땅굴, 해마루촌, 허준묘역	449,495	323,498	125,997
제2땅굴, 평화전망대	150,548	150,548	내외국인 미구분
백마고지 전적지	67,627	67,627	내외국인 미구분
열쇠전망대	26,115	25,770	345

상승 OP	15,254	15,054	200
승전 OP	10,646	10,646	-
을지전망대	73,377	73,077	300
제4땅굴	72,000	71,880	120
칠성전망대	2,460	2,440	20
승리전망대	14,521	14,521	0
태풍전망대	60,648	59,781	867
육군사관학교	103,020	102,958	62
고성 통일전망대	553,000	550,000	3,000
해군사관학교	249,166	248,579	587
제1·2연평해전전적(승)비	89,852	89,586	266
애기봉전망대	2,175	2,175	-
강화도 평화전망대	1,989	1,982	7
백령도 OP	6,296	6,213	83
포항역사관	34,762	34,756	6
공군사관학교	20,930	20,930	-
계	2,003,881	1,872,021	131,860

자료 : 국방부

7) 온천관광자원

온천은 국민의 심신휴양, 건강증진 등에 크게 기여하고 있는 귀중한 자원으로서 정부는 1981년에 일반 지하수와는 달리 온천자원에 대한 적절한 보호와 효율적인 개발·이용 및 관리를 도모함으로써 공공의 복리증진에 이바지하기 위하여 온천법을 제정하였다. 동 법령의 규정에 따라 관할 자치단체로 하여금 온천발견신고·수리, 온천원 보호지구 또는 온천공보호구역지정, 온천 개발 계획수립·승인, 일일 적정 양수량에 의한 온천수이용허가 절차를 이행하게 하는 등 온천 개발·이용 및 관리 업무를 수행하고 있으며, 2008년 12월말 기준으로 전국 시·도별 온천현황은 〈표 3-12〉와 같다.

표 3-12 **시·도별 온천 현황**

시·도	계	보호지구지정 온천원보호지구 면적(천 m^2)	개발계획 면적 (천 m^2)	이용시설 (개소)	연간이용자 (천명)
서울	9	149	–	7	2,211
부산	27	2,967	1,915	58	5,777
대구	13	1,785	256	9	1,921
인천	14	4,969	–	2	303
광주	3	950	544	2	300
대전	1	939	–	49	2,732
울산	11	3,818	911	10	1,182
경기	49	22,830	747	20	3,566
강원	49	19,867	2,408	34	3,562
충북	19	19,635	11,647	35	3,468
충남	30	10,924	4,485	104	9,359
전북	23	21,757	4,565	4	435
전남	18	12,476	2,622	43	2,662
경북	90	50,745	18,066	73	9,692
경남	50	14,591	1,245	50	6,714
제주	11	6,864	2,363	3	43
합계	417	195,266	51,774	503	53,927

자료 : 행정안전부, 2008년 12월 기준

2. 인문관광자원

인문관광자원이란 지역의 문화가 깃들어 계속 전승되어 내려오는 유산을 말한다. 즉 우리 민족의 자주적 문화정신과 지혜가 담겨있는 역사적 소산으로서 우리의 문화를 소개할 수 있는 잠재적 관광자원으로 간주할 수 있다.

1) 문화재

문화재는 우리 민족의 유구한 자주적 문화정신과 지혜가 담겨 있는 역사적 소산이며 우리의 문화를 소개할 수 있는 관광자원으로 문화재보호법에 의해 지정되며 그 종류는 국가지정문화재는 국보, 보물, 사적, 명승, 천연기념물, 중요 무형문화재, 중요 민속자료로 구분되며, 시·도지정 문화재의 경우 유형문화재, 무형문화재, 기념물, 민속자료로 구분된다. 또한 문화재자료는 시·도지사가 국가지정문화재, 시·도지정문화재가 아닌 문화재중 향토문화 보존상 필요하다고 인정되는 것을 문화재자료로 지정할 수 있다.

표 3-13 문화재 지정현황

지정별 \ 시도별		서울	부산	대구	인천	광주	대전	울산	경기	강원	충북	충남	전북	전남	경북	경남	제주	기타	합계
국가지정문화재	국 보	153	3	3	1	2	0	0	9	9	13	27	6	18	53	109	0	0	309
	보 물	488	20	34	21	8	1	4	124	56	71	91	85	156	274	106	3	3	1,548
	사 적	67	4	7	18	2	1	4	63	15	18	47	33	39	101	51	6	0	476
	사적및명승	0	0	0	0	0	0	0	0	0	1	1	0	3	3	1	0	0	10
	명 승	0	0	0	1	0	0	0	0	1	0	0	0	3	1	1	0	0	46
	천연기념물	12	7	2	10	1	0	3	16	33	22	14	29	55	59	41	41	42	387
	중요무형문화재	30	3	0	4	1	0	0	8	1	3	3	2	14	7	9	4	24	113
	(보유 자)	59	12	1	12	4	0	0	19	6	3	10	9	19	10	24	5	0	193
	중요민속자료	51	0	4	0	3	0	1	8	11	22	19	13	35	68	11	8	0	254
	소 계	804	39	50	55	17	4	15	229	131	157	203	171	329	574	233	63	69	3,143
시·도지정문화재	유형문화재	251	90	51	55	26	33	17	162	144	232	161	193	209	343	423	24	0	2,414
	무형문화재	36	13	16	16	15	14	3	39	19	15	34	28	31	28	29	17	0	353
	기념물	26	47	11	54	26	40	46	183	79	109	157	107	187	135	240	49	0	1,502
	민속자료	29	5	5	2	7	2	0	1	4	15	19	34	39	119	20	7	0	318
	소 계	342	97	70	92	72	78	49	322	206	292	312	323	391	547	575	87	0	4,611
문화재자료		41	46	33	20	26	48	18	130	123	54	303	150	228	494	414	5	0	2,143
합 계		1,187	134	139	163	111	121	80	684	420	441	786	631	814	1,458	1,058	183	69	10,233

자료 : 문화재청, 2008년 12월 기준

3) 문화관광축제

문화관광축제는 문화체육관광부가 외국인 관광객 유치확대 및 지역 관광 활성화를 위해 전국 지역축제 중 관광상품성이 큰 축제를 대상으로 1995년부터 해마다 지속적으로 확대 지원·육성하고 있는 사업이다. 선정방법은 각 시·도에서 10개 이내의 축제를 추천하면 관광·축제 분야의 전문가들로 구성된 선정위원회에서 국내외 관광객 유치실적, 축제 프로그램 등 콘텐츠, 축제의 부가가치 창출 효과 등을 기준으로 선정하게 된다.

1997년 10개, 1998년 18개, 1999년 21개, 2000년 30개, 2002년 29개, 2003년 30

개, 2004년 37개, 2005년 45개, 2006년 52개, 2007년 52개 축제에 이어 2008년에도 56개 축제를 선정하였으며, 1999까지 한국관광공사에서 예산을 지원하던 것을 2000년부터는 전액 국고(관광진흥개발기금)지원체제로 전환하여 예산지원을 대폭 강화하였다(2000년 국고 예산 16억 5천만 원, 2001년 16억5천만 원, 2002년 16억 5천만 원, 2003년 18억 4천만 원, 2004년 21억 6천만 원, 2005년 25억 3천만 원, 2006년 35억 원, 2008년 73억 원, 2009년 70억 원).

문화관광축제는 전통문화와 독특한 주제를 배경으로 한 지역축제 중 관광상품성이 큰 축제를 선정하여 집중육성하고 있으며, 외국인 관광객 유치 증진 및 지역경제 활성화에 기본방향을 두고 추진하고 있다. 최근의 문화관광축제 평가보고서를 보면 관광객이 단순히 보는 관광에서 직접 체험하는 관광을 선호하는 것으로 나타나고 있다. 이에 따른 전략으로 문화체육관광부, 광역자치단체, 기초자치단체, 그리고 지역별 축제추진위원회는 공동으로 축제를 기획하여 축제의 본질과 지역전통문화의 주체성 유지에 바탕을 두고 관광객 참여형 축제로의 전환을 추구하고 있다.

이에 문화체육관광부는 문화관광축제 육성 및 지원을 위한 정책을 수립·시행하고, 한국관광공사는 국내외 홍보 및 여행업자·언론인을 대상으로 축제 개최지 팸투어 실시, 축제담당공무원교육 세미나, 축제 자문단을 구성·운영하고 있으며, 8개 국어 관광정보사이트 홍보와 공사 해외지사를 통한 축제상품 개발 및 외래객 유치 등의 사업을 실시하고 있다. 한편 지방자치단체로 하여금 축제 홍보를 위하여 축제 리플렛, 포스터 등의 각종 홍보물을 제작하여 언론매체, 관광관련업계 등에 배포하도록 유도하고 국내외 언론사, 여행사를 대상으로 설명회를 개최하고 있다. 한국관광공사 해외지사 축제상품 개발 및 해외 모객활동은 1월부터 실시하고 주요 여행업체 대상 현지 초청설명회 개최, 외국어 홍보물 제작·지원, 행사의 특성을 살린 기념품 및 쇼핑상품 개발, 그리고 인근 관광명소 연계를 위한 셔틀버스 운행을 유도하고 있다.

관광 수용태세의 점검·정비를 위하여 축제 행사장 안내지도를 제작·배포하고 외국인 관광안내소를 운영하는 한편 철저한 안전유지로 외국인의 안전상 불안감을 해소하고 혼잡, 교통체증 등을 방지하기 위하여 충분한 주차공간을 확보하며 숙박시설·식당 등의 서비스 개선을 계속해서 추진하도록 하고 있다. 문화관광축제 추진체계로 문화체육관광부는 육성대상 축제 선정, 관련 기관 참여유도, 예산지원, 관광상품화 등을 총괄하고 있다. 한국관광공사는 해외지사를 통한 현지 여행사의 상품기획, 언론인 초청지원 등을 통한 기사화 및 광고 등을 통한 언론매체 홍보활동과 관광 관련 대형 이벤트 참가, 인터넷 홍보 등을 통한 일반 소비자 대상 홍보활동 등 축제의 해외마케팅 활동을 지원하고 있다. 각 시·도·군·구는 행사추진 행정지원과 국내홍보, 여행업 설명회, 지역 주민 및 업계의 참여를 유도하고 있으며, 각 주최기관은 행사기획과 진행, 여행업계는 축제 패키지 상품을 개발·판매하고 있다. 향후 문화체육관광부에서는 세계인을 매혹시킬 수 있는 대한민국 대표축제를 집중 육성하여 국가 문화브랜드 제고 및 관광수지 개선에 기여할 계획이다. 또한 문화관광축제의 외연 확대에 부응 하는 평가체계로 개편하고, 대한민국 대표축제에 대한 컨설팅을 실시하고 있으며, 각 지자체 축제에 대한 개별 컨설팅도 실시할 예정이다. 문화관광축제의 주요 결과는 다음 〈표 3-14〉와 같다.

표 3-14 **2008년도 문화관광축제 주요 결과**

(명, 백만 원)

시·도	지정 구분	축제명	기간	관광객 수			경제효과
				계	내국인	외국인	
서울	예비	한성백제문화체	9.26~28	600,000	580,000	20,000	18,000
부산	우수	부산자갈치축제	10.8~12	2,190,000	2,165,000	25,000	22,000
	예비	광안리어방축제	4.11~13	858,012	847,546	10,466	7,341
대구	유망	대구약령시축제	5.2~6	102,463	101,463	1,000	3,986
인천	예비	인천소래포구	10.2~5	1,112,455	1,100,000	12,455	46,858
	예비	부평풍물대축제	5.28~6.1	1,200,000	1,195,000	5,000	948
광주	유망	광주김치대축제	10.15~16	486,460	471,117	15,343	35,500
울산	예비	외고산옹기축제	10.9~12	102,176	100,176	2,000	1,240
경기도	우수	이천쌀문화축제	10.23~26	530,750	518,660	12,090	11,952
	예비	파주장단콩축제	11.21~23	800,000	795,000	5,000	11,900
	예비	자라섬 국제 재즈페스티벌	10.2~5	137,000	132,000	5,000	17,520
	예비	남사당바우덕이축제	9.30~10.5	100,000	989,000	11,000	118,000
	우수	연천전곡리 구석기축제	5.2~6	900,000	890,000	10,000	25,800
강원도	최우수	춘천국제마임축제	5.23~6.1	156,840	154,040	2,800	5,273
	최우수	양양송이축제	9.26~30	491,920	481,520	10,420	19,258
	유망	인제빙어축제	1.31~2.3	1,270,376	1,268,436	1,940	18,853
	우수	화천산천어축제	1.5~27	1,304,600	1,302,550	2,050	96,889
	유망	평창효석문화제	9.6~11	324,200	323,860	360	17,163
	예비	원주한지문화제	9.24~28	331,919	329,919	2,000	6,610
	예비	정선아리랑	10.16~19	324,000	322,000	2,000	22,365

충청북도	우수	영동난계국악축체	8.22~26	258,100	257,100	1,100	130
	우수	충주세계무술축제	10.~8	726,146	706,146	20,000	16,785
충청남도	대표	보령머드축제	7.12~20	2,266,000	2,183,000	83,000	54,660
	최우수	금산인삼축제	8.29~9.7	976,745	969,537	7,208	80,134
	우수	강경젓갈축제	10.9~13	1,154,845	1,141,000	13,425	42,655
	유망	한산모시문화재	6.13~16	150,000	140,000	10,000	208
충청남도	유망	아산성웅이순신축제	4.25~29	552,930	531,930	21,000	9,394
	우수	천앙홍타령축제	10.1~5	1,150,000	1,130,000	20,000	20,459
	예비	공주부여백제문화재	10.3~12	1,538,720	1,428,530	110,190	68,074
전라북도	최우수	김제지평선축제	10.1~5	1,300,000	1,277,000	23,000	13,225
	우수	무주반딧불축제	6.7~15	720,000	711,360	8,640	22,893
	유망	남원춘향제	5.1~5	815,000	808,200	6,800	54,871
	유망	고창모양성제	10.3~7	502,164	501,789	375	231
	예비	전주한지문화제	5.2~5	114,000	109,000	500	3,821
전라남도	최우수	강진청자문화제	8.9~17	686,864	680,664	6,200	72,709
	최우수	함평나비축제	5.3~12	431,936	419,936	12,000	18,008
	우수	남도음식문화큰잔치	10.9~13	325,123	323,883	1,240	15,788
	유망	진도신비의바닷길	5.4~7	1,020,000	966,000	54,000	84,599
	예비	보성다향제	5.2~6	940,000	934,500	5,500	16,800
	유망	담양대나무축제	5.3~9	886,426	886,105	321	82,900
	예비	영암왕인축제	4.5~8	949,455	938,455	11,000	53,700
	예비	구례산수유축제	3.20~23	860,000	859,400	600	59,000
경상북도	대표	안동국제탈춤페스티벌	9.26~10.5	1,050,100	1,020,000	30,100	62,680
	유망	경주한국의 술과 떡잔치	4.19~24	625,023	613,250	11,773	495
	유망	풍기인삼축제	10.1~5	951,283	950,083	1,200	204,028
	유망	문경찻사발축제	5.3~12	550,000	547,000	3,000	9,800
	유망	봉화춘양목송이축제	9.27~30	427,000	425,180	1,820	20,460
	예비	고령대가야체험축제	4.11~14	240,000	237,500	2,500	11,655
경상남도	최우수	진주남강유등축제	10.1~12	3,160,000	3,143,000	17,000	12,2500
	우수	하동야행치문화축제	5.21~25	352,642	351,292	1,350	20,850
	우수	지리산한방약초축제	5.2~7	1,223,000	1,221,500	1,500	36,600
	예비	김해분청도자기축제	10.28~11.2	600,000	580,000	20,000	6,000
	유망	한산대첩축제	8.13~17	870,000	867,000	3,000	46,400
제주도	유망	정월대보름들불축제	2.21~23	51,200	50,700	500	3,219
	유망	서귀포필십리축제	10.23~26	150,000	145,000	5,000	3,168
	예비	최남단벙어축제	11.8~16	280,000	270,000	10,000	28,837

자료 : 문화체육관광부

4) 전통한옥(고택) 관광자원

다양한 숙박시설 확충을 위하여 우리나라의 전통 한옥인 고택·종택 등에 체류하며 전통문화를 체험할 수 있는 체험형 숙박시설을 관광자원화 하기 위하여 2004년 25개소(10억 원), 2005년 25개소(10억 원), 2006년 32개소(20억 원), 2007년 18개소(10억 원), 2008년 23개소(8.9억 원) 등 총 98개소의 전통가옥에 관광객을 위한 숙박편의시설 개·보수를 지원하였다. 또한 운영활성화 및 체험 프로그램 개발·운영을 위해 2006년 5개소(2억 원), 2007년 6개소(2억 원), 2008년 10개소(3억 원)를 지원하였다.

사찰문화 체험을 위한 숙박시설로 템플스테이 사업을 지원하였다. 템플스테이 사업은 전통불교문화 공간인 사찰에서 불교문화 체험을 통해 국민들에게 여가문화 활용기회를 제공함과 아울러 국내외 관광객에게 한국 전통불교문화의 우수성을 널리 홍보하기 위하여 지난 2002년 월드컵 축구경기를 계기로 시범운영한 이래 국·내외의 호평을 받아 2004년부터 본격적으로 추진하고 있다.

템플스테이는 주 5일 근무제 정착으로 늘어난 여가시간과 최근 건강과 친환경 가치를 추구하는 참살이 열풍 그리고 체험 관광에 대한 수요 증가 등 대내외적 환경변화에 힘입어 2004년 3만 7천여 명, 2005년 5만 6천여 명, 2006년 6만 9천여 명, 2007년 8만 1천여 명, 2008년 11만 2천여 명 등 매년 그 수요가 대폭적으로 증가하고 있으며 이러한 수요에 부응하여 운영 사찰의 특성에 맞는 다양한 체험 프로그램을 개발하여 활성화에 노력하고 있다. 2009년에는 국제 템플스테이센터와 권역별 거점 사찰의 건립, 템플스테이 운영 사찰과의 연계강화를 비롯하여 운영 사찰의 지원 및 관리를 통하여 외국인 수용 가능 사찰을 확대하고 지자체와의 연계도 강화할 계획이다. 또한 총 참가자 15만여 명, 그 중 외국인 참가자 3만여 명 유치를 목표로 주요 박람회 참가 및 팸 투어를 확대하여 실시할 예정이다.

제3장 03 관광자원의 개발

1. 관광권역의 중요성과 현황

1) 관광권역의 개념과 의의

관광권역이란 관광자원을 보다 과학적이고 효율적으로 관리·보전 및 개발하여 관광자의 관광욕구충족을 보다 쉽게 하기 위하여 합리적으로 적정화한 지역이다. 또 관광권은 제각기 고유한 특성을 가지면서 국토전체의 공간 질서 면에서 상호 유기적인 관광루트가 형성됨으로써 관광자원의 다양화를 기할 수 있어야 할 것이며 국토공간의 합리적 이용에도 부합되어야 할 것이다. 일반적으로 관광권 설정 의의는 다음과 같다.

- ✓ 관광자원의 개발, 관리, 보전을 위하여 관광관련 제반 정책의 수립이 용이하며 행정의 효율성을 제고
- ✓ 관광지의 지역적 편중현상 방지로 관광지 개발에 따른 지역 간 균형발전 도모
- ✓ 권역 내의 각종 자원을 종합적으로 개발하는 한편, 권역의 중심지와 연결시킴으로써 관광객이 다양하고 체계적인 관광활동 도모
- ✓ 권역 중심지에 각종 기반시설 및 편의시설의 집중배치로 산발적 개발로 인한 자연경관의 훼손 방지 및 투자의 효율성 제고

특히, 전 국토공간을 일정지역의 권역단위로 설정함으로써 관광자원의 동질성 및 고유성을 형성하며 전국토의 관광자원화라는 측면에서 상호 유기적인 연계화, 관광자원의 다양화, 관광루트의 체계화를 기하는데 있다. 관광권을 설정할 때 고려되어져야 할

기준은 무엇보다도 먼저 관광자원의 가치와 지역대표성 및 단일 지역의 특화이다. 또한 자원성과 시장성, 접근성, 행정구역 등의 요소를 반드시 고려할 필요가 있다.

2) 관광권역의 변천과 현황

관광개발계획의 일환으로 관광자원의 균형적 개발과 효율적 관리를 위하여 5차례의 전국관광권 설정이 [표 3-15]와 같이 재조정되어 현재에 이르고 있으나, 실질적 시행계획이 미흡하였고 권역의 구속력이 없었으나, 1990년대 이후 대규모 행사유치와 정부의 관광발의지의 결과로 다소 활성화되는 계기를 맞고 있다.

표 3-15 관광권역설정의 변천과정

구 분	명 칭	비 고
1972	10대 관광권	제2차경제사회발전 5개년 계획
1979	8대 흡인권 24개발소권	한국관광진흥장기종합계획
1983	8대 이용권 26개발소권	국민관광장기종합개발계획
1989	5대 관광권 24개발소권	전국관광장기종합개발계획
1998	7대문화관광권	관광진흥5개년계획
2008	6대광역권 관광개발	개별관광개발계획 통합
2009	3대 문화권 광역관광개발	광역경제권 30대 선도 프로젝트

2. 관광개발 기본계획

1) 배경

문화관광부가 수립하는 관광개발기본계획은 관광지 또는 관광단지 개발을 추진함에 있어 전국적이고 장기적인 안목에서 개발계획을 수립하여 국제관광의 여건변화, 국민관광의 질적·양적 성숙 등에 원활히 대응할 수 있도록 하기 위한 것이다. 제1차 관광개발기본계획을 1990년 7월 20일에 수립하여 이에 따른 제1차 권역계획을 1992년에서 96년까지 5개년의 기간 동안 시행하였으며, 1차 계획이 완료됨에 따라 제2차 권역계획을 1997년에 수립하여 현재 추진 중에 있다. 이러한 관광개발계획의 실질적인 추진을 위하여 정부에서는 1993년 12월 27일에 관광진흥법을 개정하여 관광개발계획을 법정계획으로 규정하였고 1994년 6월 30일에 관광진흥법시행령을 개정하여 기본계획은 10년, 권역계획은 5년 주기로 수립하도록 제도화하였다. 한편 2002년부터 2011년까지

시행될 제2차 관광개발 기본계획이 2000년 용역결과를 토대로 한 관계부처 협의를 거쳐 금년 7월에 정부계획으로 확정되었다.

2) 제1차 관광개발 기본계획(1992~2001)

관광자원을 효율적으로 개발, 이용, 관리, 보전하고 관광객의 다양하고 새로운 관광욕구를 충족시키기 위하여 관광자원의 특성, 교통권, 지역실정 등을 감안하여 〈그림 3-1〉과 같이 전국을 5대 관광권 24개 소관광권으로 권역화하여 각각의 권역별 개발구상을 제시하였다. 또한 관광루트를 체계적으로 설정함으로써 관광활동이 보다 편리하고 쾌적하게 이루어지도록 하기 위하여 주요관광지 또는 관광명소 간을 연계하는 관광루트를 표준화하였다. 이에 따라 전국적으로는 육로 9개, 해상 3개, 항공 18개 등 모두 30개의 관광루트가 설정되었으며 중부권에 4개, 충청권에 3개, 서남권에 3개, 동남권에 3개, 제주권에 2개 등 모두 15개의 권역 내 관광루트를 설정하였다.

그림 3-1 **관광권역도**

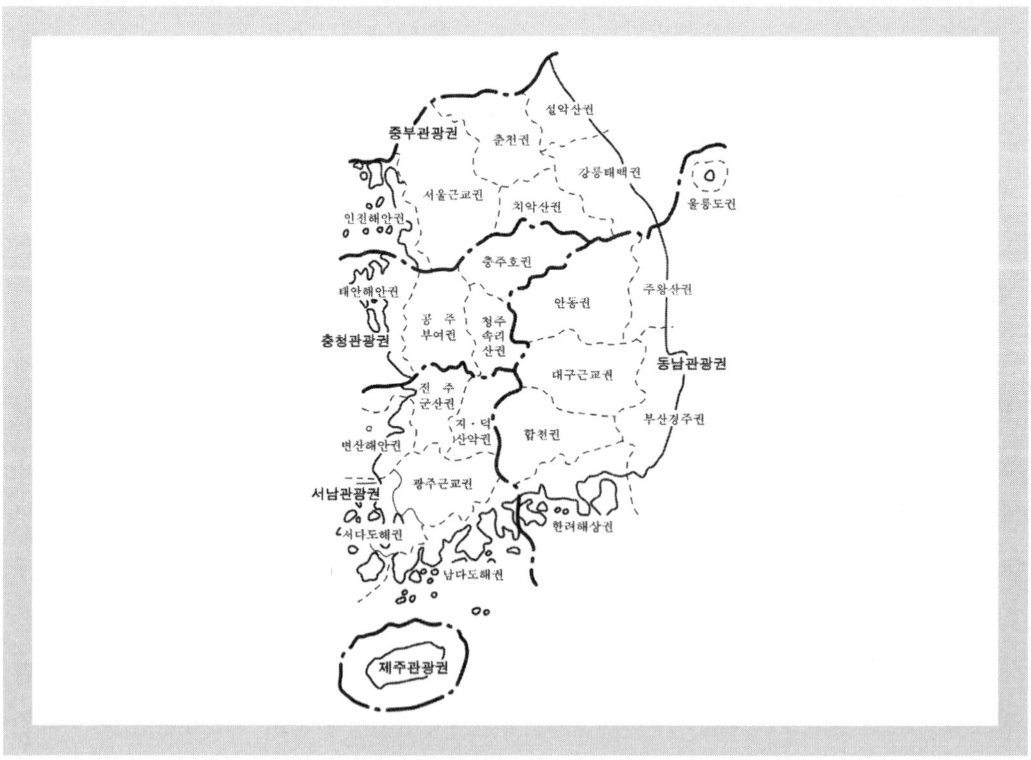

정부는 관광개발사업을 효율적으로 추진하기 위하여 문화관광부, 지방자치단체, 한국관광공사 및 민간부문의 역할을 분담토록 하였다. 문화관광부에서는 관광개발기본계획을 총괄·조정하며, 시·도에서는 권역별 관광개발계획을 수립하여 이에 따라 당해 지역의 관광단지, 관광지 개발사업을 추진케 하고 있다.

상기한 5대권 24개발소권은 다음과 같은 특징이 있다.

- ✓ 교통망의 확충과 관련한 이용객의 형태변화에 대응하는 적정범위의 권역으로서 지역생활권을 고려함과 동시에 지역관광수요를 충족시킬 수 있으며 지역적 균형개발에 기여할 수 있다.
- ✓ 지역생활권의 개발과 연계가 가능하며 투자의 효율성이 제고된다는 점에서 가장 적합한 관광권역으로 평가할 수 있다.
- ✓ 기존의 교통망 및 장래 건설될 계획 도로망을 활용한 관광루트에 따라서 관광이용권의 성립으로 관광이용체계의 확립과 이에 따른 소권별 연계개발을 고려하여 체계적인 관광 개발을 도모할 수 있다.
- ✓ 이용체계에 따른 권역설정으로 체계적인 관광활동에 유리하다.
- ✓ 관광자원이 권역 내에 충분히 포함되어 지역 간 균형발전이 가능하게 될 것이다
- ✓ 이용성을 고려한 적정범위의 권역설정으로 권역의 다양성을 제고할 수 있다.
- ✓ 지역 내 경제·사회적 여건을 고려한 권역으로 지역관광수요를 대처하는데 유용하다.

5대 관광권 24개발소권은 전 지역을 포함하는 권역설정으로 실질적 개발 및 투자유도가 미흡하다는 문제점을 가지고 있다. 그러므로 그에 따른 관광권역설정이 실질적 개발 및 투자유도가 있는 관광권이 설정되어야 한다.

3) 제2차 관광개발기본계획(2002~2011)

제2차 관광개발기본계획은 지난 제1차 관광개발기본계획 수립 이후 급변하는 환경변화에 대응하는 새로운 비전과 전략을 제시하며, 21세기 지식정보사회에 맞는 고부가가치형 관광산업구조를 구축하고 선진적 문화관광사회 육성에 적극 기여하기 위해 전국 관광개발의 기본방향을 미래 지향적으로 제시하는 계획이다. 이 계획은 21세기 한반도 시대를 열어 가는 관광대국 실현이라는 비전 하에 이를 달성하기 위한 국제경쟁력 강화를 위한 관광시설 개발 촉진, 지역특성화와 연계화를 통한 관광개발 추진, 문화자원

의 체계적 관광자원화 촉진, 관광자원의 지속가능한 개발 및 관리 강화, 지식기반형 관광개발 관리체계 구축, 국민 생활관광 향상을 위한 관광 개발 추진, 남북한 및 동북아 관광협력 체계 구축 등 7대 개발전략을 제시하였다.

또한 기존 5대권 24개 소권 체제 하에서 그간 제기되어 왔던 관광권역과 집행권역의 불일치로 인한 계획의 실천성 미비를 개선하기 위하여 관광권역의 구분을 16개 광역지방자치단체를 기준으로 재설정하고 각 관광권역별 관광개발기본방향을 제시하였다. 금년에 수립된 제2차 관광개발기본계획은 2002년부터 2011년까지 단계별로 추진될 예정이며, 이 계획에서 제시하는 관광권역별 관광개발방향을 기초로 하여 각 지방자치단체별로 2001년 중 제3차 권역관광개발계획을 수립 2002년부터 시행하고 있다.

그림 3-2 시·도 관광권역별 개발방향

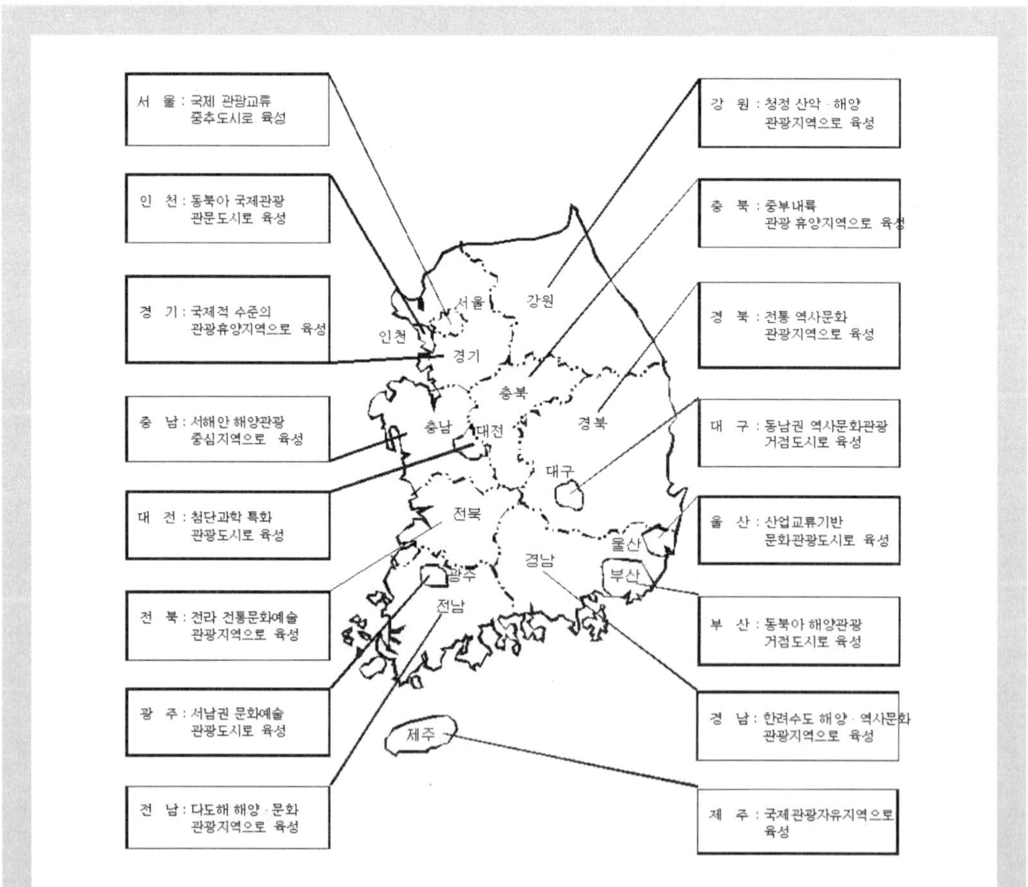

4) 7대 문화관광권 개발

7대 문화관광권 진흥방안은 1998년 초에 국민의 정부 100대 국정과제 사업의 하나로 선정되어 한국관광연구원의 연구용역과 관계부처와 협의를 거친 후 1999년 1월 관광정책심의위원회 심의로 확정한 사업으로 집중육성기간('99~2003년)동안 적극적으로 추진할 계획이다. 동 사업은 전국을 7대 문화관광권(수도권, 강원권, 충청권, 호남권, 대구경북권, 부산경남권, 제주권)으로 나누어 관광개발을 추진하는 것으로 문화관광 거점지역 육성사업과 특화관광사업 추진으로 대별된다.

문화관광 거점지역 육성사업은 전국 주요 시·군·구 30개 지역을 선정 외국인의 체재관광에 불편이 없도록 기반여건을 개선하는 것으로 주요 내용은 관광안내소 설치, 안내표지판 개량, 안내지도제작·보급, 화장실 개량 및 신축, 해외홍보물 제작·배포, 관광서비스 개선, 친절·청결운동 전개 등이며, 정부는 추진기간을 1단계('99~'01)와 2단계('02~'03)로 나누어 각각 15곳에 정부에서 관광진흥개발기금 150억 원, 지방자치단체에서 150억 원, 총 300억 원을 투자할 계획으로 1999년도 첫해에 10.4억 원, 2000년에는 20억 원, 2001년에는 20억 원을 책정·지원하였다.

특화관광사업은 거점지역을 중심으로 지역의 독특하면서도 외국인 관광객의 선호도가 높은 관광자원을 발굴·육성하는 것으로 50개의 중점사업과 80개의 연계사업으로 구분하여 추진하는데, 연계사업은 원칙적으로 지방자치단체의 자체사업으로 추진하지만 중점사업의 경우는 중앙정부가 적극 지원하여 육성하는 사업으로 중점육성기간('99~'03) 동안 정부에서 1,500억 원, 지방자치단체에서 1,500억 원 총 3,000억 원을 투자할 계획으로, 정부는 1999년도 44억 원, 2000년에 139억 원, 2001년에 157억 원을 책정·지원하였다.

동 사업을 통해 우리고유의 문화자원을 관광상품화함으로써 외국인관광객에게 다양한 볼거리, 놀거리, 즐길거리 등을 제공하여 문화의 세기인 21세기에 한국관광이 세계관광시장에서 매력적인 시장으로 떠오를 것으로 기대된다.

5) 6대 광역권 관광개발

광역관광권이란 인접한 2개 이상의 시·도 관할구역의 전부 또는 일부가 동일한 특성을 가진 자연·문화·역사자원 등이 있어 연계시켜 개발하고 관리하는 것이 자원의 개발·이용·관리 측면에서 특히 필요하다고 인정되는 지역이다. 정부는 지역별로 특성 있는 관광자원을 발굴하고 이를 유기적으로 연계 개발하여 관광개발의 효과를 높일 뿐만 아니라, 자원의 효율적 활용을 통한 국가 경쟁력을 제고하기 위해 남해안, 서해안, 동해안 관광벨트, 경북북부 유교문화권, 지리산권, 평화생명지대 관광개발 등 6대 광역권 관광개발사업을 추진하고 있다.

남해안 및 경북북부 유교문화권 관광개발사업은 지난 2000년부터 사업을 추진하고 있으며, 서해안 및 지리산권 관광개발사업은 2004년 개발계획 수립을 시작하여 2005년 12월 완료, 2006년 12월 정부계획으로 확정하였고, 2008년부터 본격적인 사업을 추진하였다. 또한 동해안 관광벨트는 2005년 사업의 타당성 검토를 거쳐 사전준비를 완료하였고, 같은 해 11월부터 개발계획을 수립, 개발을 시작하여 2006년 11월에 완료하였으며 이를 토대로 2007년 관계기관 협의를 거쳐 개발계획을 확정하였으며, 2008년부터 사업이 추진되었다. 평화생명지대 관광개발사업은 2008년 하반기부터 2009년까지 개발계획을 수립하고 2010년 초 개발계획 확정 및 2011년부터 사업을 추진할 예정이다.

가. 경북북부 유교문화권 관광개발

정부는 세계적으로 전통적인 유교문화를 가장 잘 보존하고 있는 경북북부지역의 유교문화자원을 개발하여 이 지역을 국제적으로 관광명소화하고 지역경제의 발전역량을 극대화하기 위해 경북북부 유교문화권 관광개발계획을 확정하였다. 이에 2000년부터 2010년까지 경북북부 지역 11개 시·군 189개 사업으로 경북북부 지역을 5개 권역으로 구분하여 권역별 숙박휴양거점 개발, 문화관광루트 개발, 관광자원 개발 및 정비, 관광인프라 구축 등을 추진하고 있다.

2007년 4월에는 유교문화권 관광개발사업의 성공적인 마무리를 위하여 추진사업의 효과 및 향후 추진방향 마련을 위하여 2차 중간평가를 12월까지 실시하였으며, 이를 토대로 부진사업은 제외 및 축소, 필요사업에 대하여는 사업비 일부 증액 등 조정을 실시하였다. 조정된 사업을 기준으로 2007년 말 총186개 사업 중 영주 선비촌 조성 사업 등 99개 사업이 완료되었고, 울진 망양정공원정비 사업 등 73개 사업이 추진 중이다. 2008년 말 기준으로 11개 시·군 관광객 수는 약 3,300만 명으로 200년(1,232만 명) 대비 약 168% 이상 증가하였다. 2007년에는 안동 숙박거점 조성 사업, 영덕 고래불 관광지개발 등 45개 사업에 412억 원의 국고를 지원하였으며, 2008년에는 안동 숙박거점 조성 사업, 영주 무섬마을 정비 등 32개 사업에 310억 원의 국고를 지원하였다.

나. 남해안권 광역관광개발

남해안의 수려한 자연경관과 다양한 문화유적자원을 관광자원으로 개발하고, 남해안 권역을 국제적 수준의 관광 가점지역으로 육성하기 위하여 2000년부터 2009년까지 10개년 사업으로 남해안 관광벨트 개발사업을 추진 중에 있다. 이 사업은 부산, 전남, 경남 등 남해안 권역 29개 시·군·구를 대상으로 총 64개 개발사업을 추진하고 있으며, 부산 도시권, 해양레저스포츠권, 종합휴양권, 역사·문화권 등 4개 권역으로 구분, 시행하고 있다.

사업비는 2008년까지 총 1조 7,121억 원이 투입되었고, 이 중 국비가 21.8%인 3,726억 원, 지방비가 24.1%인 4,126억 원, 민간자본이 54.1%인 9,269억 원 투입되었다. 2003년 남해안 관광벨트 개발사업에 대한 1차 중간 평가를 실시하여 목표달성도, 사업성과 및 개발 잠재력 등을 종합적으로 분석, 투자계획 등을 최종적으로 조정, 변경하였다. 2008년 말까지 총 64개 사업 중 을숙도생태공원 등 29개 사업이 완료되었으며, 보성 차·소리문화공원 등 35개 사업을 추진 중에 있다. 남해안 권역의 관광객 수는 2008년 1억 5,039만 명으로 전년 대비(1억 4,111만 명) 6.6% 증가하였다.

2009년에는 남해안 관광벨트 개방사업의 성과를 최종적으로 마무리할 예정이며, 목포 고하도 유원지 조성 등 총 14개 사업에 국고 165억 원을 투입할 계획이다. 2010년부터는 남해안 관광벨트 개발사업의 완결성을 강화하고, 2012년 여수 엑스포개최를 계기로 남해안만의 경쟁력 있는 핵심 테마를 중심으로 시너지효과를 창출할 수 있도록 사업성과 경쟁력이 높은 총 37개 핵심사업을 발굴하여 남해안 관광클러스터 조성 사업을 추진할 계획이며 남해안 권역의 사업간 연계성을 한층 강화할 계획이다.

다. 지리산권 관광개발

관광수요의 양적 증대 및 질적 다양화에 대응하기 위하여 국가적 차원에서 국민관광 향유기반을 구축할 필요가 있고, 지리산·섬진강 등 수려한 자연자원과 잠재 관광자원이 다양하고 풍부하나 체계적인 관광개발이 미흡하여 통합적 관광개발계획 수립 및 지속가능한 관광에 대한 욕구가 증대되고 있다. 이에 따라 2006년에 관계부처 협의 및 해당 지자체 의견수렴을 거쳐 2008년부터 2017년까지 10년 간 국고 1,039억 원을 포함하여 2,860억 원을 투입하는 정부계획을 확정하였고, 2008년에는 곡성 섬진강 강변체험학습장 조성 사업 등 2개 사업에 1.8억 원을 지원하였고 예정이다.

라. 서해안권 광역관광개발

서해안 지역의 새로운 관광수요 증가에 부응하는 관광인프라 구축 및 생태·해양관광의 개발, 서해안 지역을 연계 개발하여 신 국민관광여가지대로 육성하고 보다 장기적으로는 동북아의 주요 관광목적지로 부각시킬 뿐만 아니라, 관광인프라 구축을 통한 국토의 균형개발 및 지역경제 활성화를 도모하기 위하여 서해안권 광역관광개발을 추진하고 있다.

마. 동해안권 광역관광개발

동해안 지역의 국제적 성장 가능성과 지역의 자원개발 잠재력을 토대로 지역 간 연계를 강화하는 광역관광권 개발사업을 추진함으로써 지역경제 활성화 및 국가균형발전 실현, 나아가 동북아시대의 환동해권 중심지로의 도약을 실현하기 위해 동해안권 광역관광개발을 추진하고 있다. 비전, 목표, 전략을 실현하고 효과적인 성과 도출을 위하여 우선선도사업과 선도사업 발굴과 사업선정의 객관적 절차 이행을 위한 평가기준과 평가방법을 설정하고, 외부 사업평가위원회를 통한 사업 평가를 실시하고 있다.

바. 평화생명지역(PLZ/Peace Life Zone) 관광개발

출입이 제한된 세계 유일의 대치지역인 DMZ(Demilitarized Zone)가 전쟁 및 냉전의 유산이란 기존 인식을 개선하기 위하여 보다 개방적이고 확장된 평화·생명지대로 기념을 재정립하고, 50년간 인위적 통제로 전쟁이 낳은 자연 생태를 간직하고 있는 민통선 출입 제한 지역 및 인근지역의 역사 문화 생태 자원 등을 보다 체계적인 관광자원으로 활용함으로써 향후 이 지역이 남북교류와 통일에 대비한 평화지대로서 의미를 지닐 수 있도록 평화생명지역 광역관광개발을 추진하고 있다.

6) 3대 문화권 광역관광개발

2008년 9월 제2차 국가균형발전위원회에서는 전국을 7개 광역권으로 구분하고, 각 광역권의 발전을 나갈 **광역경제권 30대 선도 프로젝트** 추진 계획을 발표하였다. 문화체육관광부는 30대 선도 프로젝트 중 관광관련 사업에 포함된 **3대 문화권 문화생태 관광기반 조성 사업** 기본구상 및 계획수립을 위한 연구용역을 추진하였다. 3대 문화권이란 신라, 가야, 유교 문화자원을 기반으로 하는 3개의 문화권역을 지칭하며, 해당 지역은

3대 문화적 토양위에 백두대간, 낙동정맥 등 다양한 생태축을 보유하고 있어 문화와 생태가 공존하는 미래지향적 관광지역으로 발전이 기대되고 있다. 사업기간은 2010년부터 2019년까지로 되어 있다.

7) 관광레저형 기업도시 개발

기업도시의 한 유형으로 추진되고 있는 관광레저형 기업도시는 특정지역에 다양한 관광레저시설을 유기적으로 배치하여 계획으로 조성된 공간으로서 정주 기능이 없는 기존 관광단지와는 달리 자족적 생활공간 기능을 포함하고 있는 새로운 신도시를 말한다. 관광레저형 기업도시는 관광레저산업을 통한 소득증대와 고용창출, 국가균형발전 효과 등을 고려하고 기존의 관광레저산업 개발의 어려움을 감안하여 별도의 지원법제가 필요하다는 시의성 때문에 2004년 **기업도시개발특별법**의 입법과정에서 타 유형과 함께 기업도시의 한 형태로 포함되었다.

2004년 7월~11월 관광레저형 기업도시 활성화 추진방안을 마련하였고, 기업도시개발특별법 제정(2004.12.31)·시행(2005. 5. 1) 및 **기업도시 시범사업추진계획** 고시(2005.1.15)가 추진되어 2005년 3월 31일 문화체육관광부 내 관광레저도시추진기획단이 설치되었다.

2005년 4월 15일 기업도시 시범사업에 5개 지역(충남 태안, 경남 사천, 전남 영암·해남, 전북 무주, 전남 광양, 경남 하동)이 신청하여 3개 지역(무주, 태안, 영암·해남)이 시범사업 지역으로 선정되었다. 이 중 태안은 2006년 12월 19일 개발계획 승인, 2007년 9월 14일 실시계획이 승인되어 2007년 10월 24일 기업도시 6개 시범사업 중 가장 먼저 착공되었다. 무주는 2007년 9월 21일 개발 계획이 승인되어, 편입토지 보상을 위한 기초조사가 진행되었으나, 최근의 경제침체 등으로 인해 실시계획 진행이 답보상태에 있고, 한편 서남해안(영암·해남)은 2007년 11~12월 환경부, 농림부 등 14개 기관 협의 완료 후, 현재 개발계획 승인을 위한 제반 행정절차가 진행 중에 있다.

2. 관광자원개발의 개념과 의의

관광자원개발이란 관광대상으로서 관광자의 욕구충족을 위하여 이용의 편리성을 도모하거나 지속적인 관광자원의 이용을 위한 일련의 행위를 말한다. 이는 관광개발 중에서 협의의 관광개발에 속하며, 구체적으로는 관광지개발을 통해서 이루어지는 경우가 많다.

관광자원개발의 의의는 다음과 같이 정리해 볼 수 있다.

첫째, 관광자원의 개발은 국가나 지역개발차원에서 중요한 수단이 된다는 점이다. 즉 다른 부존자원이 부족한 국가나 지역에서는 해당 지역의 모든 유무형의 소재를 관광자원화함으로 지역의 경제적, 사회·문화적 효과를 기대할 수 있다는 것이다.

둘째, 관광자원의 개발은 해당지역의 관광자원을 지속적으로 이용할 수 있는 기반을 마련하게 해준다. 관광자원은 일회적 성격보다는 영구적인 성격을 지니고 있다. 그러나 이를 방치하거나 무분별하게 이용한다면 귀중한 자원이 훼손될 수 있다. 관광자원개발을 통해 관광자원을 지속적으로 이용할 수 있으며, 한편으로는 과거의 자원을 복원할 수도 있으며, 새로운 자원을 창출하여 새로운 국민의 욕구에 부응할 수도 있다.

셋째, 관광자원개발은 지역의 특색을 만드는데 기여할 수 있다. 각종개발에 의한 국통공간의 획일화와 동질화가 가속되고 있는 가운데 관광자원개발은 지역의 독자성이나 지역의 고유성을 유지하고 발전시키는 기회를 제공한다. 따라서 효율적인 국토개발의 밑거름이 될 수 있는 효과적인 수단인 것이다.

3. 관광자원개발의 유형과 방법

1) 관광자원개발의 유형

일반적으로 관광자원개발은 [표 3-16]과 같이 그 지역의 자원특성을 최대한으로 살려서 착수하는 것이 그 효과를 극대화할 수 있는 것이다.

표 3-16 의존자원별 관광자원개발 유형

의존자원	유　　형	개발의 특징 및 활동	관 광 사 례
자연자원	자연자원 의존형	자연감상, 해수욕, 피서, 피한, 스키활동 등 중심개발	산악, 해안, 온천관광지
인문자원	인문자원 의존형	보전과 보호에 역점	민속촌, 하회마을, 폴리네시안문화센터(PCC)
접 근 도	교통수단 의존형	접근도의 용이성에 영합하는 자원개발	수도권지역 관광지 등
유명도	유명도 의존형	유명도의 충분한 활용	스위스, 하와이, 발리섬, 제주
무	관광대상 창조형	100% 인위적 관광대상 창조	디즈니랜드(미국) 랑독·르시용(프랑스) 라스베가스

하지만 이들 유형은 개별적인 것이 아니라 상호 중복되어서 한 관광지가 몇 가지 두드러진 자원의 특성을 살려서 혼합형으로 개발할 수도 있는 것이다. 실제로 일부관광지에 대한 관광개발의 영향에 대한 연구를 보면 관광자원개발의 유형을 심층적으로 파악할 수 있다. 즉 일시적 개발과 단기개발보다는 장기적인 개발이 지역차원에서는 보다 유익한 것으로 나타났다.

표 3-17 개발기간별 관광자원개발유형

개발기간	power*의 기반	payoffs**, trade offs***
일시적 개발	• 계절기업 • 지방의 자본	• 안정된 규범 • 지방경제의 전반적인 변화없음
단기개발	• 외부인 자본 • 전문화된 상업	• 지방의 규범 급속한 변화와 새로운 구조와 경제출현
장기개발	• 지역주민의 소유권 • 지역산업확장 • 개별적 개발	• 규범의 완만한 변화와 안정된 경제구조 • 지역경제의 확장

* power : 개발지역의 소유권, 자본금의 원천, 지역주민의 투자도
** payoffs : 관광으로부터의 이익 정도, 기존사회질서내의 사회적 유동성
*** trade offs : 사회규범의 영향, 사회적 영향력(예 : 농업→ 상업)
자료 : J. G. Peak & A. S. Lepie(1977), "Tourism and Development in Three North Carolina Coastal Towns", in Host and Guest, The Univ. of pennsylvania Press Inc., p.160.

그리고 또 다른 연구에서도 수요와 공급 변수유형에 따라서 개발지역의 관광으로 인한 편익에 차이가 있다고 하였는데 요약하면 [표 3-18]과 같다. 즉 소유주, 경영자 그리고 공급자는 외부보다 내부인 지역주민이 주체가 될 때 그 관광개발에 따른 편익 정도가 커질 것이라는 것이다. 또한 수요측면에서 장기관광자와 반복여행자, 그리고 근거리여행자가 더욱 도움이 된다는 것을 알 수 있다.

표 3-18 **개발유형별 관광편익**

구분		개발지역의 편익정도
수요변수	체재기간	단기 < 장기
	여행횟수	초행여행자 < 반복여행자
	목적지	원거리 < 근거리
공급변수	소유주, 경영자	외부 < 내부
	공급자	외부 < 내부
	여행모집형태	개인 < 단체

자료 : W. T. Chow(1980), "Integrating Tourism with Rural Development", AOTR, Vol. 7, No. 4, p. 602.

2) 관광자원개발의 방법

관광자원개발방법을 선택·결정하기 전에 우선 개발목적, 개발내용, 개발규모, 기간, 개발지역의 능력 등을 확실하게 설정해 두어야 한다. 그리고 개발방법도 이들에 따라서 다양하게 선택할 수 있는 것이다. 여기에서는 개발주체에 따라서 공공주도형, 민간주도형, 지역주도형 그리고 혼합형으로 나누어 각 방법의 장·단점을 살펴보고자 한다.

첫째, 공공주도형으로 정부나 지방자치단체가 개발 주체가 되어서 개발사업을 추진해 나가는 것으로 관광에 관련된 기반시설을 조성과 기타 비영리부문에서의 투자가 대부분이며 구체적으로는 공사나 공단 등이 주체가 되어서 개발을 시행하는 것이 보편적이다. 예를 들어 제주관광개발공사의 중문단지 개발방법이 대표적이다.

이러한 유형의 관광지개발은 개발의 착수와 자금조달이 용이하며 도산의 위험이 적은 것이 장점이지만 운영이 비능률적이며 사회적으로 무책임한 투자의 가능성과 개발방법에 대한 주민의 의견이 배제될 공산이 다분히 존재하고 있다. 또한 개발의 실패시에 그 지역주민에게 커다란 재정적, 심리적 부담이 크다는 단점이 있다.

둘째, 민간주도형으로서 대규모의 관광지개발 시에 행해지는 형태이며, 한국에서도 많이 행해지는 방법이다. 이 중 민간기업이 독자적으로 대규모의 단지를 매입해서 조성하는 방식으로 개발의 종합적 구상의 편리성과 분양 등의 부동산이익으로 자금조달이 용이해서 기업 측에서는 이익이 크지만 토지소유권을 상실한 지역주민 측에서 보면 개발방법이 주민의 이익과는 무관하게 추진되기 쉽고 수익금의 대부분이 지역외부로 누출되어서 지역적 환원이 적어 지역개발에 실질적인 도움을 주지 못하는 단점을 안고 있다.

이러한 단점을 보완하기 위한 방안으로 원자재의 현지조달, 현지주민의 고용, 현지산업육성, 현지 건설업자이용 그리고 시설의 보완 후 관리위탁 등이 제시되지만 실제 호텔과 같은 대규모의 시설에서는 경영효율화 면에서 설비나 원자재의 외부일괄구입, 외부전문경영인의 고용, 시설내부에서의 소비 등으로 이익의 현지 환원이 매우 어려운 실정이다.

셋째, 지역주도형으로 지역주민이나 단체의 자주적 개발이라는 의의가 있지만 개발자금조달이나 기술 그리고 개발에 수반되는 모든 위험을 지역주민이 부담해야 하는 어려움이 따른다. 물론 민박이나 전통음식점, 토산품가게, 관광농장 등 비교적 소규모의 투자사업에는 큰 어려움이 없지만 대규모의 시설투자에는 개개주민에게 있어서 고용과 같은 소극적인 참여형대 이외에는 실현성이 희박하다.

이에 대한 대안으로서 협력개발방식과 공동투자방식은 공유지를 그 구성원이 협력해서 공동으로 개발하는 것으로 조직체를 만들어 모든 개발을 그의 주도 하에 추진하는 방식이다. 그러나 이러한 방식은 개발초기에 선행투자의 영세성으로 일정궤도에 오르기까지는 많은 시일을 요하는 것으로 주민의 공동개발과 공동투자에 대한 의식이 중대한 관건이 된다. 한편, 토지를 매각하지 않고 지상권만을 분양해서 소유권의 유보와 지대계약의 갱신을 통하여 지역주민의 주도성을 유지하는 방법도 있다.

넷째, 혼합형은 상기한 정부, 기업 그리고 지역주민 간의 양자 혹은 삼자 간 협동방식으로서 이는 제3섹터 혹은 제4섹터 등을 생각할 수 있다. 이는 위의 방식의 단점을 보완하고, 지역주민의 이익을 대변할 수 있는 점에서 대단히 바람직하며, 실제조사에서도 주민의 대다수가 이를 원하고 있는 것으로 나타났다. 이는 유사시 각 부문 간의 의견대립이 있을 수 있으므로 그에 대한 조정이 필요하다.

특히 민간기업과 지역 간의 협조체제유지에 있어서는 다음과 같은 사항을 염두에 두어야 할 것이다.

- ✓ 지역사회와 조화할 수 있도록 계획적이고 질서 있는 실시
- ✓ 지역사회의 제 활동에 적극 참가 및 교류, 수익의 현지 재투자
- ✓ 현지서비스의 활용과 고용촉진
- ✓ 현지산업과의 협조와 특정분야에 대한 집중투자방지

그리고 정부 측에서는 지역관광개발에 참여하는 의사결정자들의 관광산업이나 개발에 태도와 지각을 사전에 해서 정확히 조사분석해서 각 부문의 의견차이와 오해를 최소화하는 노력을 소홀히 해서는 안 된다. 또 집중화된 기획(centralized planning)이나 하향기획(top-down plinning)보다 상향기획(bottom-up planning)이 민주적이고 참여적인 기획이라는 점을 염두에 두어야 한다.

정부와 지역 간에 있어서 행정당국이 해야 할 일을 구체적으로 보면 다음과 같다.

- ✓ 지역주민들의 공동의사결정에 참여를 통하여 합리적이고 원활하게 이루어질 수 있게끔 주민총회, 개발위원회 등의 조직을 돕고 기능화할 수 있게 지원하는 일
- ✓ 행정지원에 있어서 행정인 자신의 가치관이 계속 전환되어야 한다. 다시 말해서 주민을 지도하는 데 있어서 1차적으로 지역개발에 힘이 되어야지 자신의 관료적 이익을 추구해서는 안 된다는 것이다.
- ✓ 행정인은 자신의 전문능력 특히 관광지개발에 대한 전문능력을 향상시키면서 주민의 제반 결정에 도움이 되는 지식, 기술, 정보를 지속적으로 제공하는 것이다.

이상과 같이 주체별 관광지개발방법의 장단점을 비교·요약하면 [표 3-19]와 같다.

표 3-19 주체별 관광지개발방법의 대차대조표

개발주체 \ 장단점	장 점	단 점
공공주도형	• 개발착수와 자금조달용이 • 비영리부분의 추가가능 (기반시설, 환경보호) • 도산의 위험이 적음	• 사회적으로 무책임한 투자가능 • 비능률적 운영 • 이익의 지역 환원 적음 • 실패시 주민의 부담이 큼
민간주도형	• 자금조달이 비교적용이 • 투자가의 의욕 자극 • 운영의 능률성	• 지역주민의 요구배제 가능성 • 이익의 외부 누출 • 비영리적 투자 부진
지역주도형	• 개발지역의 자주성 • 이익의 지역 환원	• 자금조달의 어려움 • 전문기술과 정보수용의 어려움 • 개발시 주민의 위험부담이 큼
혼 합 형	• 개발기술과 자금의 협동성 • 단독형태의 단점보완	• 각 부문 간 의견대립의 발생 가능성

제4부

관광현상과 관광산업

제1장 01 관광산업의 기본적 이해

1. 관광산업의 개념과 특성

1) 관광산업의 개념

관광산업이란 관광자의 욕구충족을 위해 제공되는 서비스와 편의를 제공하는 각종 유관산업의 총칭이라고 할 수 있다. 이를 구체화하기 위해 관광자의 행동을 살펴볼 필요가 있다. 즉 관광여행에 관련한 관광행동은 먼저 준비과정을 거친다. 그리고 목적지로의 이동, 체재, 그리고 일상생활권으로의 귀환이다. 여기서 체재기간 중 관광활동을 보면 숙박과 식사, 그리고 각종 활동 등이 포함된다.

이러한 관광행동과 관광산업을 연관시켜서 정리해 보면 [표 4-1]에서 보는 바와 같이 준비과정에는 여행업과 밀접한 관계를 갖게 된다. 그리고 이동 중에는 관광교통업에 크게 의존하게 된다. 체재기간 중에는 숙박을 위한 관광숙박업이 있고, 식사를 위한 관광외식산업, 그리고 각종 활동을 위한 관광유치산업이 있을 수 있다. 여기서 관광유치산업(觀光誘致産業)이란 관광자를 끌어들일 주제공원, 유흥지, 동·식물원, 민속촌, 박물관, 휴양단지, 민속축제 등 다양한 관광시설을 말한다.

이러한 관광산업의 각 서비스는 개별적으로 존재하지 못하고, 관광제품은 다양한 요소의 혼합물(amalgam)이므로 총체적 체험(collective experience)으로 나타난다. 또한 관광산업은 분야가 광범위하게 걸쳐 있다는 점에서 일반사업과 다른 복합산업이라 불리고 있다.

표 4-1 **관광산업의 체계와 구성**

관광행동	관광산업	구 성
준비	관광알선산업	일반여행업, 국외여행업, 국내여행업
이동	관광교통산업	승용차, 버스, 기차, 항공, 유람선 등
숙박	관광숙박산업	관광호텔업, 콘도, 가족호텔업, 여관 등
식사	관광외식산업	관광식당업, 관광유흥음식점업, 패스트푸드점업 등
활동	관광유치산업	전문·종합휴양업, 골프장업, 극장식당업, 국·도립공원, 국민관광지, 해수욕장, 공연전시장, 경기장시설, 박물관, 문화재 등

이상에서 살펴본 바와 같이 관광산업은 복합성을 띠고 있으며 관광자가 여행을 준비하고 이동, 체류하는 동안에 필요한 편의를 제공하는 관광관련산업의 총칭으로 이해하는 것이 바람직하다.

2) 관광산업의 특성

21세기 들어 유망산업으로서 부상된 관광산업의 본질을 살펴보면 우선 관광여행은 고도의 산업화로 인해 소외된 인간사회를 복원시켜 주는 사회적 치료제로서 기능을 가지고 있다. 이러한 점에서 관광산업은 사람을 중시하는 사람산업(people industry)이며, 인간산업(human industry)인 것이다. 동시에 관광산업은 문화교류촉진과 경제발전도 기대할 수 있는 문화산업(cultural industry)이다. 또한 국가 전체가 관광대상이고 관광제품이므로 여러 관광대상의 복합적 요소가 결합된 장치산업(assembly industry)이며, 국가의 종합예술품과 종합시스템의 성격을 띠고 있다. 그러므로 관광산업의 성패의 관건은 이들 요소의 조화(harmny)와 종합(synthesis)에 있다고 볼 수 있다.

이러한 관광산업의 특성을 부연해서 설명하면 다음과 같다.

첫째, 관광산업의 복합성을 들 수 있다. 이는 사업주체의 복합성과 사업내용의 복합성으로 나누어 볼 수 있다. 먼저 관광산업은 여러 사업주체로 구성된다는 점에서 복합성을 가진다. 사업주체란 사업을 주관하여 소기의 목적을 달성하는 조직을 말하는데 관광사업은 정부 및 지방자치단체 등의 공적기관과 민간기업의 역할을 분담하여 추진하는 사업이다. 사업목적의 달성을 위하여 정부와 민간기업이 역할을 분담하여 나누어진다는 것인데, 관광산업의 경우에는 다른 산업보다도 이러한 특성이 현저하게 나타난다.

다음은 관광산업 내용자체의 복합성을 들 수 있다. 관광여행을 출발에서부터 돌아올 때까지 그것이 완결되는 전 과정에서 관광산업의 개입을 생각해보면 여러 관련업종의 복합으로 이루어지고 있음을 쉽게 알 수 있다. 다시 말하면 관광산업은 여러 가지 업종이 모여서 하나의 통합된 사업활동인 것이다.

둘째, 관광산업이 가지고 있는 공익성이다. 관광산업은 공·사부문의 여러 관련사업으로 이루어진 복합체라는 점에서 기업이라 할지라도 이윤의 추구만을 목적으로 한 경영이 허용되지 않는다. 관광의 목적은 관광자의 가치추구와 함께 정신적 문화성에 두고 있다. 따라서 관광사업의 목적도 관광소비에 따른 이윤추구 이상의 가치를 추구하는데 두어야 하므로 관광소비에 의한 사업이윤만을 목적으로 할 수 없는 것이다.

관광산업에 있어서 공익적 측면은 사회·문화적인 측면과 경제적인 측면에서 지적할 수 있다. 사회·문화면에서는 국위선양, 상호이해를 통한 국제친선의 증진, 국제문화의 교류 그리고 세계평화의 기반을 구축 등을 들 수 있고, 또한 경제적인 면에서는 외화획득과 경제발전, 기술협력과 국제무역의 증진효과를 고려해야 한다.

그러므로 관광산업은 개별기업활동의 특징을 살려가면서 공익적 효과를 높여가도록 기업경영을 유도해 가는 것이 앞으로 중요한 과제가 될 것이다. 즉, 관광사업경영은 공익성과 수익성의 조화적 발전을 도모해 가는데서 그 존재의의를 찾아야 할 것이다.

셋째, 변동성으로서 사회적 측면과 경제적 측면, 그리고 자연적 측면을 들 수 있다. 사회적 측면에는 사회정세의 변화, 국제정세의 긴박, 정치불안, 폭동, 질병의 발생, 안전에 관해서 민감하게 영향을 받는다. 경제적 측면은 경제불황, 소득상항, 환율시세의 등귀, 운임의 변동, 관광여행시의 외화사용제한 등의 조치 등에 크게 좌우된다. 그리고 자연적 측면으로는 기후, 지진, 태풍, 폭풍우 등의 자연현상에 관광산업은 크게 영향을 받는다는 점이다.

넷째는 서비스측면으로서 관광산업은 관광자에 대하여 서비스를 제공하는 영업을 중심으로 구성되어 있기 때문에 무형의 서비스가 강조되는 산업이다. 서비스는 관광자의 심리에 미묘한 작용을 끼치고 있음을 생각할 때 각각의 영업활동에 있어서 그 양부는 기업자체, 나아가서는 관광지 전체, 국가 전체의 관광사업의 성패에 중대한 영향을 미치게 된다. 또한 서비스의 제공은 관광사업 종사자뿐만 아니라 지역주민 국민전체의 친절한 서비스의 제공도 필요하기 때문에 관광인식의 보급 등을 포함하여 널리 국민일반에게 계몽캠페인을 전개할 필요가 있다.

2. 관광산업의 마케팅관리 철학

변화하는 환경 속에서 관광마케팅 관리자(tourism marketer)가 어떠한 마케팅관리 철학 내지 개념에 입각해서 마케팅활동을 수행하느냐는 대단히 중요하다. 일반적으로 마케팅개념의 발전과정을 보면 [그림 4-1]에서와 같이 수요가 공급보다 많은 초기단계에서는 생산지향개념과 제품지향개념, 그리고 판매지향의 고압적 마케팅개념에 기반한 마케팅수행을 전개하였지만, 점차 공급이 수요를 초과하고 경쟁이 치열해지면서 고객지향적인 마케팅지향개념이 도입되기에 이르렀다. 또한 최근에는 사회적 공익까지를 고려한 사회지향적 마케팅개념의 도입되고 있는 실정이다.

한국의 경우 관광산업의 역사가 일천하고 그 규모가 대체로 영세한 이유로 아직도 많은 관광기업이 초기 단계의 마케팅개념에서 벗어나지 못하고 있는 것이 사실이다. 향후 관광 서비스시장의 본격적인 개방으로 인한 무한경쟁의 기업환경에서 관광기업이 성장·유지하기 위해서는 철저한 관광마케팅 관리철학의 도입과 실천이 중요한 관건이라 할 수 있다.

그림 4-1 **관광마케팅 관리철학의 발전과정**

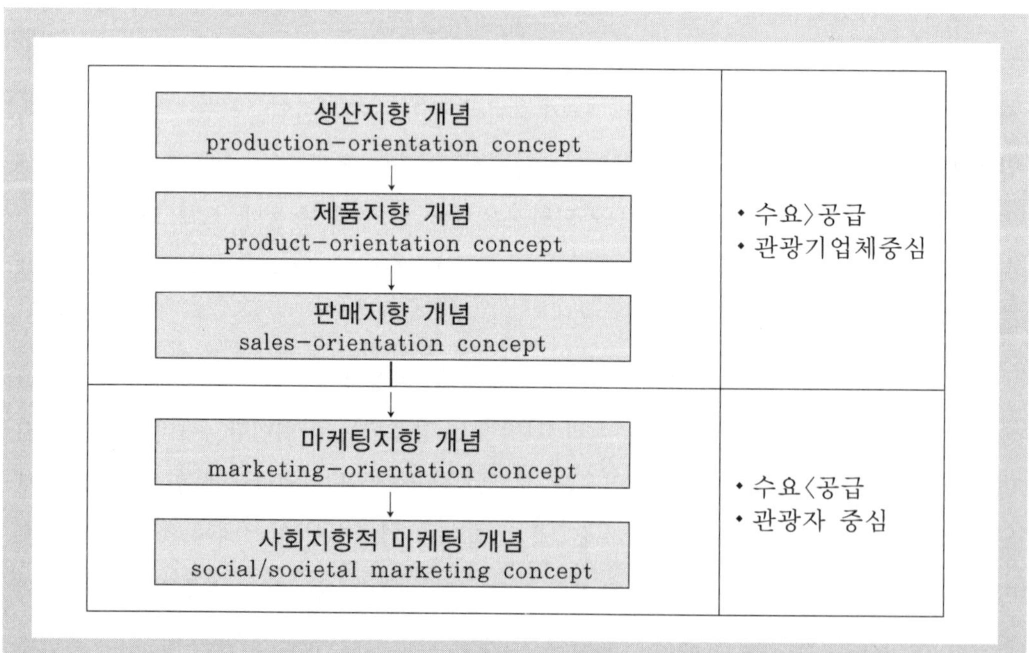

A.M. Morrison(1989), Hospitality and Travel Marketing, Delmar Publishers Inc. p. 5를 재구성.

1) 생산지향개념(production-orientation concept)

생산지향개념이란 소비자가 제품을 구입할 만한 여유가 있고 또한 쉽게 구입할 수 있는 제품을 선호하기 때문에, 경영자는 생산성을 향상시키고 유통효율을 개선시키는데 초점을 두어야한다는 경영철학을 말한다.

이러한 생산지향개념은 두 가지 상황 하에서는 적절한 철학이 될 수 있다. 첫째는 제품의 수요가 공급을 초과하여 제품을 만들어 놓으면 판매가 되는 상황이며, 둘째는 제품의 원가가 높아서 그 원가를 줄이기 위한 생산성 향상이 요구되는 상황이다. 그러나 이러한 경영철학은 제품의 품질이나 소비자의 욕구는 2차적인 문제가 될 수밖에 없기 때문에 현대사회에서의 바람직한 경영방식으로는 부적합하다고 볼 수 있다.

한국의 여행업계도 1980년대 초기에 등록제로 규제가 완화되고, 1989년에 해외여행 자유화가 실시되면서 여행수요가 급증한 바 있다. 이때 많은 여행업이 생산지향개념에 입각해 여행사경영을 하였지만 군소여행사가 난립하고 출혈이 심한 가격경쟁으로 인하여 많은 여행사가 도산된 바 있다. 이러한 이유는 여행상품의 품질이나 관광소비자의 욕구가 우선적으로 고려되지 않은데 있다고 본다.

2) 제품지향개념(product-orientation concept)

제품지향개념은 소비자가 제품의 품질, 성능, 특성 등이 좋은 제품을 선호하기 때문에 기업은 계속적으로 제품개선에 힘을 기울여야 한다고 보는 개념이다. 그러나 여기서 중요한 것은 소비자는 제품자체에 구애받기보다는 그들의 근본적인 욕구충족을 원하고 있다는 사실을 염두에 두지 않으면 안 된다는 사실이다.

예를 들어 철도회사 경영자들은 승객들이 수송(욕구)보다는 열차(욕망)를 원하는 것으로 생각하였기 때문에 기타 수송수단인 비행기나 승용차에게 시장을 잠식당하게 되었던 것이다. 이러한 상황은 기업이 고객의 근본적인 욕구를 직시하고 제품의 개발과 더불어 그러한 욕구충족의 대체물(욕망)창출에 힘을 기울이지 않으면 근시안적 마케팅(marketing myopia)에 빠질 위험이 크다. 아울러 제품의 유통과 판매방법의 다양화에도 전력해야 한다는 것을 시사하고 있다.

관광기업체에 있어서도 관광의 기본적인 욕구를 충족시키는 다양한 여행상품의 개발과 관광자가 이를 편리하게 이용할 수 있는 유통체계, 그리고 판매촉진 활동노력이 전개되지 않으면 다른 대체상품의 여행시장잠식이 가능한 것이다. 예를 들어 관광의 욕구 중 일상생활로부터의 변화욕구를 예로 든다면 각종 오락기구와 가상공간의 등장이 진정한 의미에서 경쟁자로 볼 수 있다. 또한 컨벤션관광의 경우는 텔레컨퍼런스라는 원격화상 회의시설의 보급이 경쟁대체품이 될 수 있는 것이다.

3) 판매지향개념(sales-orientation concept)

판매지향개념은 기업이 충분한 판매촉진노력을 기울이지 않으면 소비자들은 기업의 제품을 충분히 구매하지 않을 것이라는 경영철학이다. 이러한 개념의 기본적 사고는 제품은 구매되는 것이 아니라 판매되는 것이라는 것이다. 따라서 기업은 대다수의 제품에 대한 소비자의 구매저항을 완화시키기 위해 각종 판매촉진 수단을 활용하고 강력한 판매조직을 구축하여야 한다고 보는 것이다. 이러한 사고방식은 일종의 고압적 방식으로 고객의 진정한 구매동기나 태도를 파악할 수 없고, 고객의 욕구를 제대로 충족시킬 수 없기 때문에 공급이 수요를 초과하는 현대사회에서는 적합하지 않은 것이라 할 수 있다.

관광업계에 있어서도 90년대 들어 여행업계의 전면광고 전쟁이 심화되어 자금난을 겪고 불필요한 경쟁상대를 만들어 사회로부터 지탄을 받은 바 있다. 고객의 욕구를 파악하고 이를 통한 상품개발과 전문성을 표적시장에 소구하기보다는 불특정 다수인을 상대로 한 고압적 판매전략은 그야말로 밑 빠진 독에 물 붓기인 것이다.

4) 마케팅지향개념(marketing-orientation concept)

마케팅지향개념은 기업의 목표를 달성하기 위해 표적시장(target market)의 욕구와 욕망을 파악하고 이를 경쟁자보다 효과적이고 효율적인 방법으로 충족시켜 주어야 한다고 보는 경영철학이다. 예를 들어 Berger King의 **당신의 마음에 꼭 들게 해 드립니다**의 슬로건 등은 이러한 마케팅지향적 개념을 가진 대표적인 사례이다.

[그림 4-2]에서와 같이 인식의 출발점이 바로 고객인 것이다. 그리고 판매 전 활동과 판매 후 활동을 포함한 통합적 마케팅(total marketing)을 수단으로 고객만족을 통한 이익추구가 판매와는 다른 차이점인 것이다. 즉 마케팅개념에서는 잘 선정된 표적시장에서 시작하여 그 시장 내의 고객욕구에 집중하고 고객에게 영향을 미칠 수 있는 모든 마케팅노력을 통합적으로 하여 결국 고객만족의 결과로서 이익을 창출하는 것이다.

그림 4-2 **판매지향개념과 마케팅지향개념 간의 비교**

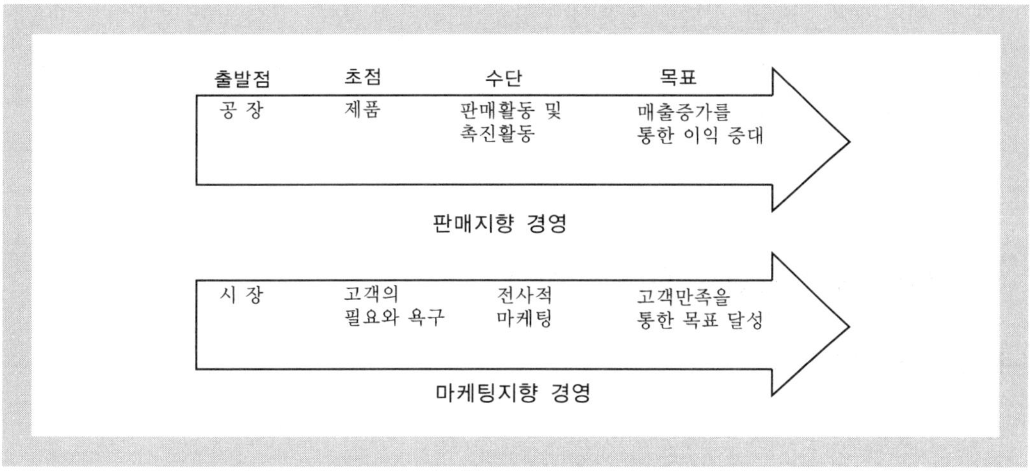

이러한 마케팅지향적 노력이 대두되게 된 배경은 다음과 같다.

✓ 소비자욕구의 다양화 및 이질화
✓ 공급의 초과
✓ 경쟁의 심화
✓ 소비자의 교육수준과 소득수준의 향상

이러한 배경 하에서 마케팅노력은 철저하게 고객지향적 사고를 통한 고객만족과 기업의 전 부서가 마케팅을 중심으로 통합 내지 조정되어야 하는 전사적 노력이 마케팅 수행의 성패를 좌우한다고 볼 수 있다.

5) 사회지향적 마케팅개념(social/societal marketing concept)

사회지향적 마케팅의 개념은 오늘날의 환경오염, 자원부족, 폭발적 인구증가, 세계적인 인플레이션, 무시되고 있는 사회적 서비스 등이 성행하는 상황에서 순수한 마케팅개념이 적절한 경영철학이 될 수 있느냐하는 의문에서 시작되었으며, 고객의 이익과 기업의 이익은 물론 사회 전체적인 이익도 함께 고려해야 한다는 방식으로 마케팅 관리활동 중에서 가장 진보된 개념이다.

예를 들어 관광업계에서도 자연과 환경의 훼손과 파괴를 극소화해 생태계의 조화를 추구할 수 있는 대안관광(alternative tourism)으로서 생태관광(eco-tourism)을 상품 소재로 개발하여 내놓고 있다. 즉 환경영향을 고려하지 않은 무분별한 관광개발과 생태계의 수용력을 초과하는 지나친 관광활동이 가져오는 각종 폐해를 미리 방지한다는 적극적 의지를 담고 있다.

3. 관광상품의 특성과 마케팅 전략

1) 관광상품의 특성

가. 무형성

관광서비스와 일반제품의 차이점으로 가장 공통적으로 인식되는 점이 바로 무형성이다. 서비스는 일반제품처럼 생산된 실체가 아니라 수행되는 것이기 때문에 제품처럼 볼 수도, 느낄 수도, 맛을 보거나 만질 수도 없기 때문이다. 라스웰(J. M. Rathwell)은 이의 명확한 차이점을 다음과 같이 표현하고 있다. **재화는 생산되지만, 서비스는 수행된다.**(Goods are produced, service is performed).

따라서 관광기업은 관광마케팅의 수행에 있어서 이러한 관광서비스의 무형성을 감소시키는 노력이 결정적으로 중요하다. 첫 번째 이러한 무형성의 유형화 노력 혹은 가시화 노력을 들 수 있다. 관광 소비자는 서비스의 무형성 때문에 자신이 서비스 재를 소비하고 있다는 사실을 알지 못할 때가 많으며, 더욱이 그 소비의 질을 평가하기란 더욱 어려우므로 서비스 재의 구입 시에 지각위험이 일반제품의 경우보다 높을 수밖에 없다. 그러므로 서비스의 유형화, 근거제시, 유형적 단서의 수반, 서비스내용의 체크리스트 작성 등을 통하여 판매자가 서비스를 제공하고 있다는 사실을 가시적으로 나타내야 한다. 두 번째는 서비스내용의 정확한 전달문제이다. 관광자가 소비하고 있는 관광서비스의 내용을 각종 매체를 통해 지속적으로 전달하고 확인하는 것이 필요하다. 세 번째는 관광기업의 이미지창출과 관광서비스의 식별화 노력(CI)으로서 관광서비스의 품질이 관광기업의 명성이나 이미지와 동일시되므로 관광자로부터 좋은 평판을 형성하고 유지하기 위해서는 좋은 관광기업의 이미지를 창출할 필요가 있다.

나. 동시성

여행상담을 한다든지 관광통역서비스를 받는다든지 관광서비스는 생산과 소비가 동시에 일어나는 경우가 많다. 즉 생산, 구매, 소비, 그리고 평가과정이 동시에 일어난다는 것이다. 이렇게 관광자가 관광서비스의 생산과정에 직접 참여하며 관광서비스 종업원과 지속적인 관계를 가지게 되기 때문에, 제조업에서와 같이 품질의 통제가 사전에 독립적으로 이루어 질 수 없다는 특징을 가지게 된다. 따라서 이러한 서비스의 품질관리를 위해서는 참여자, 즉 종사원과 관광자에 대한 관리가 매우 강조되어야 한다. 관광서비스업계에서 일선종사자의 관리와 대고객관리를 보다 중시하는 이유가 여기에 있는 것이다. 이러한 노력의 구체적인 형태가 내부마케팅과 상호작용마케팅, 그리고 관계마케팅인 것이다.

다. 이질성

관광자가 관광기업으로부터 제공받는 서비스의 품질에 대한 평가는 일반 제조업의 생산제품과는 달리 장소와 시간, 그리고 상황에 따라 평가가 달라지는 특성을 가지고 있다. 이러한 문제는 바로 품질의 표준화 문제에 직결됨으로써 관광기업에서는 커다란 경영문제가 된다. 예를 들어 같은 관광기업 내에서도 서비스수행자에 따라 서비스내용이 달라질 수 있다. 즉 베테랑의 투어콘닥터와 초보의 투어콘닥터는 업무수행상 서비스의 품질이 차이가 나기 마련이다. 또한 같은 관광서비스수행자라 할지라도 항상 동일한 서비스를 수행하기란 어렵다.

이러한 이질성을 극복하기 위한 대안적 노력이 바로 서비스의 산업화노력이지만 기계로 대치할 수 없는 인적서비스 부분에서는 종사원의 교육·훈련이 매우 중요하며, 이들의 훈련이 서비스품질관리의 핵심이 된다. 따라서 일관성 있는 서비스품질을 유지하기 위해서는 종업원을 잘 선발·교육시켜 엄격한 품질관리가 이루어지도록 해야 한다.

라. 소멸성

관광서비스는 그 무형성으로 인해 산출과 동시에 소멸해버린다는 소멸성을 가지고 있다. 즉 관광서비스로부터 제공된 편익은 제품의 소유나 혹은 물리적 속성으로부터 나오는 것에 반하여, 관광서비스는 서비스의 창출이나 수행으로부터 나오기 때문이다. 예를 들어 항공기의 빈 좌석은 이륙과 동시에 그 효용성을 잃게 되고, 호텔의 객실은 해당날

짜가 지나면 마찬가지로 객실로서의 자격이 없는 것이다. 제고를 통해 그 다음 날 판매할 수 없는 것이다. 이러한 이유로 항공사나 호텔기업에서는 필요악적인 관행으로 이러한 소멸성을 극복하기 위한 수단으로 초과예약(overbooking)을 강구하고 있는 것이다.

마. 계절성

관광기업이 당면하는 가장 중요한 문제 중의 하나는 계절적으로 또는 주중과 주말에 걸쳐 수요의 변동이 심하다는 점이다. 특히 관광서비스는 저장성이 없으므로 재고를 통해 이와 같이 변동하는 수요에 효과적으로 대응하기가 어렵기 때문에 수요와 공급의 조정문제는 매우 중요하다. 이를 위해서 수요의 결정요인을 먼저 파악하고 수요를 정확하게 예측하는 일이 선행될 필요가 있다. 이를 통해 예측주기가 밝혀지면 여기에 대응한 적절한 마케팅노력이 필요하다. 예를 들면 수요의 평준화를 위한 노력의 일환으로 신크로마케팅(synchro-marketing)을 들 수 있는데, 이러한 노력은 특히 한국과 같이 4계절이 뚜렷한 관광휴양지 등에서 더욱 더 필요한 실정이다.

이는 수요측면과 공급측면이 활동으로 나누어 볼 수 있다. 먼저 수요의 조정 면에서는 가장 대표적인 것이 차별가격제도의 도입이다. 즉 비수기에 실시하는 각종요금의 할인제도를 들 수 있다. 이는 정상요금의 할인을 통해 비수기의 수요를 어느 정도 끌어올리기 위한 노력으로 많은 관광기업이 사용하고 있는 제도이다. 또한 성수기의 할증제도 도입이다. 이는 많은 수요를 어느 정도의 수준으로 끌어내리기 위해 정상요금보다 요금을 높게 책정하여 수요를 감소시키는 마케팅 활동인데, 이를 디마케팅(demarketing)이라고 한다. 이는 이상하게 보일지 모르지만 수용력을 초과한 수요는 결국 고객의 불만족으로 연결되어 해당기업에게는 장기적으로 좋지 않은 이미지를 초래할 수 있기 때문에 적정수준의 수요로 조정할 필요가 있는 것이다.

또한 이러한 차별가격의 도입 이외에도 가격의 지불조건 면에서 후불제(now fly pay after plan)나 분할제도의 실시도 도움이 될 수 있다. 이는 최근 신용사회의 급격한 도래와 각종 금융기관의 금융상품과 연계하여 효과를 보고 있는 제도이다. 보다 적극적인 방법으로 수요의 새로운 창출을 위해 신상품개발과 각종 판매촉진활동의 도입을 들 수 있다. 이는 비수기 동안에 각종 스페셜 이벤트의 개발 축제 및 행사의 개최 등을 통해 수요를 자극하는 것이다. 예를 들어 특별한 주제를 가진 행사를 개최한다든지 컨벤션을 유치하여 비수기를 극복하는 것 등을 들 수 있다. 이밖에도 사전예약제도를 도입하여 수요를 조정하는 활동도 강구할 수 있다.

다음은 공급측면에서의 노력으로 수요의 변동에 대처할 수 있는데, 이는 임시종업원(partimer)의 고용과 업무능력다변화 등을 들 수 있다. 현재 많은 관광기업은 인력의 공급수준을 최저 수요에 맞추고 성수기에 임시종업원을 활용하는 경우가 있다. 또한 한 종업원의 업무능력을 다변화시키고 자동화의 도입 등으로 비수기를 대처하고 있는 기업도 늘고 있는 실정이다.

2) 관광산업의 마케팅 전략

가. 관광산업의 기본적 마케팅전략

수많은 정보의 홍수 속에서 소비자의 욕구는 날로 다양화하여 질적인 변화를 하고 있으며 이러한 변화의 물결 속에서 기업은 그 파장에 대한 대책을 강요받고 있는 것이다. 이미 마케팅의 대두와 함께 시장은 더는 동질적(homogeneous)인 것이 아니라, 이질적(heterogeneous)인 것으로 인식되었고, 기업도 한정된 자원을 가지고 전시장(total market)에 비차별적인 마케팅 노력을 구사하기보다는 표적시장(target market) 혹은 틈새시장(niche market)에 대한 차별적이고 집중적인 마케팅 노력을 구사하는 것이 절대적으로 필요한 시점에 왔다고 본다.

표 4-2 **관광마케팅의 전략유형**

관광기업의 마케팅 노력	→	시장
관광기업의 마케팅 노력	→	전체관광 여행시장
(a) 비차별적 관광마케팅 전략		
관광기업 마케팅 전략 A	→	상용 여행시장
관광기업 마케팅 전략 B	→	관광 여행시장
관광기업 마케팅 전략 C	→	회의참가 여행시장
관광기업 마케팅 전략 D	→	인센티브 여행시장
관광기업 마케팅 전략 E	→	친지방문 여행시장
(b) 차별적 관광마케팅 전략		
관광기업의 마케팅 노력 A	→	인센티브 여행시장
(c) 집중적 관광마케팅전략		

이러한 차별화되고 집중적인 마케팅노력을 위한 기본적인 마케팅전략은 다음과 같은 단계를 거쳐 수행된다. 즉 세분화(Segmentation), 표적화(Targeting), 정위화(Positioning)로서 이를 STP전략이라고도 한다. 첫 번째 단계가 관광시장 세분화(tourist market segmentation)이다. 이것은 전체 관광시장을 여러 가지 기준을 설정하여 나누는 작업이다. 즉 연령을 기준으로 한다면 전체 관광시장을 노인시장, 중장년시장, 청년시장, 유아시장 등으로 나눌 수 있다. 또한 성별기준으로 인한 남녀시장이 그것이다. 두 번째 단계는 세분화된 시장 가운데서 가장 매력적인 시장을 선정하는 일이며 이를 관광시장 표적화라고 한다.

예를 들어 위와 같은 연령을 기준으로 한 세분시장(segment market) 가운데서 노인시장을 표적시장(target market)으로 선정할 수 있는 것이다. 세 번째 단계는 포지셔닝(positioning) 혹은 정위화이다. 관광포지셔닝이란 관광자의 가슴 속에 자사상품의 이미지를 경쟁사와 차별화시켜 위치시키는 것을 뜻한다. 이는 무형적 특성을 가진 관광산업에 있어서 매우 중요한 마케팅적 의미를 갖는다.

나. 관광산업의 마케팅 믹스전략

마케팅믹스(marketing mix)란 개념은 1964년 보덴(N. H. Borden)에 의해서 제창되었으며, 그 후 멕카시(E. McCarthy)에 의해서 일반화되었다. 관광마케팅믹스란 관광표적시장에 대한 모든 마케팅수단의 결합을 의미하며, 궁극적으로는 관광자의 욕구충족을 통한 기업의 이윤창출 활동인 것이다.

마케팅믹스의 개념을 일반화시킨 멕카시는 마케팅의 업무를 상품 또는 서비스의 판매를 통하여 특정소비자 집단의 욕망을 충족시켜주는 것으로 파악하고 이를 위해 4P 요소인 제품(Product), 유통(Place), 가격(Price) 그리고 촉진(Promotion)의 분석 및 믹스를 중시하였다. 그러나 이러한 전통적인 4P 믹스틀(Mix frame)은 그대로 관광 서비스 분야에 적용하는 것은 무리이며, 수정과 보완을 요구하기에 이르렀다. 즉 관광서비스의 특성을 고려하여 관광마케팅 믹스틀은 새롭게 인식되고 수행될 필요가 있다.

가) 레나간의 관광마케팅믹스 요인

레나간(L. M. Renaghan)은 제품과 서비스의 차이점을 고려하여 관광산업에 새로운 마케팅믹스를 제기하고 있는데, 그 하위믹스(sub-mix) 요소는 다음과 같다.

• 제품-서비스믹스(product-service mix) : 표적시장의 욕구와 욕망을 만족시키기 위한 제품과 서비스가 결합되는 것으로서 관광산업의 이러한 제품과 서비스가 결합된 혼합체 성격을 가지고 있다.

• 표상 믹스(presentation mix) : 적시적소에 표적시장을 지각할 때 제품-서비스 믹스의 유형력을 높이기 위해 기업에 의해 사용되는 제반요소이다. 예를 들면 탑승객은 항공기 자체나 항공기의 기내식만 지각하는 것이 아니라 항공사의 승무원, 예약부서직원, 로고 등 항공사를 나타내는 모든 것에 의해 통제적으로 영향을 받는 것이다. 표상믹스는 이렇게 포괄개념(umbrella concept)을 의미하며 기업의 통제 하에 있는 모든 요소를 포함한다.

• 커뮤니케이션 믹스(communication mix) : 제품-서비스믹스의 유형력을 증가시키기 위한 기업과 표적시장 간에 제반 의사소통을 말하는 것으로, 이를 통해 소비자의 여망을 받아들이거나, 모니터하여 소비자로 하여금 구매하도록 설득시킨다. 서비스산업 마케팅전략에 있어 커뮤니케이션믹스의 가장 중요한 목적은 소비자를 설득시키는 것으로 서비스의 무형적인 질을 재창조하여 그것을 소비자에게 유형적인 것으로 전환시키는데, 예를 들어 관광산업에서 많이 이용되는 사진, 슬라이드 및 필름이 그 좋은 예이다. 마치 관광자가 목적지로 가서 그들로 하여금 제품의 견본을 보는 것 같은 대리경험을 할 수 있는 식역(threshold)이 존재하도록 이미지 부각에 성공해야 한다.

나) 붐과 비트너의 믹스 요인

붐(B. H. Booms)과 비트너(M. J. Bitner)는 맥카시의 4P 대신 서비스업에 7P를 제안하면서 참가자(participants), 물적 증거(physical evidence) 및 서비스조립의 과정(process of service assembly)의 3P는 물론 4P의 각 요소를 다음과 같이 서비스기업에 맞도록 재정의하였다.

• 제품 : 서비스는 무형적이고, 그들이 생산과 소비가 동시에 발생되기 때문에 제품결정은 광범위한 변수를 포함한다. 제조업에선 생산요원, 공장시설과 생산과정이 고객이 보이지 않는 곳에서 행해지며, 따라서 소비자의 지각(perception)에 그들의 마케팅 영향을 고려하지 않아도 생산자의 관점에서 최대능률을 위한 계획이 될 수 있다. 서비스기업에선 생산의 능률은 불충분한데 그 이유는 이들 요소가 서비스의 본질이기 때문이다.

- 가격 : 매가결정에 있어 서비스기업도 가격의 영향을 의식해야 되며, 가격조작은 품질과 가치에 관한 관광자의 지각에 근거를 두어야 될 것이다.
- 유통 : 서비스의 유통결정은 또한 제조업과는 달리 차이가 있는데 그 이유로써 고객의 접근(accessibilty)은 고객과 기업이 직접 접촉할 필요성이 있기 때문에 매우 중요하다. 여행사와 같은 중개인이 없는 것은 아니나 고객의 접촉이 중요한 목적이다. 서비스의 최근 경향을 보면 비관습적 경로로써 대기업, 공장, 노조, 협회 및 클럽, 대학 및 각종 학교, 우편 주문판매, 특수사회집단, 슈퍼마켓과 백화점 카운터를 이용하는 경로의 중요성이 높이 평가되고 있다.
- 촉진 : 서비스의 상호작용적·무형적 본질로 인해 서비스 촉진은 제품촉진보다 훨씬 다양한 촉진의 성격을 가진다. 서비스 촉진은 두 개의 수준에서 행해진다. 첫째, 광고·선전 및 판촉을 포함한 전통적 촉진방법이 있다. 둘째, 생산과 소비의 동시적 본질로 인해 대부분의 기업체촉진은 서비스 경험 이전과 서비스가 인도되는 현장에서 일어난다.
- 참가자(participants) : 서비스의 인도에 참여하고 아울러 구매자의 지각에 영향을 끼치는 모든 사람.
- 물적 단서(physical evidence) : 서비스가 조립되고 판매자와 관광자가 상호작용하는 환경, 서비스의 수행 또는 전달을 조장하는 유형재와 결합되는 환경이다.
- 과정(processing service assembly) : 서비스가 인도되는 제반활동의 실제적 절차, 메카니즘, 활동의 흐름이다.

다) 모리슨의 관광마케팅믹스 요인

모리슨(A. M. Morrison)은 기존의 4P에다 종사원(person), 패키징(packaging), 프로그래밍(programming) 그리고 제휴(partnership)가 추가된 8P를 관광마케팅 믹스로 확대하여 제시하였다.

- 패키징(packaging) : 관광기업에서 패키징은 다양한 서비스를 고객에게 소구력 높게 제시되게끔 묶고 여행객들이 이용하기 편리한 제공물이 되도록 결합하는 것을 의미한다. 즉 관광기업들이 상호관련되거나 보완관계에 있는 서비스를 단일가격 체계 내에서 결합하는 활동을 뜻한다.

- 프로그래밍(programming) : 프로그래밍이란 관광기업이 제공하는 서비스에 추가적인 소구를 위하여 특별히 기획된 행사(events)나 활동(activity)을 뜻한다. 따라서 이 프로그래밍은 여행객의 구매를 자극하는 한편 그들이 특정서비스나 서비스 패키지에 지속적인 관심을 갖도록 만드는데 유용하다. 실제로 패키징과 프로그래밍은 불가분의 관계로 상호 결합되는 경우가 많다.

그림 4-3 **관광패키징과 관광프로그래밍의 개념**

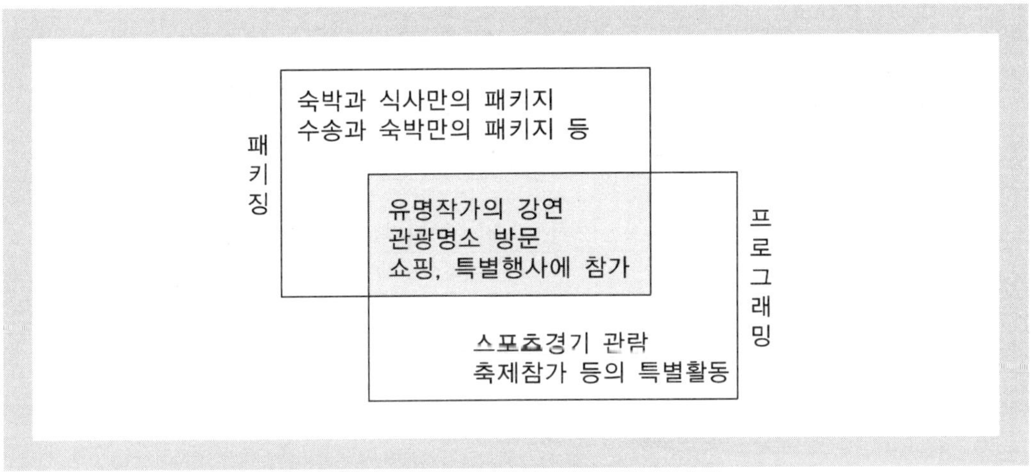

자료 : A, M. Morrison, Hospitality and Travel Marketing, p. 271

- 종사원(person) : 종사원이란 고객과 상호작용하는 마케터로서 이는 사내 고객으로 간주된다. 즉 서비스업에서는 두 종류의 고객을 갖는데 하나는 통상적 의미의 고객이고, 다른 하나는 기업 내의 종사원인 것이다. 이는 고객에게 팔기 전에 종사원에게 먼저 팔아라. 종사원에게 못 팔면 고객에게도 못 판다라는 배경에서 나온 것이자 내부마케팅(internal marketing)의 핵심이 된다.
- 제휴(partnership) : 제휴마케팅(partnership-cooperative marketing)이란 둘 또는 그 이상의 관광지나 관광기업들이 공동으로 마케팅 프로그램을 개발해서 전개하는 것을 의미한다.

표 4-3 관광마케팅믹스의 틀

제안자	제안 믹스틀
멕카시 (E. McCarthy)	4P 제품(product), 유통(place), 가격(price), 촉진(promotion)
레나간 (L. M. Renaghan)	3P 제품-서비스(product-service), 표상(presentation), 커뮤니케이션(communication)
붐과 비트너 (B. H. Booms & M. J. Bitner)	7P 4P+참여자(participant), 물리적 단서(physical evidence), 과정(process)
모리슨 (A. M. Morrison)	8P 4P+패키징(packaging), 프로그래밍(programming), 제휴(partnership), 종사원(person)
손 대 현	5P 제품, 유통, 가격, 촉진, 고객(people)
김 성 혁	5P 제품, 유통, 가격, 촉진, 참여자(고객+종사자, participant)

제2장 02 관광숙박업

1. 관광숙박업의 개념과 특성

1) 관광숙박업의 개념

숙박산업(lodging industry)이란 숙박에 관련한 모든 산업을 일컫는 넓은 의미이며, 협의의 개념으로는 호텔산업이라 부르고 있다. 우리나라 관광진흥법 제2장에서는 관광숙박업을 관광객의 숙박에 적합한 시설을 갖추어 관광객에게 이용하게 하고 음식을 제공하는 업으로 정의하고 있는데, 이는 관광숙박업을 단지 숙박과 식사를 제공하는 것으로서 현대적 상황에 다소 부적합한 개념정의로 보인다. 한편 호텔에 대한 고전 Webster사전의 정의를 보면 여행자를 위해 피난처와 휴식처를 제공하는 곳(A place of shelter and rest for travelers)으로 호텔산업의 본질을 도피와 휴식의 기능으로 나타내고 있다. 이러한 사전적 정의 역시 호텔산업의 기본적인 기능만을 다루고 있어 부족한 개념으로 보인다.

그러나 개정판 Webster사전의 새로운 정의를 보면 호텔은 대중에게 숙박, 식사, 오락과 다양한 인적 서비스를 제공하는 건물이나 공공장소(A hotel as a building or institution providing lodging, meals, entertainment, and various personal services for public)로써 정의하고 있다. 이것은 보다 나은 현대적인 호텔의 정의에 속하며 이를 간단히 줄여 나타내면 숙(宿)·식(食)·락(樂)·정(情)의 4가지의 역할을 수행하는 곳이라고 할 수 있다. 이는 고전적 의미보다는 한층 발전된 개념으로 보인다.

현대적 의미의 바람직한 호텔의 기능을 들자면 여기에 3가지의 기능을 추가할 필요가 있다. 즉, 안(安 : safety)의 기능으로 호텔은 위험·기후·도난·위생에 대한 안전과 안정을 제공해야 하며, 다음은 공(公 : public space)의 기능으로서 관광숙박자와 일반인 모두에게 널리 개방되는 집회나 사교, 그리고 교류의 공공장소로서의 역할이 요구되는 곳이다. 그리고 문(文 : cultural center)의 기능으로 이는 현대사회가 다양화 되면서 호텔의 기능 역시 여가와 문화의 전당 중심지로서 기능도 필요하게 되었다.

호텔이란 단어의 어원은 라틴어 hospitale에서 유래했는데, 이 단어에서 host, hostess, hostel, hospital, hospice이란 어휘가 파생되었으며, 처음엔 tavern이나 inn으로 사용되다가 1971년부터 미국에서 Hotel이란 이름이 사용되기 시작했다. 오늘날 호텔산업을 환대산업(hospitality industry)이라 부르는 이 환대(hospitality)란 용어도 같은 어간에서 나왔다. 옥스포드 영어사전에서 hospitality의 의미를 보면 방문지를 극진히 접대하는 의미가 담겨 있다.

2) 관광호텔업의 특성

첫째, 24시간 365일 연중 고객관리를 한다는 특성을 가지고 있다. 호텔의 운영은 종사원의 근무제약조건이 1일 8시간, 주 44시간의 제약조건에서 24시간 영업체계를 유지하는 과정에서 다른 분야와는 다른 특징과 어려움이 있다. 고객의 서비스 제공을 위해서 항상 시간과 장소에 구애없이 일정한 수준의 서비스 인력을 동원한 지원체계는 심도있는 교육훈련 없이는 높은 생산성과 효율성을 기대할 수 없을 뿐만 아니라 고객에게 감동을 줄 수 있는 완벽한 서비스 제공이 불가능하다는 점이다.

예를 들면 호텔영업에서 큰 비중을 차지하는 연회업무는 고객입장에서 단 한 번뿐인 기회이다. 가족행사로 결혼식, 약혼식, 회갑연 등이 있으며, 기업에서는 대리점 대표모임, 신상품 설명회, 임·직원교육, 고객사은잔치 등 제목만 들어도 그 연회가 얼마나 중요한가 짐작이 갈 것이다. 따라서 이들의 요구를 최대한 수용하는 것이 매우 중요하다.

결국 호텔경영은 고객을 위한 관심과 배려가 중요한 만큼 일체화된 조직관리가 있어야 한다. 훌륭한 건축, 화려한 시설, 다양한 부대업장이 있다 하여도 그곳에 서비스 정신으로 무장된 훌륭한 지배인과 종사원이 없다면 그 호텔은 죽은 호텔이나 다름없다. 호텔은 소프트 경영이다. 분위기를 연출하고 맛을 창조하며 쾌적함을 제공할 때 최상의 호텔수준을 유지하게 되므로 호텔경영의 특징은 탄력적 사고를 가지고 고객의 흐름을 따라가는 유연성이다.

표 4-4 **호텔경영의 특징**

경영관리분야	경영관리의 특징	고객관리특징
하드웨어 (Hardware)	-상품의 이동 불가능 -고정자산의 높은 구성비율 -고정비 지출이 사업초기에 부담 -인플레이션 보상효과 기대 -규모의 경제성/생산성증가	-고객요구에 따른 부대시설 -객실의 면적 -생산면적/공유면적 비례
소프트웨어 (Software)	-낮은 자본회전율 -저장상품불가능/높은 기회손실 -상품의 낮은 탄력성(계절성) -상품의 유행/마모속도 빠름 -업무의 자동화 불가능	-고객의 안전/쾌적 /청결유지 고객
휴먼웨어 (humanware)	-영업직 종사원의 높은 이직률 -직무교육 시간/고객만족 비례 -서비스 수준/생산성비례 -24시간 365일 영업	-신속/정확한 서비스

호텔산업의 두 번째 특징은 엄청난 장치산업이라는 점이다. 호텔 건설 과정에서 투입되는 총비용은 부동산 토지가격을 빼고 객실 한 개당 최소 1억5천만 원에서 약 3억 원을 초과한다. 특급호텔 수준으로 올라갈수록 비용은 늘어나게 되며, 최근에는 호텔에 부대영업시설을 갖추는 데만도 보통 30억 원 정도가 소요된다. 대표적인 예로 최근에 개업한 제주의 신라호텔과 경주의 힐튼호텔 그리고 최근에 개업하는 릿츠 칼튼호텔은 통상적인 개념으로 호텔객실 한 개당 건설비용이 약 2억 5천만 원 정도가 투입되었다.

특히 호텔산업은 시설에 대한 유행과 마모속도가 빠른 속성을 지니고 있다. 일반적으로 호텔을 건설하여 영업이익이 가시화하는 시점을 평균 3년에서 5년 그리고 경상이익 시점을 7년 정도로 보는 것이 일반적인 관례이다. 호텔 건축물의 물리적인 내구연한으로 40년 또는 50년을 보는 것이 일반적인 관례이기는 하나, 호텔건물에서는 구조물 못지 않게 실내장식 부문이 중요한 부분을 차지하고 있는 관계로 내부장식은 보통 5년에서 7년 주기로 단장하고 있다.

호텔은 고정자산의 시설투자가 크다. 고정자산은 토지, 건물, 기계장비, 비품 등으로 구성되고 있는데 호텔을 구성하고 있는 자산 가운데 다른 산업과 달리 많은 비중을 차지하고 있는 부분이 집기·비품류이다. 호텔 전체의 자산 가운데 통상 25% 정도가 잡기

·비품으로 구성되어 있어 대부분의 감가상각 속도가 일반 제조업의 장비보다 빠른 편이다. 집기·비품의 구성을 보면 객실가구·비품이 차지하는 비중이 가장 크고, 다음에 식당과 주방부문에 관계되는 가구, 비품, 주방기기, 카펫류가 많은 것으로 되어 있다.

세 번째 특성은 공공적 특성으로써 호텔의 기본기능은 시대적 요청과 변화에 따라 종래 단순한 숙박기능에서 현대적 도시기능이 첨가된 다양한 기능으로 대응하기 위하여 교육과 문화기능, 스포츠 레저기능, 쇼핑과 판매기능, 건강관리기능, 비즈니스 기능들이 부가적으로 제공되고 있다. 이러한 호텔의 다기능 서비스들은 도시생활에 필요한 기능이며 어느 장소에서나 자유롭게 선택할 수 있는 편리성이 있다. 호텔이 대형화, 다기능화로 발전하면서 결국은 호텔의 프라자화, 커뮤니티호텔의 역할을 수행하게 되는 증거라고 할 수 있다. 호텔은 영업활동을 통해 이익을 창출하고 하나의 개별적인 경영주체로 존재하면서 또한 공공적 성격을 갖게 된다.

호텔이 가지고 있는 공공성은 많은 사람들이 출입을 자유롭게 하고 있으므로 호텔을 이용하는 고객들에게는 편의를 제공할 수 있는 다른 업종과 서비스 기능들이 상호교류하면서 영업을 한다. 또한 정보센터로서 이용이 가능하다. 사람들이 많이 모이는 곳에는 많은 정보가 집합되고, 정보교류를 통하여 새로운 기회가 발생하게 된다.

네 번째 특성은 재고가 불가능하다는 것이다. 호텔산업의 상품은 객실을 비롯하여 많은 상품들이 당일 판매되지 않으면 상품성이 소멸되어 재고상품으로서의 가치가 없어진다는 특성을 가지고 있다.

2. 관광숙박업의 종류와 현황

관광숙박업은 그 동안 관광호텔업, 국민호텔업, 해상관광호텔업, 가족호텔업, 한국전통호텔업 및 휴양콘도미니엄업으로 구분되어 오던 것을 관광진흥법시행령 개정을 통해('99. 5. 10) 국민호텔업과 가족호텔업을 가족호텔업으로 통합하고, 해상관광호텔업은 수상관광호텔업으로 명칭을 변경하였다. 과거 호텔업은 휴양콘도미니엄업과 달리 공유제 분양 또는 회원모집을 할 수 없도록 규정하고 예외적으로 가족호텔업에 한해 회원모집을 허용하였으나 2007년 관광진흥법시행령 개정을 통해 2006년 2월 이후 사업계획승인을 받은 모든 호텔업에 회원모집을 허용하여 호텔업의 경영합리화를 도모하였다.

표 4-5 시·도별 관광숙박업 현황

(단위 : 개)

구분			서울	부산	대구	인천	광주	대전	울산	경기	강원	충북	충남	전북	전남	경북	경남	제주	계
관광호텔	특1급	업체수	17	4	2	2	1	1	2	–	4	1	–	1	1	6	2	12	57
	특2급	업체수	23	6	3	3	2	2	–	5	8	1	3	2	1	2	3	5	72
	1급	업체수	34	11	3	3	6	7	–	24	10	16	2	6	8	11	13	18	180
	2급	업체수	21	13	13	13	5	7	2	15	5	1	7	5	7	6	7	5	121
	3급	업체수	12	12	6	6	2	4	1	9	1	4	–	–	5	7	4	3	71
	등급미정	업체수	18	3	9	9	3	2	2	28	4	–	5	–	6	14	7	7	109
	계	업체수	125	49	36	36	19	23	7	81	32	23	17	14	28	46	36	50	610

구분		서울	부산	대구	인천	광주	대전	울산	경기	강원	충북	충남	전북	전남	경북	경남	제주	계
수상관광호텔	업체수	–	–	–	–	–	–	–	–	–	–	–	–	–	–	–	–	–
가족호텔	업체수	6	1	–	1	–	–	–	1	4	1	1	5	7	–	5	12	44
전통호텔	업체수	–	–	–	–	–	–	–	–	–	–		–	–	–	–	1	1
소계	업체수	131	50	24	37	19	23	7	82	36	24	18	19	35	46	41	63	655
콘도미니엄	업체수	–	4	–	1	–	–	–	15	53	7	10	7	6	13	7	37	160
총계	업체수	131	54	24	38	19	23	7	97	89	31	28	26	41	59	48	100	815

• 관광펜션업(휴양펜션업) 현황

구분	서울	부산	대구	인천	광주	대전	울산	경기	강원	충북	충남	전북	전남	경북	경남	소계	제주	계
업체수	–	–	–	2	–	–	–	9	43	6	18	3	3	13	14	111	41	152
객실수	–	–	–	15	–	–	–	53	315	43	249	42	55	115	108	995	377	1372

주1) 한국전통호텔(1개) : 씨에스(제주) / 수상관광호텔업 : 해당없음

주2) 등급미정은 신규등록업체 및 등급유효기간 만료업체로서 현재일 기준 등급심사가 이루어지지 않은 업체

주3) 휴양펜션업 : 「제주특별자치도 설치 및 국제자유도시 조성을 위한 특별법」 및 제주도조례에 의한 별도의 숙박업종임

자료 : 문화체육관광부, 2008년 12월말 기준

1) 관광호텔업

2008년 12월말 기준으로 관광호텔업의 등록현황은 전국 610개 업체에 6만 4,154실로 2007년에 비해 2,614실이 증가되었다. 이를 지역별로 보면 서울이 125개 업체에 21,533실로 총 객실 수의 33.%를 차지하고 있으며, 경기가 81개 업체에 5,219실, 제주가 50개 업체에 6,615실 순으로 등록되어 있다.

등급별로 보면 특1등급이 57개 업체에 20,470실, 특2등급이 72개 업체에 12,467실로 전체의 21.1%에 해당하는 업체에서 객실은 51.3%를 점유함으로써 관광호텔의 대규모화, 고급화가 이루어지고 있다. 이외 1등급이 180개 업체에 14,969실, 2등급이 121개 업체에 6,126실, 3등급이 71개 업체에 3,586실, 등급미정이 109개 업체에 6,437실이 있다. 연도별 관광호텔 증감추이는 1991년 이후 관광호텔 건설이 둔화되었던 것이 최근에 다소 증가되고 있으나, 휴폐업시설도 많이 증가하고 있는 것으로 분석되고 있는바, 관광호텔 영업환경 개선 및 운영활성화를 위한 노력이 필요하다고 본다.

2008년도 관광호텔 이용실적은 11,931,715실로 연 보유객실 21,770,346실의 55%였으며 2008년도의 관광호텔 객실수입은 1조 2,938억 원으로 전년대비 11.3%가 상승하였다. 한편, 각 지역의 2008년도 관광호텔 등급별 이용률을 보면 서울, 인천, 전북, 제주지역의 호텔이용률이 높았으며 전반적으로 특등급과 1등급 호텔 등의 상위등급호텔을 보다 많이 이용함으로써 소득수준의 향상에 따라 시설 및 서비스의 고급화가 요구됨을 알 수 있다. 아울러 외국인 관광객의 대부분이 특2등급 이상의 호텔을 이용하고 있어 외국인 관광객 유치를 위해서는 1등급 이하 호텔들의 시설 개·보수 및 서비스의 증대가 요구된다 하겠다.

***표 4-6* 관광호텔업 등록 현황**

(단위 : 개)

구분	특1등급		특2등급		1등급		2등급		3등급		등급미정		합 계	
	업체	객실	업체	객실	업체	객실	업체	객실	업체	객실	업체	객실	업체	객실
서울	17	8,989	23	5,627	1,037	3,958	21	1,272	12	623	18	1,064	125	21,533
부산	4	1,910	6	1,037	11	1,063	13	657	12	974	3	467	49	6,108
대구	3	696	6	422	11	627	2	116	1	33	1	303	24	2,197
인천	2	701	3	621	3	210	13	605	6	260	9	385	36	2,782
광주	1	120	2	198	6	375	5	197	2	75	3	113	19	1,078
대전	1	174	2	393	7	476	7	255	4	193	2	119	23	1,610

울산	2	495	–	–	–	–	2	167	1	65	2	80	7	786
경기	–	–	5	720	24	1,817	15	739	9	286	28	1,557	81	5,219
강원	4	957	8	1,278	10	610	5	240	1	34	4	384	32	3,503
충북	1	328	1	180	16	1,129	1	30	4	133	–	–	23	1,800
충남	–	–	3	329	2	169	7	289	–	–	5	238	17	1,025
전북	1	118	2	277	6	524	5	244	–	–	–	–	14	1,163
전남	1	161	1	58	8	541	7	319	5	195	6	300	28	1,574
경북	6	1,776	2	401	11	761	6	372	7	344	14	699	46	4,353
경남	2	401	3	419	13	1,108	7	361	4	199	7	320	36	2,808
제주	12	3,644	5	507	18	1,600	5	284	3	172	7	408	50	6,615
계	57	20,470	72	12,467	180	14,968	121	6,126	71	3,586	109	6,437	610	64,154

주) 등급미정은 신규등록업체 및 등급유효기간 만료업체로서 현재일 기준 등급심사가 이루어지지 않은 업체
자료 : 문화체육관광부, 2008 12월 기준

표 4-7 유형별 호텔업 이용실적(2008)

(단위 : 실, %)

구 분		연 보유객실 수	증가율	연 판매객실 수	증가율	이용률
관광호텔	특1등급	7,410,763	4.8	4,737,330	4.5	63.92
	특2등급	4,128,567	5.3	2,617,205	2.9	63.39
	1등급	5,030,708	3.5	2,571,611	1.3	51.11
	2등급	1,877,771	10.2	700,635	2.4	37.31
	3등급	1,667,454	15.0	622,085	0.1	37.30
	소 계	20,115,263	5.8	11,248,866	2.3	55.92
가족호텔		1,551,883	49.4	676,519	36.6	43.57
전통호텔		9,490	–	6,630	45.4	69.86
계		21,770,346	5.3	11,931,715	1.7	55.00

주) 상기 통계치는 관광호텔 운영실적 집계 대상 업체에 한함
자료 : 한국관광호텔업협회

2) 가족호텔업

경제성장으로 인한 국민소득수준의 향상은 다수 국민으로 하여금 여가활동을 향유케 하였으며 이는 가족단위 관광의 증가를 가져왔으며, 가족단위 관광객의 증가는 가족호텔을 급격히 증가하게 하였다.

정부는 증가된 가족단위의 관광수요에 부응하여 국민복지차원에서 저렴한 비용으로 건전한 가족관광을 영위할 수 있게 하기 위하여 가족호텔 내에 취사장, 운동·오락시설 및 위생설비를 겸비토록 하고 있다.

2008. 12월말 현재의 가족호텔 등록현황은 [표 4-8]과 같다.

표 4-8 시·도별 가족호텔업 등록 현황(2008)

구분	호텔명	위치	등록일	객실수
서울(6)	오크우드프리미어	강남구 삼성동 159	2001.10	280
	반얀트리 가족호텔	중구 장충동 2가 산 5-5	2007. 9	218
	프로비스타 가족호텔	서초구 서초동 1677-6	2007. 1	141
	매리어트 이그제큐티브	영등포구 여의도동 272	2007. 6	103
	프레이셔 스위트 서울	종로구 낙원동 272	2007. 6	213
	프레이저 플레이스 센트럴 서울	중구 순화동 214	2008.10	240
부산(1)	금강국민호텔	동래구 온천동 1-4	1985.11	17
인천(1)	무의아일랜드가족호텔	중구 무의동 370	2005. 4	30
경기(1)	브니엘 청평 가족호텔	가평군 상명 덕현리 산74-12	1990. 7	52
강원	낙원비치가족호텔	동해시 망상동 산158-1	1995.10	45
	호산비치가족호텔	삼척시 원덕읍 호산리 39	1999. 2	39
	호텔 굿모닝	속초시 조양동 1432-1	2002. 1	88
	설악교육문화회관	속초시 도문동 155	1996. 2	77
충북	후랜드리 가족호텔	충주시 호암동 540-10	1990. 7	52
충남	천안상록 가족호텔	천안시 수신면 장산리 669-1	2007. 7	100
전북	남원가족호텔	남원시 신촌동 437	1989. 5	43
	무주리조트가족호텔	무주군 설천면 삼곡리 산43	1990.12	974
	무주리조트국민호텔	무주군 설천면 심곡리 산43	1997. 2	418
	대명리조트 변산	부안군 변산면 격포리 257	2008. 4	504
전남	빅토리아호텔	고흥군 도화면 발포리 89-1	2005. 7	55
	담양리조트 온천호텔	담양군 금성면 원율리 399	2003.11	36
	은혜가족호텔	장성군 북하면 약수리 211	2005. 1	32
	한화리조트/지리산	구례군 마산면 황전리 32-3	1997. 1	57
	흑산가족비치호텔	신안군 흑산면 진리31 외7	2000.12	53
	지리산 가족호텔	구례군 산동면 대평리 729	2003. 1	134
	두륜산 온천가족호텔	해남군 삼산면 구림리 138-8	2007. 1	34

경남	아이스밸리 가족호텔	밀양시 산내면 남명리 1-5	1997.12	45
	거제훼미리호텔	거제시 남부면 갈곶리 263-3	2006. 7	30
	오아시스호텔	거제시 신현읍 장평리 815-21	2007. 4	99
	남해스포츠파크가족호텔	남해군 서면 서상리 1182-9	2002. 5	95
	남송가족호텔	남해군 삼동면 물건리 5-1	2005. 2	37
제주	중문훼미리호텔	서귀포시 상예동 2729-2	2006. 5	32
	꼬뜨도르 가족호텔	북제주군 구좌읍 동복리 827	2003. 9	30
	그랑빌 가족호텔	서귀포시 색달동 2512	2007. 7	42
	중문빌리지 가족호텔	서귀포시 하예동 141	2007. 8	30
	그림리조트	제주시 용담3동 1020-4	2008. 1	30
	송악리조트	서귀포시 대정읍 상모리 78	2008. 1	30
	다인리조트	제주시 애월읍 고내리 79-5	2008. 3	33
	조은리조트	서귀포시 강정동 2486	2008. 3	33
	담앤루	서귀포시 대포동 1174	2008. 6	30
	올레리조트	제주시 애워읍 신엄리 2867-3	2008. 6	33
	호텔 네이버후드 제주	제주시 노형동 1295-16	2008. 8	346
	뷰티플리조트	서귀포시 대포동 1265-1	2008. 8	32
계	43개소	-	-	15,042

3) 한국전통호텔업

한국전통호텔업은 관광객의 숙박과 체재에 적합한 한국고유의 시설을 갖춘 숙박업종으로 1991년 7월 26일 최초로 제주도 중문관광단지 내에 객실 수 26실의 한국전통호텔(씨에스호텔 앤 리조트)이 등록되어 운영 중에 있다.

4) 수상관광호텔업

수상관광호텔은 수상에 구조물 또는 선박을 고정하거나 계류시켜 놓고 관광객의 숙박과 체재에 적합한 시설을 갖춘 숙박업종으로 지난 70년대 초 북해유전개발이 본격화되면서 해상에서 근로자들의 숙식 및 여가시설이 필요하게 되자 선진국들이 여러 종류의 선박을 개조, 바다에 띄워놓고 숙박시설과 근린생활시설, 그리고 위락시설 등을 갖춰 운영하기 시작하면서 해상호텔이 발전돼 왔다. 우리나라는 지난 2000년 7월부터 부산광역시 해운대구에 객실 수 53실의 수상관광호텔이 등록되었으나, 태풍으로 인해 멸실되어 현재는 존재하고 있지 않다.

5) 휴양콘도미니엄업

휴양콘도미니엄업은 1957년 스페인에서 기존호텔에 개인의 소유권 개념을 도입하여 개발한 것이 시초이며 관광자의 숙박과 취사에 적합한 시설을 갖추어 이를 당해시설의 회원 공유자 및 기타 관광자에게 이용하게 하는 관광숙박시설을 말한다.

우리나라는 1982년 12월 31일자로 휴양콘도미니엄업을 관광진흥법상의 관광숙박업종으로 신설하였으며, 2008년 12월말 현재 160개 콘도에 34,291실이 운영되고 있다. 휴양콘도미니엄은 우리나라 국민들의 생활수준 향상에 따라 이용계층이 확대되어 국민들의 주요 관광숙박시설이 되었다. 정부는 휴양콘도미니엄을 건전한 국민관광시설로 유도하고 이용 편의 도모 및 건전한 가족단위 관광숙박시설로 육성하기 위하여 표준약관 제정, 분양가 자율화, 유보율 폐지 등의 제도개선책을 마련하고 있다.

표 4-9 **시·도별 휴양콘도미니엄업 등록 현황**

구분	부산	인천	경기	강원	충북	충남	전북	전남	경북	경남	제주	계
개소수	4	1	15	53	7	10	7	6	13	7	37	160
객실수	1,385	150	3,021	16,395	1,782	2,078	815	819	2,470	1,238	4,138	34,291

자료 : 한국휴양코도미니엄업협회, 2008년 12월말 기준

3. 관광호텔업의 기본 업무

호텔조직은 호텔의 규모, 입지적 조건, 구조적 형태, 경영형태, 경영진의 특성 등 여러 요인에 의하여 호텔 나름대로의 특성을 갖게 된다. 그러나 이러한 상이한 요인에도 불구하고 호텔은 다음과 같이 객실부문과 식음료부문, 그리고 관리부문의 기본구조를 갖고 있다.

- ✓ 객실부문(Room Department)
- ✓ 식음료부문(Food & Beverage Department)
- ✓ 관리부문(Management & Executive Department)

호텔조직을 크게 두 부문으로 설명할 때 흔히 프런트 오브 하우스(Front of House)와 백 오브 하우스(Back of House)로 구분하는 경우가 많다. 프런트 오브 하우스란

글자 그대로 호텔의 전방부문으로 객실관리부문인 것이다. 이러한 객실부문의 중요한 직무내용을 보면 다음과 같이 3가지 업무로 나누어진다.

- ✓ 프런트 오피스 업무(Front office Service)
- ✓ 현관서비스 업무(Uniform Service)
- ✓ 하우스키핑 업무(Housekeeping)

객실부문은 호텔의 전방부문으로 최초의 고객을 맞이하고 투숙기간 중 모든 서비스를 제공하며 고객의 제반편의를 마련해 주어야 하는 부서이기 때문에 그 직무의 중요함이 어느 부서보다 높이 평가되는 것이다.

백 오브 하우스는 일명 케이터링 부서(Catering Department)라고 한다. 원래 이 Cater라는 낱말은 공급하다라는 의미로 호텔의 케이터링부문은 곧 호텔의 심장(the heart of hotel)으로서 제품을 창조해 내는 거대한 조직의 핵으로서 그 기능을 보여주고 있다.

이 식음료부문의 직무내용은 다음과 같이 요약된다.

- ✓ 식음료의 구매 및 저장(Purchasing and storing of food and beverage)
- ✓ 식사의 준비(Preparation of food)
- ✓ 식음료의 제공(Service of food)
- ✓ 식음료의 관리(Food and beverage control)

다음으로는 객실부문과 식음료부문 등 각 부문의 영업활동을 원활히 유지시키고 호텔영업을 조정·관리하는 관리부문이 있다. 이 부문은 특수기능과 전문적 참모직 부문으로 구성되어 있다. 관리부문의 조직은 판촉업무, 경리업무, 총무업무, 영업분석 및 심사업무 등으로 나누어진다.

1) 객실관리업무

가. 프런트 오피스 업무

호텔에 있어서 프런트 오피스는 호텔에 도착하는 고객을 처음으로 대면하며 최초의 업무접선이 이루어짐과 동시에 최선의 서비스와 합당한 업무기능을 다하여 손님으로

하여금 숙박 또는 휴식 등의 이용을 최후까지 만족함이 되도록 유도·접대하는 곳을 말한다. 즉 프런트 오피스는 호텔과 손님간의 중계적인 위치에 놓여 있으면서 한편으로는 고객의 편의와 서비스 판매를 위한 대내적인 업무는 물론 대외적인 업무까지를 맡고 있는 창구의 중심부이기도 하다.

따라서 이 부문은 고객이 도착과 출발에 있어서 영접을 하는 곳인 만큼 고객에게 좋은 인상은 물론 현관에서의 친절과 예의, 세련과 새로운 분위기는 호텔 내에 머물러 있는 동안이나 출발한 이후에도 훌륭한 호텔이라는 좋은 이미지를 가지게 될 것이다.

프런트 오피스의 기본적인 업무를 살펴보면 다음과 같다.

- ✓ 객실예약 판매를 위한 처리
- ✓ 고객의 영접
- ✓ 숙박등록 및 적절한 객실배정(Room assignment)
- ✓ 현금출납과 신용카드 취급
- ✓ 각종 정보 안내·제공
- ✓ 우편물, 전신 메시지처리 및 전달
- ✓ 불평, 불만 등의 해결 또는 상담
- ✓ 귀중품 보관

나. 현관접객 서비스 업무

현관접객 서비스란 프런트 데스크에 접속되어 있으며 숙박객이나 호텔시설 이용객들을 안내하고 화물을 운반 보관하며 부대시설 이용과 안내 현관 로비의 청결 및 질서유지를 하며 고객의 요구를 도와 불편이 없도록 하는 업무이다.

이 업무에는 도어 맨(Doorman), 포터(Porter), 벨맨(Bellman), 클럭(Cloak), 엘리베이터오퍼레이터(Elevator operator) 등이 있다. 최근에 와서는 이와 같이 분업화되어 있는 현관업무를 능률적이면서도 합리적으로 처리하기 위한 조직으로 벨맨이 포터서비스를 겸하던지 로비 그리트리스(Lobby greetress)가 엘리베이터 서비스(Elevator service)를 하여 효율적인 서비스가 되도록 하고 있다.

다. 하우스키핑 업무

객실정비업무란 호텔의 객실을 청결하게 관리하는 업무를 말한다. 흔히 하우스키핑(Housekeeping)이라는 용어로 더 널리 사용되어지며 넓은 의미로는 객실의 관리업무 및 호텔의 공공장소, 즉 옥상에서 지하실까지 호텔의 전 지역에 걸쳐서 청결유지를 담당하는 것이다. 하우스키핑이란 용어는 인간의 거주와 같이 오랜 역사를 지니고 있다. 웹스터(Webster)는 하우스키핑을 일가구를 중심으로 일어나는 활동의 일환으로 규정하며 The keeping of the house 즉 집(house)의 보존, 유지 내지 관리라고 정의를 내렸다.

오늘날은 이 정의와 같이 집(house)이라는 시대적인 감각을 가지고 호텔뿐만 아니라 병원, 학교 및 공공기관 등 모든 건물에 이르기까지 하우스키핑은 광범위하게 적용되고 있다. 특히 호텔에서는 그 대상이 고객이며 아울러 이윤의 극대화라는 기업목표하에 운영되므로 하우스키핑의 효율화 내지 과학화가 매우 중요한 과제인 것이다. 그러므로 하우스키핑은 하우스키퍼(Housekeeper)라는 전문 관리인의 책임 하에 모든 건물과 부속토지까지 청결하고 안락하게 그리고 매력적으로 유지하고 관리하여야 한다. 최근에는 구조조정 물결 속에서 이 부문은 아웃소싱이나 분사형태로 전환되는 추세이기도 하다.

하우스키핑의 주요업무는 다음과 같다.

- ✓ 객실과 공공지역의 청결유지 및 건물의 내·외부를 원형대로 보존·관리하는 기능
- ✓ 타부서와의 업무조정(Coordination)과 협동(Cooperation) 의 조직적 기능
- ✓ 유니폼의 공급과 세탁(Laundry), 린넨(Linen)의 관리 및 수선의 기능
- ✓ 고객을 위한 신속·정확한 업무와 커뮤니케이션(Communication)기능

2) 식음료관리 업무

호텔에서의 식음료(food & beverage)업무는 크게 음식을 판매하는 식당(restaurant)업무와 음료를 판매하는 주장(bar)업무, 그리고 연회(banquet)업무로 나누어진다.

가. 식당업무

식당이란 일정한 장소에서 식사와 음료를 제공하는 곳이다. 레스토랑(reataurant)의 어원은 프랑스 대백과사전에 의하면 de restaurer에서 시작되었다. 이 restaurer의 의

미는 기력을 회복시키다와 재기하다란 뜻으로, 피로한 심신을 원상회복시킨다는 것을 의미하고 있다. 그러므로 식당업무는 일정한 장소에서 식사와 음료를 고객에게 제공하여 원기를 되찾게 하는 것이다. 현대적 의미로서 식당은 고객의 입장과 기업의 입장, 두 가지로 설명할 수 있는데 고객의 입장에서 식당은 쾌적한 환경에서 안정된 마음으로 피로와 원기를 회복하고, 식욕을 충족하기 위하여 환경적, 물적, 인적 서비스를 제공받아 그 대가를 지불하는 곳이며, 기업의 입장에서 식당은 인적 물적 서비스를 제공하여 영리를 추구하는 영업장이라고 할 수 있다.

식당의 종류는 다음과 같다.

• 레스토랑(restaurant)

일반적으로 식탁과 의자를 마련하여 놓고 고객의 주문에 따라 웨이터 혹은 웨이츄레스가 음식을 날라다 주거나 혹은 고객 앞에서 간단히 조리를 하여 주는 고급의 식사와 정중한 서비스가 제공되는 식당을 말한다. 이때 제공되는 음식에 따라 양식당(western style restaurant)과 한식 식당(Koren style restaurant), 일식 식당(Japanese style restaurant), 중국식 식당(Chinese style restaurant) 등으로 구분된다. 또한 양식당은 제공되는 음식의 국적별로 프랑스식 식당(French style restaurant), 이태리식 식당(Italian style restaurant), 미국식 식당(American style restaurant), 스페인식 식당(Spanish style restaurant) 등으로 구분된다.

• 커피숍(Coffee Shop)

보통 고객이 출입하기 좋은 장소에서 커피(coffee), 차와 음료 등을 판매하면서 조식이나 간단한 경양식 등을 판매하는 영업장이다.

• 카페테리아(Cafeteria)

음식물이 진열되어 있는 진열식탁에서 고객이 요금을 지불하고 이용하는 셀프 서비스의 간이식당을 일컫는다. 품목별 선택에 따른 가격의 차별화가 주어져 일반 뷔페식당과는 차이가 있다.

• 뷔페식당(Buffet Restaurant)

음식물이 진열되어 있는 식탁에서 균일한 요금으로 지불하고 고객이 직접 가져다 먹는 셀프서비스 식당이다.

• 룸서비스(Room Service)

객실에서 고객이 식음료를 주문하면 객실까지 서비스를 해주는 영업장이다. 이때 모든 주문은 보편적으로 전화 또는 도어 납 메뉴(door knobmenu)에 의하여 행하여지므로 고객과의 의사소통이 매우 중요한 영업장이다.

• 델리카테슨(Delicatessen)

제과, 제빵 또는 소시지, 햄 등의 가공식품을 판매하는 영업장이다.

나. 주장업무

호텔에서의 주장은 주로 음료를 판매하는 곳으로 식당이 음식을 통하여 고객에게 식욕을 충족시켜주는 공간이라면, 주장은 음료와 유흥적인 요소를 제공하여 고객에게 기분을 회복시켜주려는 공간이라고 할 수 있다. 즉, 고객이 이용하기 편리한 장소에 일정한 시설을 갖추고 각종 음료와 숙련된 종사원의 서비스를 제공하여 영리를 추구하는 영업장이라고 할 수 있다.

주장의 종류에는 다음과 같이 분류할 수 있다.

• 바(Bar)

호텔 고객을 위주로 하는 주장으로서 일반적으로 음료를 리스트에 열거하고 가격도 표준가로서 판매하는 것이 통례이다. 바(Bar)는 주상을 동칭하여 사용하기도 하며, 운영형태에 따라 다양한 명칭으로도 사용되는데 회원제로 운영되는 것은 멤버스 클럽 바(members club bar), 간단한 칵테일 위주로 운영되는 것은 칵테일 바(cocktail bar) 등으로 불린다.

• 라운지(Lounge)

주로 음료와 칵테일을 판매하는 장소로서 위치에 따라 로비 라운지의 스카이 라운지 등으로 구분하기도 한다.

• 팝(Pub)

대중적 사교장을 의미하며, 엔터테인먼트(entertainment)요소와 함께 음료를 주로 판매하면서 간단한 음식도 함께 판매하는 영업장이다.

• 나이트 클럽(Night Club)

밴드(band)의 음악에 맞춰 춤을 출 수 있는 유흥적 요소를 제공하고 음료를 판매하는 영업장이다.

• 디스코 텍(Discotheque)

디제이에 의해 음반이나 테이프를 통한 음악으로 춤을 출 수 있도록 하며 음료를 판매하는 영업장이다.

• 가라오케(Karaoke)

고객들이 음악에 맞춰 노래를 부를 수 있는 유흥적 요소를 제공하고 음료를 판매하는 영업장이다.

• 엔터테인먼트(Entertainment)

팝의 개념에 다트게임(dart game), 당구대와 같은 스포츠 시설과 디스코텍, 바 등이 설치되어 있는 종합사교 유흥장이다.

다. 연회장업무

연회장은 식당이나 주장과는 달리 식탁과 의자가 준비되어 있는 것이 아니라 일정한 장소에서 고객의 요구, 행사의 내용, 성격, 인원 등에 따라 각종의 행사를 수행하는 장소이다. 연회는 단체음식경영이라는 면에서 비교적 낮은 식음료 재료비의 유지가 가능하다는 특징을 가지고 있다. 따라서 식당이나 주장 등의 식음료 영업장은 상품이 판매되어지는 공간으로서 고객에게 훌륭한 환경과 가치를 제공해주는 것이다. 즉 영업장 그 자체는 시설적인 면이나 분위기면에서 고객에게 접근할 수 있으므로 무형의 가치재이고, 고객에게 환경의 서비스를 제공한다.

연회장시설은 각종 행사, 이벤트, 회의 등 특별한 목적을 달성하기 위한 모임과 또한 이러한 모임을 개최할 수 있는 시설을 갖추고 식음료는 물론 숙련된 종사원의 서비스를 제공하는 영업장으로서 작게는 10명 미만에서부터 많게는 수천 명의 인원이 행하는 각종 행사나 회의 등을 통하여 식음료 판매나 장소 및 시설 대여를 통하여 매출을 올리는 식음료의 한 영업장이다.

제3장 03 여행업

1. 여행업의 개념과 특성

1) 여행업의 개념

여행업이란 관광진흥법 제3조에 따르면 여행자, 운수시설, 숙박시설 기타 여행에 부수되는 시설의 경영자 또는 여행업을 경영하는 자를 위하여 동 시설 이용자의 알선, 여행에 관한 안내, 계약체결의 대리, 기타 여행의 편의를 제공하는 업으로 정의되어 있다. 즉 여행소재공급업자(principal)를 내리하여 여행제품과 서비스를 최종소비자인 관광자나 잠재관광자에게 유통시키는 업무를 담당하는 업이다.

그림 4-4 **여행업의 다면적 유통구조**

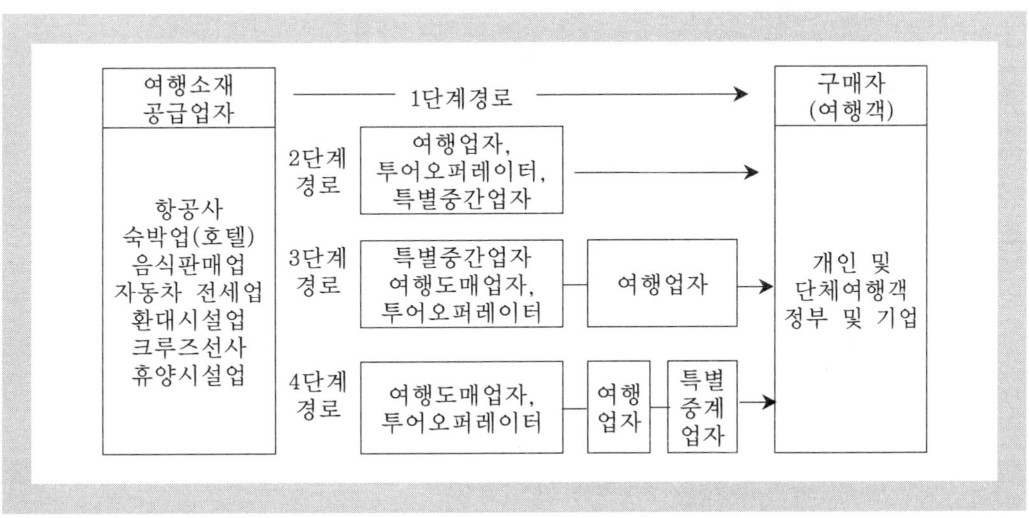

2) 여행업의 특성

여행상품은 일반제조업의 상품과는 전혀 다른 특성을 지니며 이로 인해 여행업 또는 타산업과 다른 특성을 갖는다. 여행업의 특성은 크게 경영구조적 특성, 사회현상적 특성으로 나누어 질 수 있는데 각각의 주요한 특성 및 내용은 다음의 〈표 4-10〉과 같다.

표 4-10 **여행업의 특성**

구 분	특 성	내 용
경영 구조적 특성	사무실 입지 의존의 특성	접근성이 중요시되고 대도시 집중현상 심화
	소규모 자본의 특성	소규모 자본으로도 경영이 가능, 고정자본의 구성비가 낮고 운영비가 대부분 차지
	노동집약적 특성	서비스의 특성상, 다양한 여행객들의 요구를 수용하기 위해서는 기계화가 곤란
	인간위주 경영의 특성	여행상품의 질이 종사원에 의해 결정. 따라서 전문인력의 확보가 요구됨
	과당경쟁의 특성	소규모 자본에 의한 경영이 가능하고 제도적인 진입장벽이 낮으므로 과당경쟁 발생
사회 현상적 특성	계절집중성	요일, 계절에 따라 수요편차가 심함
	제품수명주기의 단명성	여행상품은 쉽게 모방이 가능
	업무의 공적이양 추세	여행상담, 염가숙박시설 수배업무가 공적부문으로 이양되는 추세
	사회적 책임 중시	여행사의 이미지가 국가의 이미지라는 점, 윤리에 미치는 영향이 큰 점에서 사회적 책임이 중요시됨
	제품 의존비율이 높은 경영체질	고객들로부터 미리 영수한 금액으로 기간자금 운용이 가능
	다품종 대량생산 시스템	여행상품의 소비가 단회적 또는 다회적일 수 있으나 대체로 대량생산체제를 유지
	신용우선	여행상품의 후소비의 특성상 신용은 여행사의 사업성을 결정지우는 요소

2. 여행업의 종류와 현황

여행업은 관광산업의 발전을 위한 동맥과 같은 위치에 있는 것으로서 우리나라 여행업은 관광진흥법에 의거 일반여행업, 국외여행업, 그리고 국내여행업의 3개 업종으로 분류되어 있다. 2005년 법개정을 통해 여행업에 대한 문화체육관광부 장관 또는 시·도지사의 등록권한은 시장·군수·구청장에게 이양하였다.

2008. 12월 시·도별 여행업체 등록현황은 〈표 4-11〉과 같다.

표 4-11 **시·도별 여행업 등록 현황(2008)**

(단위 : 개)

구분	계	일반여행업	국외여행업	국내여행업
서 울	4,383	519	2,848	1,016
부 산	836	39	477	320
대 구	363	7	184	172
인 천	411	7	212	192
광 주	267	10	128	129
대 전	352	7	179	166
울 산	125	4	61	60
경 기	455	19	200	236
강 원	183	9	88	86
충 북	215	11	95	109
충 남	321	-	144	177
전 북	298	13	141	144
전 남	342	3	138	201
경 북	328	2	153	173
경 남	507	10	238	259
제 주	264	45	43	176
계	9,650	705	5,329	3,616

주) 협회의 회원사를 기준으로 파악함
자료 : 한국일반여행업협회, 2008년 12월 기준

1) 일반여행업

일반여행업체는 국내 또는 국외를 여행하는 내국인 및 외국인의 국내여행을 알선하는 관광사업으로서 2008년 현재 705개가 있으며 외국인 관광객의 유치를 직접 담당하는 중추적인 역할을 한다. 일반여행업체에서 유치하는 단체관광객은 대부분이 순수한 관광을 목적으로 입국하는 것으로 전체 외국인 입국자중 단체관광객의 점유비는 매년 30% 이상을 유지하고 있으며, 2008년에는 전체 입국자 689만 명 중 35.4%인 244만 명을 유치하였으며, 외화획득 실적은 487백만 달러로 전년도 대비 12% 증가하였다.

표 4-12 연도별 일반여행업체의 외국인 관광객 유치실적

(단위 : 명, %)

연 도	전체 입국자 수 (A)	증가율	일반여행업체 외래객 유치실적(B)	증가율	점유비 (B/A)
2000	5,321,792	–	1,922,151	–	36.1
2001	5,147,204	-3.2	1,910,788	-0.5	37.1
2002	5,347,468	3.8	1,987,492	4.0	37.2
2003	4,752,762	-11.1	1,907,358	-4.0	40.1
2004	5,818,298	22.4	2,217,137	16.2	38.1
2005	6,021,764	3.4	2,356,194	6.2	39.1
2006	6,615,047	9.8	2,031,883	-13.7	30.7
2007	6,448,241	.2.5	2,079,026	2.3	32.2
2008	6,890,841	6.9	2,440,186	17	35.4

자료 : 한국일반여행업협회

또한 일반여행업체에서 내국인 관광객을 해외로 송출한 실적은 패키지상품을 이용한 관광객이 전년도 486만 명보다 10% 감소한 436만 명을 기록하여 증가추세가 한풀 꺾였다.

표 4-13 **연도별 일반여행업체의 내국인 해외 송출실적**

(단위 : 명, %)

연 도	전체출국인원(A)	증가율	일반여행업체 내국인송출실적(B)	증가율	점유비(B/A)
2000	5,508,242	-	677,422	-	12.2
2001	6,084,414	10.4	907,592	33.9	14.9
2002	7,123,407	17.0	1,224,073	34.8	17.2
2003	7,086,133	-0.5	1,313,326	7.2	18.8
2004	8,825,585	24.5	1,933,308	47.2	21.9
2005	10,077,619	14.1	2,585,908	33.7	25.7
2006	11,609,879	15.2	3,721,620	43.9	32.0
2007	13,324,977	14.7	4,859,999	30.5	36.5
2008	11,996,094	-10.0	4,364,019	-10.2	36.0

자료 : 한국일반여행업협회

2) 국외여행업

국민의 해외여행에 따른 여권발급업무 및 여권수속대행업무 등 해외여행자의 편의를 증진하기 위하여 종전의 항공운송대리점업을 1982년도에 등록기준을 강화하여 명칭을 여행대리점업으로 변경하였다. 1987년 7월에는 내국인을 대상으로 하는 국외여행알선업무(outbound)를 수행하도록 업무범위를 확대하면서 국외여행업으로 변경하였다. 2008년 12월말 현재 등록된 국외여행업체는 5,329개 업체이다.

3) 국내여행업

국내여행업은 다양한 국민관광의 수요충족을 위하여 종전 허가제로 운영되어 오던 국내여행업이 1982년도에 등록제로 변경된 이후 그 업체 수는 282개 업체에서 2008년 12월말 현재 3,616개 업체로 크게 증가되었다. 이는 국민 경제발전에 따른 가처분 소득증가와 여가시간의 확대 등으로 관광이 국민생활의 중요한 일부분으로 자리 잡게 됨으로써 국민관광이 증가한 결과이다.

3. 여행업의 기본 업무

여행업의 기본 업무는 여행업의 성격과 규모 등에 따라 상이하나, 대체로 여행 전의 상담업무와 교통편의 예약 및 수속의 대리업무, 발권업무, 알선업무, 여정관리업무, 그리고 여행종료 후의 정산업무와 사후고객관리업무 등으로 구분할 수 있다.

표 4-14 여행업의 기본 업무

기 능	내 용
상담기능	여행을 떠나기 전 여행전반의 사항을 여행객에게 조언, 정보를 제공
대리기능	· 교통운송기관, 숙박시설 및 기타여행관련시설업자를 대리하여 항공권이나 숙박 및 시설이용의 예약을 대행 · 여행자를 대리하여 여권, 비자발급을 위한 수속업무 대행해 주거나 해외여행보험 가입수속을 대행
발권기능	항공권, 호텔숙박권, 철도승차권 등의 판매뿐만 아니라 패키지투어와 같은 여행상품을 여행자에게 효과적으로 판매
알선기능	여행자에게 알맞은 교통운송기관이나 숙박시설 또는 여행기관과 비용에 알맞은 여행상품 등을 알선함으로써 여행자와 여행관련 시설업자들을 도와주는 기능
여정관리기능	여행사가 주최여행을 실시할 때 첨승원을 동반시켜 원활한 여행의 진행을 도모
정산기능	여행비용의 계산, 견적 및 지불 등 정산과 관련된 제반기능 수행

제4장 04 기타 관광산업

1. 관광객 이용시설업

관광객 이용시설업은 관광객을 위하여 운동, 오락, 음식 또는 휴양 등에 적합한 시설을 갖추어 관광객에게 이용하게 하는 업으로 관광진흥법시행령 제2조에 따라 전문휴양업, 종합휴양업, 관광공연장업, 외국인전용관광기념품판매업, 자동차야영장업, 관광유람선업으로 구분되어 있다.

2009년 2월 현재 관광객이용시설업의 등록현황을 보면 전문휴양업 38개 업체, 종합휴양업 18개 업체, 관광유람선업 7개 업체, 관광공연장업 2개 업체, 외국인전용관광기념품판매업 117개 업체이다. 2005년부터 관광객이용시설업은 시도지사 또는 시장 · 군수 · 구청장에게 등록권한을 이양하였다.

표 4-15 **시·도별 관광객 이용시설업 등록 현황** (단위 : 개)

구 분	전문휴양업	종합휴양업	자동차 야영장업	관광유람선업	관광공연장업	외국인전용 관광기념품 판매업
서 울	–	2	–	1	1	81
부 산	1	1	–	2	1	10
대 구	–	1	–	–	–	1
인 천	–	1	–	1	–	2
광 주	–	–	–	–	–	–
대 전	1		–	–	–	–

울 산	–	–	–	–	–	–
경 기	4	3	–	–	–	17
강 원	1	6	–	–	–	–
충 북	–	–	–	1	–	–
충 남	3	1	–	–	–	–
전 북	1	1	–	–	–	–
전 남	–	–	–	–	–	–
경 북	2	1	–	–	–	2
경 남	–	1	–	–	–	–
제 주	25	–	–	2	–	4
계	38	18	–	7	2	117

주) 한국관광협회중앙회 회원사만 파악함
자료 : 한국관광협회중앙회, 2009년 2월말 기준

2. 관광편의 시설업

관광편의시설업은 종전의 관광지정시설업이 변경된 것으로서 관광사업 중 여행업, 관광숙박업, 관광객 이용시설업, 국제회의용역업을 제외한 사업이나 시설 가운데 관광진흥에 도움이 된다고 인정되는 것으로 시도지사, 시장·군수·구청장 또는 지역별 관광협회에서 지정하도록 되어 있다. 현재 관광진흥법으로 지정된 관광편의시설업으로는 관광사진업, 여객자동차터미널시설업, 관광극장유흥업, 관광유흥음식점업, 외국인전용유흥음식점업, 시내순환관광업, 관광식당업, 관광펜션업, 관광삭도업 등 9가지가 있다.

2008년 12월 현재 관광편의시설업으로 지정된 업체는 총 2,167개소에 달하며 [표 4-16]과 같이 관광식당업이 1,532개로 가장 많고, 관광극장유흥업, 관광펜션업 순으로 지정되어 있다.

표 4-16 시·도별 관광편의시설업 지정 현황

(단위 : 개소)

업종별	서울	부산	대구	인천	광주	대전	울산	경기	강원	충북	충남	전북	전남	경북	경남	제주	계
관광유흥음식점업	6	5	9	–	–	–	–	20	–	7	–	5	4	1	17	3	77
관광극장유흥업	47	22	–	24	10	12	6	18	12	–	10	–	–	5	–	5	171
외국인전용유흥음식점업	7	11	20	3	4	–	9	80	2	–	–	21	1	13	23	3	197
관광식당업	706	128	48	86	40	71	35	137	25	27	49	31	31	10	74	34	1,532
시내순환관광업	1	1	1	1	1	1	1	1	1	–	–	1	1	1	–	–	12
관광사진업	12	6	–	–	–	–	–	–	–	–	–	–	–	–	–	2	20
여객자동차터미널시설업	–	–	–	–	–	–	–	–	–	–	–	–	–	–	–	–	–
관광펜션업	–	–	–	2	–	–	–	9	43	6	18	3	3	13	14	41	152
관광삭도업	–	1	–	–	–	–	–	1	2	–	–	1	1	–	–	–	6
계	779	173	78	116	55	84	51	265	83	40	77	61	40	43	128	88	2,167

자료 : 문화체육관광부, 관광협회중앙회, 2009년 6월 기준

3. 국제회의산업

1) 국제회의산업의 개념

국제회의산업이란 국제회의의 유치 및 개최에 필요한 국제회의시설, 기타 서비스 등과 관련된 모든 산업을 말하며, 일명 컨벤션(convention)산업이라고도 한다. 1998년까지는 국제회의용역업(PCO : professional convention organizer)만을 관광사업으로 지정하여 운영하여 왔는데, 1999년부터 관광진흥법을 개정 국제회의시설업까지를 포함하여 국제회의업으로 영역을 확장시켰다.

이미 서울을 비롯한 부산, 제주는 세계적인 컨벤션도시로서 한국의 미래전략산업으로 자리매김하고 있는 실정이다.

표 4-17 주요 도시 국제회의 개최 현황

세계 순위			아시아 순위		
순위	도시명	건수	순위	도시명	건수
1	싱가포르	637	1	싱가포르	637
2	파리	419	2	도쿄	150
3	브뤼셀	299	3	서울	125
4	빈	249	4	베이징	75
5	바르셀로나	193	5	요코하마	68
6	도쿄	150	6	부산	60
7	서울	125	7	쿠알라룸푸르	55
8	부다페스트	116	8	홍콩	50
9	코펜하겐	104	9	뉴델리	49
27	부산	60	10	상하이	48
37	제주	44	11	제주	44

자료 : 한국관광공사, UIA(국제협회연합),2008년 기준

우선 국제회의용역업이란 대규모의 관광수요를 유발하는 국제회의의 계획, 준비, 진행 등 필요한 업무를 행사주관자로부터 위탁받아 대행하는 업으로 1986년에 관광진흥법상의 관광사업으로 신설되었다.

이를 관광사업으로 포함시킨 배경은 다음과 같다.

첫째, 국제사회의 발달에 따른 활발한 인적교류로 점차 국제회의의 규모가 확대되어 가고 있는 추세로 국제회의를 관광과 연계하여 발전시키며, 둘째, '86, '88 양대회를 계기로 준비된 관광수용시설을 최대한 활용하고 보다 많은 대규모 관광객을 유치하여 관광수입을 증대하기 위해서 국제회의를 적극 유치하고, 셋째, 국제회의업무를 효율적으로 수행하기 위하여는 회의의 계획, 준비, 진행 등 제반 관련 업무에 관한 전문적 지식을 가진 전문 용역업체의 육성이 절실하다는 점 등을 들 수 있다.

2007년 12월 기준으로 국제회의기획업(PCO)은 서울 138개, 부산 12개, 대구 3개, 대전, 2개 등 155개 업체가 등록되어 있다. 국제회의시설업은 총 177개소이며 전문회의시설은 2000년 코엑스를 시작으로 2008년 현재 9개소에 이르고 있다.

표 4-18 **국제회의시설 현황**

구분	시설	수용인원(대회의장)
컨벤션 센터	9	28,100
호텔 회의장	127	100,154
준회의장	41	44,898
계	177	173,152

자료 : 한국관광공사 코리아 컨벤션 뷰로, 2009년 3월 기준

표 4-19 전문 국제회의장 건립 현황

개관년도	시설명	규모	
		대회의장	전시장
2000	코엑스(COEX)	7,000	36,027
2001	대구전시컨벤션센터(EXCO) 부산전시컨벤션센터(BEXCO))	4,200 2,400	11,616 26,508
2003	제주국제컨벤션센터(ICC JEJU)	4,300	2,504
2005	창원전시컨벤션센터(CECO) 한국국제전시장(KINTEX) 김대중 컨벤션센터	2,000 2,000 1,500	10,627 53,541 9,072
2008	송도국제컨벤션센터 대전컨벤션센터	2,000 2,500	8,416 2,520

자료 : 한국관광공사, 2008년 6월 기준

2) 국제회의산업의 특성과 효과

국제회의산업은 21세기 전략산업군으로 우리나라도 MICE산업으로서 그 특성을 살펴보면 다음과 같다. 첫째, 고부가가치산업이다. 국제회의산업은 연관산업의 발달을 촉진하며, 수입의존도가 제조업에 비해 매우 낮다. 또한 경제, 사회, 문화, 관광 측면의 파급효과가 커서 하나의 사회간접시설로 인식하는 경향이 있다. 둘째, 21세기형 산업이다. 즉 자원중심적인 제조업을 대체할 수 있는 지식집약형의 유망미래산업인 것이다. 국제회의산업은 환경파괴가 없는 무공해산업이며, 정보화의 진전과 더불어 오히려 국제회의의 수요는 오히려 증가추세에 있다. 셋째, 종합서비스산업이다. 즉 국제회의 용역업(PCO), 호텔, 여행사, 항공사 등 관광관련 업계와 회의시설 및 사회기반시설에

이르기까지 종합적인 협력이 필요한 산업이다. 또한 정부, 지자체, 지역사회의 참여가 요청되는 산업이기도 하다. 넷째, 아이디어중심의 산업이다. 국제회의산업은 전문성을 바탕으로 한 독창적인 아이디어가 중요하며, 전시회, 이벤트 등 다양한 행사의 개최를 통하여 효과를 극대화할 수 있다. 다섯째, 개최국가의 모든 역량이 총망라되는 산업이다. 국제회의의 성공적인 유치하고 개최하기 위해서는 국가의 역량이 총동원되어야 한다. 또한 개최지의 안정성, 환율, 독특한 문화유산의 발굴, 문화·체육행사의 개최여부 등 여러 가지 변수에 의해 영향을 받는다.

또한 국제회의개최를 통해 기대할 수 있는 효과를 보면 다음과 같다. 첫째 경제적인 측면의 효과로서 고액의 외화획득산업으로 국제수지개선에 도움이 된다. 국제회의 참가자 1명 유치효과는 텔레비전 27대와 자동차 0.4대 수출효과를 가지고 있다. 또한 일반관광자보다 체재일수는 1.5배 그리고 소비액도 2.2배에 달하는 것으로 알려졌다. 또한 지식교류를 통한 최신정보·기술의 입수로 산업발전에도 긍정적인 효과를 미친다.

표 4-20 **국제회의 참가자와 일반관광자의 비교**

구 분	체재일수	평균소비액(달러)
일반관광객	5.2일	1,491
국제회의 참가자	7.5일	3,285

둘째, 국가홍보측면이다. 국제회의는 대부분이 많은 국가가 참여하는 관계로 전 세계적인 홍보가 가능하다는 것이다. 예를 들어 2000년 ASEM회의는 아시아·유럽의 25개국 이상의 정상이 참여하기로 되어있다. 또한 각 분야의 지도자급 인사들이 참여하는 관계로 이들을 통한 해당국가의 사회상과 발전상을 간접적으로 홍보하는 기능을 가지고 있다. 셋째, 지역활성화 측면이다. 개최지역 주민의 국제화 및 의식수준을 향상시킨다. 또한 자원봉사활동 등 제반행사참여시 주민 간 커뮤니케이션의 활성화로 주민의 결속력을 다지는 계기가 되기도 한다. 그리고 도시환경의 개선과 회의개최지역의 도로망확충·정비 등을 할 수가 있다. 넷째, 정치적 측면이다. 국제회의개최로 국제적 지위가 향상되며, 한국의 경우 평화통일의 외교정책에도 크게 기여할 수가 있다. 또한 국제적 인적교류 및 상호이해를 증진시키는 좋은 계기가 된다.

4. 카지노산업

1) 카지노산업의 개념

카지노(casino)란 도박·음악·쇼·댄스 등 여러 가지의 오락시설을 갖춘 연회장이라는 의미의 이탈리아어 카자(casa)가 어원으로 르네상스시대의 귀족이 소유하고 있었던 사교·오락용 별관을 뜻하였으나 지금은 해변·온천·휴양지 등에 있는 일반실내 도박장을 의미한다. 웹스터사전에도 카지노란 모임이나 춤, 그리고 전문갬블링을 위해 사용되는 건물이나 넓은 장소라고 정의되어 있으며, 국어사전에서도 음악이나 댄스, 쇼 등 여러 가지 오락시설을 갖춘 실내도박장으로 되어 있다.

이러한 카지노산업의 법률적 개념을 보면 전용영업장을 갖추고 주사위, 트럼프 등 특정한 기구 등을 이용하여 우연의 결과에 따라 특정인에게 재산상의 이익을 주고 다른 참가자에게 손실을 주는 행위 등을 하는 업으로 관광진흥법에서 규정하고 있으며, 카지노영업소에 입장하는 자는 외국인과 해외이주자로 제한하고 있다. 카지노업은 법률적으로 종전에 경찰청에서 사행행위업으로 관리하던 것을 관광진흥법의 개정에 의해 1994년 12월 4일자로 관광사업으로 전환되었다.

표 4-21 **우리나라 카지노산업 발전과정**

시기	주요내용
1961년 11월	카지노 설립의 법적 근거가 된 최초 법률 제정 (복표발행현상기타 사행행위단속법)
1962년 9월	동법개정을 통해 외국인을 상대로 하는 오락시설로 외화획득에 기여할 수 있음이 인정될 때 이를 허가가할 수 있게 함으로써 설립 근거 마련
1967년	최초로 인천 올림포스호텔 카지노 개설. 그 다음해에 주한 외국인 및 외국인 관광객 전용인 워커힐 호텔 카지노 개장
1969년 6월	'복표발행현상기타 사행행위단속법'개정 (당시까지 내국인 출입 허용을 금지시키고 이를 어길 경우 영업행위 금지 또는 허가취소의 행정조치를 취할 수 있도록 함)
1970년대	주요 관광지에 확산, 속리산 관광호텔 카지노(1971년), 제주칼호텔 카지노(1975년), 파라다이스비치호텔 카지노(1978년), 코오롱 관광호텔 카지노(1979년)
1980년대	설악파크호텔 카지노(1980년)가 강원도에 최초 개설, 제주하얏트호텔 카지노(1985냔), 1990~1991년에 제주그랜드호텔 카지노, 제주남서울호텔 카지노, 제주서귀포호텔 카지노, 제주오리엔탈호텔 카지노, 제주 신라호텔 카지노 순으로 개장

1991년 3월	'복표발행현상기타 사행행위단속법'이 '사행행위 등 규제법'으로 개정
1994년 8월	'관광진흥법' 개정(카지노산업을 관광산업으로 규정함으로써 위상변화)
1994년대 말	행정개편으로 관광의 주무부서가 교통부(현 건설교통부)에서 문화체육부로 이관되었으며 카지노업은 문화체육부 관광국에서 허가 및 운영, 감독을 맡게 됨
1995년 12월	'폐광지역개발지원에 관한 특별법' 제정을 통해 내국인 출입허용 카지노를 강원도 정선을 중심으로 개발 추진. 폐광진픙지구 지정 및 종합개발계획 수립, 개발에 따른 각종 규제사항의 완화, 내국인 출입이 가능한 카지노 설치 허용
1997년 12월	'관광진흥법시행규칙' 개정령 공포를 통해 카지노 영업종류에 슬롯머신, 비디오게임, 빙고게임이 신성되어 1998년 1월부터 시행
1998년 6월	폐광카지노 법인인(주 강원랜드 출범)
1999년 6월	관광사업(카지노업 포함) 외국인 및 외국인사업자에 개방
2000년 10월	최초의 내국인 출입허용 카지노인 강원랜드의 스몰카지노 개장
2003년 3월	강원랜드의 스몰 카지노 폐장 및 강원랜드 메인 카지노 개장
2004년 1월	제주국제자유도시특별법(2004. 1. 28) 제55조의 2신설-제주지역 관광사업에 5억 달러 이상 투자하는 경우 외국인카지노 허가특례
2005년 1월	한국관광공사 자회사에 3개 카지노 신규허가(서울 2, 부산 1)
2005년 5월	기업도시개발특별법(법률 제7310호, 2005,5.1 시행) 제 30조 개정 -관광레저형 기업도시의 실시계획에 반영되어 있고 관광사업에 5,000억원 이상을 투자하는 사업 시행자에게 외국인전용 카지노업 허가 특례
2006년 7월	제주지역 카지노 인허가권 제주특별자치도에 이양
2007년 9월	카지노 등 사행산업을 통합 관리 감독하는 사행산업통합 감독위원회 출범

2008년 12월 전국에 17개 업체가 허가를 받아 운영 중에 있고, 시·도별 카지노업체 현황은 [표 4-22]와 같다.

〈표 4-22〉 시·도별 카지노업체 현황

(단위 : 명, 백만 원, ㎡)

시·도	업소명 (법인명)	허가일	운영형태 (등급)	종사원수	2008 매출액	2008 입장객	전용영업장 면적
서울	파라다이스워커힐카지노 (주)파라다이스	'68.03.05	임대 (특1)	779	222,708	198,617	3,178,4
	세븐럭카지오 서울강남점 그랜드코리아레저(주)	'05.01.28	임대 (컨벤션)	1,394	185,549	220,866	2,839,9
	세븐럭카지노 힐튼호텔점 랜드코리아레저(주)	'05.01.28	임대 (특1)	472	134,416	523,722	2,811,9
부산	세븐럭카지노 부산롯데호텔점 그랜드코리아레저(주)	'05.01.28	임대 (특1)	262	43,475	132,158	2,234,3
	파라다이스카지노부산 (주)파라다이스글로벌	'78.10.29	직영 (특1)	222	43,754	70,000	2,283,5
인천	골든게이트카지노 (주)파라다이스인천	'67.08.10	임대 (특1)	211	33,462	19,802	1,060,6
강원	호텔설악파크카지노 (주)호텔설악파크	'80.12.09	임대 (특2)	12	33	294	547,9
경북	경주힐튼호텔카지노 (주)베니스타	'79.04.11	임대 (특)	17	4,221	4,901	1,240,3
제주	라마다프라자카지노 (주)에이스통상	'75.10.15	임대 (특1)	121	3,053	15,875	2,359,1
	파라다이스그랜드카지노 (주)파라다이스제주	'90.09.01	임대 (특1)	132	20,517	22,118	2,756,7
	신라호텔카지노 벨루가(주)	'91.07.31	임대 (특1)	8	1,050	4,122	1,953,6
	제주오리엔탈호텔카지노(주)풍화	'90.11.06	임대 (특1)	96	10,184	12,206	11,215
	롯데호텔제주카지노 (주)두성	'85.04.11	임대 (특1)	157	24,098	27,380	12,054
	엘베가스카지노 (주)유니콘	'90.09.01	직영 (특1)	211	19,328	15,176	10,266
	하얏트호텔카지노 (주)신성개발	'90.09.01	임대 (특1)	73	4,836	4,619	8,033
	트로피카나카지노 (주)신성개발	'95.12.28	임대 (특1)	35	2,272	4,916	8,239
16개 업체(외국인대상)			직영: 3 임대: 3	4,202	752,866	1,276,772	282,469
강원	강원랜드카지오 (내국인대상) (주)강원랜드	'00.10.12	직영 (특1)	1,612	1,065,945	2,914,684	687,835
17개 업체(내 · 외국인대상)			직영: 4 임대: 13	5,814	1,818,811	4,191,456	3,512,525

자료 : 한국카지노업관광협회, 2009년 1월 기준. 주) 매출액은 문화체육관광부 보고매출임

2) 카지노산업의 특성

카지노산업은 오락과 게임의 제공이라는 기능을 통해 다음과 같은 특성을 가지고 있다. 첫째, 카지노산업의 경제적 파급효과가 크다는 점이다. 즉 카지노를 통해 유입되는 직·간접적 효과는 매우 커서 연관산업에 대한 생산 및 부가가치 창출효과, 지역주민에 대한 소득 및 고용창출효과, 중앙 및 지방자치단체의 재정수입 창출효과 등 다양한 경제적 효과를 가진다. 둘째, 천연관광자원 개발의 한계성을 극복할 수 있다. 카지노업은 옥내의 실내유기장에서 이루어지는 영업으로 옥외관광상품의 대체상품으로 상품의 한계가 거의 없다고 할 수 있다. 또한 24시간 영업으로 야간관광상품으로도 이용될 수 있다는 강점이 있다. 셋째, 카지노산업은 외래관광자의 1인당 소비액을 늘리고 체재기간을 연장시킨다. 카지노 이용객의 일인당 소비액은 외래관광객 1인당 평균소비액의 약 38%를 차지할 정도로 단일 지출항목으로는 높은 비중을 차지하고 있으며, 매년 증가추세에 있는 중요한 관광상품항목이다. 넷째, 카지노산업은 호텔영업에 대한 기여도가 높다는 점이다. 카지노고객은 호텔의 객실, 식음료, 유흥시설, 기타 부대시설을 이용하기 때문에 호텔에 추가적인 매출을 증가시킨다. 호텔의 수입을 객실, 식음료, 카지노, 기타 수입으로 나눌 경우 대부분의 직영 방식의 카지노에서 나타나듯이 카지노수입이 전체 매출의 59%를 차지하고 있어 타부문의 수입에 비해 월등히 높아 호텔 영업신장에 크게 기여한다는 것이다.

5. 유원시설업

종합유원시설업은 관광진흥법 제3조에 의거, 유기시설 또는 유기기구를 갖추고 이를 관광객에게 이용하게 하는 업으로서 종전 공중위생법상의 유기장업 중 종합유원시설업과 기타 유기장업이 1999년 관광진흥법 개정으로 관광사업으로 전환되었다.

유원시설업은 종합유원시설업, 일반유원시설업, 기타유원시설업 등 3개의 업종으로 분류된다. 종합유원시설업은 대규모의 대지 또는 실내에 안전성검사 대상 유기기구 6종류 이상을 설치·운영하는 업을 말하고, 일반유원시설업은 안전성검사대상 유기기구 1종류 이상을 설치·운영하는 업이며, 기타유원시설업 안전성검사대상이 아닌 유기기구를 설치·운영하는 업을 말한다.

2008년 12월 전국의 유원시설업체 현황은 217개 업체로서 [표 4-23]과 같다.

〈표 4-23〉 시·도별 유원시설업체 현황 (단위: 개소)

시·도	유원시설업		
서울	8	상원	22
부산	16	충북	14
대구	11	충남	13
인천	11	전북	19
광주	4	전남	12
대전	3	경북	13
울산	7	경남	10
경기	46	제주	8
계	217		

자료 : 한국관광협회중앙회, 2008년 12월말 기준

제5부

관광현상과 관광정책

제1장 01 관광정책의 기본적 이해

1. 관광정책의 개념과 필요성

1) 관광정책의 개념

관광정책이란 국가 또는 공공단체가 관광에 대해 취하는 진흥정책으로 한 국가의 관광진흥을 위한 관광행정의 실행을 종합적으로 조정하고 추진하기 위한 범위와 시정 방향을 제시하는 시책을 말한다. 즉 관광정책의 핵심은 국가의 관광적 이익을 추진하기 위하여 관광산업의 육성과 해외홍보활동을 위해 취해지는 모든 국가활동을 뜻한다.

한편 관광행정이란 관광정책을 구체화하는 내용으로 국가나 지방자치단체가 관광발전을 위해 관광행동과 관광산업을 조성·촉진하고 또한 지도·감독·단속을 하는 활동을 말한다. 따라서 관광행정은 크게 규제행정과 급부행정 등으로 구분된다.

이러한 국가의 정책에는 경제정책, 문화정책 등 다양하게 있지만 관광정책이 본격화된 것은 세계 제1차대전 이후 서구 유럽에서 보편화되기 시작하여 현재에는 국가의 이익을 위하여 실효성있는 국제관광정책 등을 모든 국가에서 실행하고 있다.

2) 관광정책의 필요성

관광에 정부가 개입하는 것은 관광산업을 전략산업으로 진흥하는 대부분의 국가에서 행해지는 세계적 현상이다. 이렇게 관광현상에 정부가 개입하는 이유는 다음과 같다.

첫째, 정치적 이유(political reasons)이다. 관광 특히 국제관광은 국가 간의 이동이기 때문에 여기에 자연히 정부가 개입하지 않을 수 없게 된다. 우리 한국에 있어서 이것에 대한 법적 뒷받침이 여권법, 출입국관리법 등이다. 외국에 여행하고자 하는 자는 정부가 발급하는 여권을 소지하게 하고 있는 점, 외국인이 대한민국에 입국하고자 하는 때에는 유효한 여권 또는 법무장관이 발급한 사증을 가지고 있어야 하는 점, 외국인은 허가된 체류자격과 체류기간의 범위 안에서 대한민국에 체류할 수 있게 하고 있는 점 등을 통해서 정부는 관광에 개입하고 있는 것이다. 여권법, 출입국관리법에 근거한 정부의 관광에의 개입은 주로 질서유지, 국가안전보장 등 목적을 위한 것으로 볼 수 있다. 그리고 국제친선을 위한 개입이다. 본래 관광의 효용의 하나로서 국제친선의 증진을 들 수 있는 것인데, 관광기본법도 그 점을 명시해 놓고 있다.

둘째는 사회·문화적 이유(socio-cultural reasons)이다. 관광은 관광목적지의 경관, 역사, 문화적 전통을 판매하는 것이라고 말할 수 있다. 그렇기 때문에 외래관광객을 맞이함으로써 수용지의 물리적, 문화적, 전통이 파괴되고 이른바 문화적 충격을 일으킬 위험성이 많이 있다. 특히 개발도상국가들은 외래관광부문에서 문화적 충격을 일으키는 예가 많으므로, 정부의 정책개입을 통해 이를 효율적으로 관리할 필요가 있다.

셋째는 경제적 이유(economic reasons)이다. 관광의 경제적 효용은 누구나 인정하는 점이다. 관광이 진흥되면 자연적으로 그들을 맞이하기 위한 각종의 시설을 필요로 하게 되며, 그 곳에 종사하는 종업원을 고용하고 여러 가지 수요를 창출함으로써 승수효과를 일으키는 것으로 알고 있다. 이러한 이유로 복지국가를 지향하고 있는 모든 나라가 관광진흥에 관심을 가지고 있다.

넷째, 생태·환경적 이유(environmental reasons)이다. 무분별한 관광개발이나 수용력을 무시한 방문은 생태환경에 대한 커다란 문제를 야기시킬 수 있으므로 생태환경의 보전과 관광자원의 보호를 위해 정부의 개입이 필요하게 된다.

표 5-1 관광정책의 필요성

구 분	내 용	비 고
정치적 이유	• 출입국 문제 • 정치안정수단 • 국민적 자긍심 고취 • 대외적 홍보 • 국가 이미지 제고	• 미국 : 전후유럽경제복구지원 • 일본 : 무역불균형이미지개선 • 스페인 : 내정안정과시 • 이스라엘 : 대외동정론 유도
경제적 이유	• 수출효과 제고 • 국제수지의 개선 • 지역경제 발전 수단 • 자국산업보호 • 국내기업의 외국투자 • 산업조정 및 지원	• 미국 : 세계최대관광시장 지향 • 일본 : Two-Way프로그램으로 관광수지불균형개선 • 태국, 스페인, 스위스 : 관광입국 • 프랑스 : 랑독루시옹개발 • 모나코 : 카지노산업특화
사회·문화적 이유	• 국민의 욕구에 대한 대응 • 시민의식과 국제화 • 국민복지수준의 제고 • 문화충격의 완화 • 소비자 보호 • 문화파괴의 방지 • 건전관광문화의 정착	• 미국 : 레저환경조성 • 일본 : 백만 명 해외여행보내기운동 • 미국, 일본, 스위스, 스페인 : 지역유대감 상실, 가치관파괴 등 사례보고
생태·환경적 이유	• 생태환경보전 • 관광자원의 보호	• 호주/태국/말레이시아 : 생태관광 상품개발

2. 관광정책의 전개과정

1) 관광조성기의 주요 관광정책

관광조성기란 해방 후에서 1960년대까지의 기간을 말한다. 정부수립 이후 정부가 관광에 관심을 기울이게 된 동기는 미국인의 입국이 잦아지면서 외국인의 관광편의증진이 필요하다는 인식에서였다. 1950년 12월에는 정부수립 이후 관광행정업무를 최초로 담당한 관광계가 교통부에 신설되었다. 물론 이 당시 관광행정은 전쟁으로 파괴된 도로, 숙박시설 등의 관광시설을 복구·확장하는 한편 관광관련 법령이 마련되지 않아 자발적으로 설립되었던 관광사업체들을 지원·육성하는 데 그쳤다.

1960년대는 한국관광발전의 주요한 전환점이 되는데, 이는 종래 관광에 대한 소극적인 자세에서 벗어나 관광을 국가전략산업으로 육성하고자 하였기 때문이다. 그 과정에서 커다란 전기가 된 것은 국가가 경제재건에 필요한 자금확보책의 일환으로 관광사업을 크게 중시하는 정책을 취하게 되면서부터이다. 관광사업을 법적으로 뒷받침하고자 1961년에 관광사업진흥법을 제정공포하고, 관광행정강화를 위하여 교통부에 관광공로국을 신설하였다. 그리고 1962년에는 국제관광을 국가정책사업으로 진흥하기 위하여 국제관광공사를 신설하여 종래 교통부직영의 사업체를 관광공사에서 인수하여 운영하는 체제를 갖추게 되었다. 또한 정부의 각 부처에 분산된 관광관련 행정업무를 조성하기 위하여 1965년에는 국무총리를 위원장으로 하는 관광정책심의위원회 규정이 마련되었다. 관광조성기의 관광정책은 정부가 관광을 통해 외화획득에 주안을 둔 정부개입의 시기로서 관광행정체계가 초보적인 수준이었다고 할 수 있다.

2) 관광성장기의 관광정책

관광성장기란 1970년대의 기간을 말한다. 이 시기는 경제개발의 가속화와 더불어 관광발전을 위한 정부의 개입이 가장 왕성했던 시기이며, 관광행정을 담당하는 체계도 서서히 본 궤도에 들어선 시기이다. 또한 관광에 대한 행정개입이 규제일변도에서 조성적·진흥적 차원으로 바뀌는 시기이기도 하다.

관광발전을 위한 재정지원을 위하여 관광진흥개발기금법을 제정하여 민간부문에 대한 정부의 재정지원을 강화하는 계기가 되었다. 1974년에는 미국 보잉사에 용역을 의뢰한 한국관광 장기종합개발계획이 수립되어, 관광자원의 효율적 개발을 위한 계기가 되었다. 또한 정부는 관광단지개발촉진법을 제정하여 보문단지, 중문단지 등의 단지개발을 위한 법적 틀을 갖추게 되었고, 1975년 12월 31일에는 관광사업진흥법을 폐지하고 대신 관광에 대한 정부의 기본적인 시책을 규정한 관광기본법과 관광사업의 육성과 지도감독을 위하여 관광사업법을 제정하였다.

그리고 1976년부터 4년 간격으로 국민관광의 증가추세에 대비하고 건전한 관광육성을 위하여 전국민 여행동태조사를 실시함으로써 정부가 관광통계와 조사업무까지 담당하게 되었다. 1979년에는 관광행정수요의 증가에 따라 관광행정을 효율적으로 추진하기 위하여 종래 관광국을 관광진흥국과 관광지도국으로 분리하여 관광에 대한 조성과 지도행정의 틀을 갖추게 되었다.

또한 관광환경의 변화에 대응하고 중장기 관광시책을 추진하기 위하여 1979년에는 관광에 대한 최초의 장기종합계획인 한국관광 장기종합계획을 수립하여, 국민관광의 발전을 위한 계기를 마련하였다.

3) 관광도약기의 관광정책

관광도약기란 1980년대를 말하며, 이 시기에는 서울올림픽의 유치와 개최를 통하여 한국관광발전의 도약을 이룬 시기로서 관광발전을 위한 정부개입이 관광체계 전반에 걸쳐 골고루 나타난 시기라고 할 수 있다. 1981년에는 정부가 관광진흥기본방향을 수립하여 1980년대 관광발전을 위한 정부의 장기정책을 설정하였다.

또한 관광사업에 대한 정부개입의 완화추세에 따라 여행업에 대한 허가제를 신고제로 변경하여 이후 여행업체의 급속한 증가를 보였다. 또한 1981년에는 대도시인근의 국민관광지를 적극 개발하여, 관광대상체계의 향상을 위한 정부의 개입이 가속화되었다. 1982년에는 서울올림픽의 성공을 위한 관광대책을 수립하고자 경제기획원에 88올림픽대비 관광기획단을 구성하였다. 그리고 11월에는 국제관광 진흥사업을 중심으로 활동하였던 국제관광공사의 명칭을 한국관광공사로 바꾸어 관광자원개발과 국민관광진흥에 관련된 사업을 담당토록 하였다. 1983년에는 해외여행의 단계적인 자유화조치로 50세 이상의 관광목적을 위한 해외여행을 허용하여 국민해외여행에 대한 규제를 완화하는 전환점이 되었다.

1987년에는 기존의 관광사업법을 폐지하고 관광단지개발촉진법을 흡수통합하여 관광진흥법을 제정하여 시대조류에 맞도록 관광사업의 종류를 확대하였다. 올림픽 이후 국민 여가·관광패턴의 변화와 관광자원개발의 효율성 증진을 위하여 정부는 1989년에 **전국관광장기종합개발계획**을 수립하여 전국을 5대관광권 · 24개발소권으로 권역화하고 대관광권과 개발소권의 개발을 중앙정부와 지방자치단체가 분담하는 새로운 계획제도를 수립·시행하였다.

따라서 1980년대는 관광에 대한 정부의 개입이 올림픽을 계기로 확대되는 추세를 보였고, 반면 해외여행에 대한 전면 규제조치는 완화되는 경향을 보였다. 그리고 행정간소화조치와 지방화시대에 부응하기 위하여 관광정책기능은 교통부가 담당하고 관광지도업무는 지방자치단체로 이양하는 추세를 보여 온 것이 특징이다. 특히 1980년대는 관광사업체에 대한 규제완화와 관광지, 관광자원에 대한 개발기능, 관광에 대한 활발한 입법활동, 그리고 장·단기 관광계획과 시책의 수립, 국내외 관광시장조사와 해외촉진활동 등에 대한 행정개입이 활발하게 전개된 시기임을 알 수 있다.

4) 관광성숙기의 관광정책

관광성숙기란 1990년대 이후를 말하며, 자율과 개방, 세계화, 지방화시대의 전개에 따라 정부역할의 전환도 필연적인 것으로 받아들여지면서 정부는 1992년에 **관광진흥장기계획**(1992~2001)을 수립하였다.

풍요로운 여가생활의 추구, 사회적 형평성의 실현, 세계 속의 관광한국이라는 목표를 달성하기 위하여 관광진흥정책의 방향을 관광에 대한 인식재정립, 국제화·지방화·자율화 추세에 주도적으로 대응, 국민관광 욕구변화의 능동적 수용, 국제관광진흥의 가속화와 국제협력강화, 복지차원의 국민관광여건 조성과 시장개방에 따른 관광산업의 경쟁력강화에 두고 관광정책을 수립·추진해 나가고 있다.

1993년 관광진흥법이 개정되면서 관광산업을 진흥하기 위한 제도적 틀이 강구되기 시작했다. 특히 1993년 말 개정된 관광진흥법에는 특성 있는 관광활동지역을 육성하고 관광사업자와 관광객의 불편사항인 야간영업 제한을 해제하여 위축된 관광산업을 진흥시킬 목적으로 관광특구제도가 신설되었다. 1993년에는 대전 EXPO가 개최되어 1,400만 명의 내·외국인이 관람하기도 하였다.

1994년은 우리의 전통문화를 세계에 알리고 관광재도약과 국제화를 계기로 삼기 위하여 **94 한국방문의 해** 사업을 정부차원에서 추진하였다. 이 행사는 서울정도 600년을 기념하는 각종 행사와 연계하여 우리의 전통 민속·문화행사 등 연중 다양한 행사를 개최하고 안내체계 개선, 출입국절차 간소화, 교통·관광 관련시설의 청결과 서비스개선 등 기초적인 국내 관광수용태세를 정비·개선하는 계기가 되었다.

또한 범정부적으로 추진하고 있는 행정규제 완화정책의 하나로 관광산업에 대한 각종 규제를 철폐하고 관광산업의 국제경쟁력을 강화하기 위한 조치들이 94년부터 추진되기 시작하였다. 한편 정부의 문화관광 육성의지에 따라 교통부에 속해있던 관광정책기능이 1994년 12월 23일에 단행된 정부조직 개편으로 문화체육부로 이관되었다. 이는 관광이 과거의 철도·항공 등 수송수단을 주축으로 하는 하드웨어 중심에서 앞으로는 우리의 고유문화·예술 등과 연계를 통하여 관광의 질적 수준을 높여나가기 위한 조치로서 이를 위하여 문화체육부에서는 21세기 세계화시대에 대비한 **문화와 관광의 연계방안**을 수립·추진하고 있다. 1998년도에는 국민의 정부가 들어서면서 정부조직의 개편으로 관광행정을 문화관광부로 이관하여 관광행정이 한층 격상되었다. 또한 21세기를 대비한 **관광비전 21, 관광진흥 5개년 계획**을 작성하였다.

2000년도 들어서서 **국민의 정부**는 관광산업의 중요성을 인식하고 우리나라를 21세기 아시아 관광중심국으로 도약시키기 위한 장기적인 비전을 바탕으로 전략적 마케팅, 대규모 관광자원 개발, 관광수용태세 개선과 함께 국민관광 활성화를 통한 생산적 복지 확대 등 다양한 분야의 관광산업육성 정책을 마련하여 추진해오고 있다.

먼저 시장별로 차별화된 해외마케팅을 적극 추진하여 2000년도 한해 외래관광객 532만명을 유치하여 지난 '98년도 425만 명에 이어 불과 2년 만에 500만 명 시대를 열었다. 관광수지 흑자도 '98년부터 2000년까지 총 73억불을 달성하여 IMF의 외화난을 극복하는데 크게 기여한 것으로 평가된다.

특히, 미용과 쇼핑 중심으로 한 여성고객을 집중 공략하고 한-일 간 항공노선을 확대하여 일본인 관광객은 계속 늘어나고 있으며, 중국인 단체 여행객의 한국여행이 전면 자유화(2000. 6. 27) 됨에 따라 중국시장 역시 50%에 이르는 높은 성장을 보였다.

앞으로 높은 성장 잠재력을 지니고 있는 인도와 러시아 시장의 확대를 위해 한국 관광유치단을 파견하는 등 새로운 시장 개척을 위해서도 많은 노력을 기울였다. 한편 국제관광교류도 증진시켜 나가고 있다. 21개국 관광장관 등 총 250명이 참가한 제1회 APEC 관광장관회의를 성공적으로 개최하여 한국관광의 국제적 위상을 높였으며, 관광올림픽이라 불리는 제14차 세계관광기구(WTO) 총회의 성공적 개최를 위해 준비 기획단을 구성운영하고 있으며, 5차례에 이르는 한-일 간 실무협의를 개최하였다. 또한 ASEM, 경주문화엑스포 등 대규모 국제행사의 성공적 개최를 지원하였고 동 행사를 한국관광 홍보의 계기로 만들기 위해 관광홍보관 설치, 홍보 리플렛 등을 발간하였다.

국제적 수준의 특화관광자원 개발을 위해 **남해안 관광벨트개발, 경북북부유교문화권 관광개발사업** 등의 광역 관광개발사업을 본격화하였고, 이를 위해 460억 원에 이르는 국고 예산을 투입 하였다. 또한 '99년부터 실시하고 있는 7대 문화관광권역 개발사업, 관광지 개발 사업 등 관광자원 인프라 조성을 위한 사업도 계속 실시해 나가고 있다.

관광수용태세의 획기적 개선을 위해 2002년 월드컵 축구대회를 계기로 지정숙박시설을 지정 확대한 바 있으며, 외래관광객 1천만 명 시대에 대비한 수도권 관광숙박단지 조성을 위한 기본계획을 2001. 1월에 수립 완료하여 경기도 고양시 장항동 일원 30만 평 부지에 총 8천실 규모의 중저가 관광숙박문화단지 조성하였다.

2000년 7월 19일에는 대통령 주재 **제2차 관광진흥확대회**를 개최하여 외래관광객 수용태세 10대 과제별 세부추진계획을 수립하였고, 제도개선 등 관광산업 진흥을 위한 13건의 지원대책도 추가로 마련하였다. 6. 15 남북 공동선언을 계기로 남북관광교류 증진에도 많은 성과를 보였다. 2000년 9월 22일부터 28일까지 남측의 각계각층을 대표하는 109명이 북측의 초청으로 백두산, 평양, 묘향산을 방문하였으며, 2001년 3월 10일부터 14일 간에는 제1차 남북문화장관회담이 북한 평양에서 개최되어 개성·금강산 관광자유 특구 지정, 남북육로관광 실시 등에 대해 원칙적인 구두합의를 이루어 향후 남북관광교류 확대에 있어 중요한 토대를 마련했다.

이미 '98년도에 2001년도를 **한국방문의 해**로 선포함에 따라 '99년도에는 **한국방문의** 해 사업 추진을 위한 준비체제를 정비하였으며, 2000년도에는 각종 기획이벤트의 예비행사를 개최하고, 각국 여행업자·언론인·유관인사를 초청, 설명회를 개최하고, 특별 CF를 제작방영하는 등 적극적인 해외홍보·마케팅을 실시하여 차질없는 준비에 주력하였다.

한국방문의 해인 2001년도는 방문의 해 사업의 성공적 추진으로 해외 관광시장 확대는 물론 2002 월드컵 축구대회와 부산 아시안 게임의 성공적 개최를 위한 관광수용태세 확립과 함께 국민들의 국내관광을 활성화시키기 위한 **내나라 먼저보기** 사업도 적극 추진한 바 있다.

한국방문의 해 사업은 10대 기획이벤트 및 15대 특별이벤트 중 이미 **개막행사**, **눈의 나라 페스티벌**, **제주 세계섬 문화축제** 등 8개의 이벤트를 개최하였고, 국민들의 적극적인 참여를 유도하기 위한 국민참여 이벤트를 개최하여 방문의 해 분위기를 고조시키고 있으며, 월드컵 개최도시 및 방문의 해 이벤트 개최도시를 대상으로 한 외래관광객 불편사항 점검을 5월 14일부터 6월 8일까지 실시하였다.

2001년 들어 세계경기 침체와 연초 폭설 등에 따른 항공기 결항 등에 따라 외래관광객 입국증가세가 둔화된 바 있다. 이에 따라 경쟁력 있는 관광상품을 개발하고, 적극적인 해외홍보 마케팅과 함께 항공좌석 확충 등 관광 수용능력을 확충하여 외래관광객의 유치가 요구된다.

경쟁력 있는 상품개발을 위해서는 현재 정부가 지원하고 있는 전국 문화관광축제 중 인삼, 도자기 등 한국을 상징하는 소재를 활용한 우리나라 대표축제를 선정하고 5개년 육성프로 그램을 통해 영국의 에딘버러 축제와 같은 세계적 축제로 발전시켜나갈 계획이다. 또한 중국인 거리를 조성하여 중국시장 확대를 위한 특별관광코스로 만들고, 외래관광객의 쇼핑을 유도해 나가기 위해 특색 있는 관광기념품을 개발하고 사후 면세판매점을 대폭 늘려나갈 계획이다. 또한 여행상품 인증제를 도입하여 경쟁력 있는 여행상품 개발도 촉진시켜 나가고자 한다.

남해안관광벨트, 경북북부유교문화권, 7대문화관광권역 개발사업을 통해 국제적 수준의 관광자원 개발사업을 계속 추진해 나가는 한편, 2002년부터 2011년까지 10년 간 적용될 제2차 관광개발기본계획 수립한 바 있다.

또한 2001년 9월 23일부터 27일까지 서울 COEX에서, 9월 28일부터 10월 1일까지는 일본 오사카에서 개최된 제14차 세계관광기구(WTO) 총회를 성공적으로 개최하여 한국관광의 위상제고는 물론 관광대국 도약의 발판을 마련하는 획기적 계기를 마련하기도 하였다.

3. 관광정책의 현황

정부는 관광산업이 21세기 고부가가치 산업으로 성장하여 우리나라 경제 사회발전에 큰 기여를 할 수 있도록 정책적인 노력을 기울이고 있으며 특히 관광수지 흑자 증대와 외국인 자본의 유치를 확대하여 최근의 경제난 조기극복을 이룰 수 있도록 적극 지원육성하고 있다. 2008년 10대 관광정책 성과는 다음과 같다.

정부는 관광산업의 국제 경쟁력 강화를 위해서 2008년을 관광산업 선진화 년으로 선포하고 서비스산업 경쟁력 강화 종합 대책 등 범정부 차원의 대책을 본격적으로 추진하였다. 3월, 12월의 2차례에 걸친 관광산업 경쟁력 강화회의를 비롯하여, 2008년 4월에는 서비스산업선진화(PROGRESS-Ⅰ) 방안의 일환으로 관광진흥법, 관광진흥개발기금법, 국제회의 산업 육성에 관한 법률의 관광 3법을 제주특별자치도로 일괄 이양하기로 결정하는 등 적극적이고 지속적인 노력이 추진되었다.

이밖에 2008년에는 민간주도로 3년 간 추진되는 2010~2012 한국방문의 해를 선포하고, 경제발전, 환경복원, 문화 등이 조화된 한국형 녹색뉴딜사업으로 문화가 흐르는 4대강 살리기 사업추진 계획을 발표하였다. 문화가 흐르는 4대강 살리기 사업은 문화재 보호대책과 함께 회복과 창조, 소통의 3대 추진전략 하에 4대강의 역사 문화적 가치 복원과 재발견, 녹색문화관광 비즈니스 창출, 국민과 함께하는 문화물길 열기 등을 목표로 세부 추진과제를 구체화하였다. 2008년 10대 관광정책 성과는 아래와 같다.

1) 관광산업 경쟁력 강화 대책 본격 추진

2008년 3월에는 대통령 주재로 제1차 관광산업 경쟁력 강화회의를 개최하고 관광산업을 신성장 동력으로 육성하기 위한 관광산업 선진화 전략을 발표하였으며 민간 중심의 효율적인 파트너십 체계 구축, 각종 규제와 세제의 제조업 수준 완화, 관광산업의 고수익 구조화, 관광마케팅 및 수용태세의 선진화 등 4대 핵심과제를 제시하고, 관광산업 경쟁력 제고를 위한 세제지원 및 규제완화 등 총 32건에 이르는 감세 및 규제완화 대책을 확정하였다. 2008년 4월에는 관광산업에 대한 추가 감세 및 규제완화는 물론 골프장 관련 세부담 완화와 관광 3법의 제주자치도 일괄이양 등 서비스산업 선진화 방안(PROGRESS-Ⅰ)을 확정 발표하였다.

2008년 12월에는 대통령 주재 국가경쟁력 강화회의에서 관광을 전략산업으로 육성하는데 필요한 관광자원 개발, 인프라 확충 및 마케팅 방안을 골자로 하는 2단계 관광산업 경쟁력 강화 대책을 발표하였다. 2단계 대책에서는 2012년 관광경쟁력 세계 20위권 진입을 목표로 한국적 특성의 명품콘텐츠 개발, 친절한 관광한국 이미지 창출, 인바운드 관광시장의 전략적 개발, 관광서비스업계의 경쟁력 강화 등 4대 부문, 8개 과제를 확정하였다. 이 같은 정책이 차질 없이 추진될 경우 우리나라는 2012년까지 외국인 관광객 1천만 명, 부가가치 10조 원, 신규고용 39만 명을 창출하여 세계 31위의 관광경쟁력(WEF 기준, 2007년, 130개국)을 20위권으로 끌어올릴 것으로 기대한다. 향후에도 정부는 관광산업의 가격 경쟁력 제고와 민간투자를 촉진하기 위해 관련 규제 및 세제 지원 등 제도적 개선을 지속적으로 추진하는 한편 장단기 과제별 치밀한 실행 전략을 마련하여 체계적으로 추진해 나갈 계획이다.

2) 관광산업에 대한 세제 및 부담금 완화

정부는 관광산업과 타산업 간 제도적 차별을 완화하고 민간주도의 관광진흥체제 전환 등 제도적 환경 개선에 주력하였다. 2008년 **제1차 관광산업 경쟁력 강화 회의**에서 논의한 관광산업에 대한 세제 및 부담금 완화에 해당하는 총 9건의 제도개선 과제를 모두 완료하였다. 관광숙박업 경쟁력강화 대책의 일환으로 2008년까지 한시적으로 적용 예정이었던 관광호텔외국인 숙박용역에 대한 부가세 영세율을 2009년까지 연장하였으며 보유세(재산세, 종합부동산세)부담이 상대적으로 높은 서비스업 부속토지에 대하여 부속토지재산세를 50%까지 감면해주기로 했다. 또한 수도권·대도시 등 과밀억제권역 내 관광호텔의 취득세 및 등록세에 적용되었던 300%의 중과세가 배제될 수 있는 제도적 환경을 마련하고, 여행업 관광알선용역 영세율 범위확대를 위해 부가가치세법 시행령 개정을 완료하였으며, 임시투자세액 공제적용 대상에 전문·종합 휴양업을 추가하기 위하여 조세특례제한법 시행령 개정을 추진하였다.

이밖에도 관광단지개발·투자에 대한 조세 부담을 산업단지 수준으로 완화하기 위해 개발부담금, 취득세 및 등록세, 농지보진부담금, 대체초지조성비를 100% 감면(현행 0~50% 감면)하기로 하고 이를 위한 관련법 개정 등 제도적 지원 정책을 추진하였다. 2008년 4월 기획재정부를 중심으로 관계부처가 합동으로 참여하여 지방 회원제 골프장의 조세부담 완화와 규제를 대폭 개선하는 **서비스산업 선진화 방안(PROGRESS-Ⅰ)**을 확정 발표하였다.

3) 문화가 흐르는 4대강 살리기 사업 추진

정부는 2008년 12월 15일 대통령 주재로 개최한 **제3차 국가균형발전위원회**에서 이상기후대비, 홍수 및 가뭄 등 물 문제의 근원적 해결, 하천공간의 합리적 정비 등을 통해 수자원 이용을 최대화하고자 한강, 금강, 낙동강, 영산강을 대상으로 하는 **4대강 살리기 프로젝트** 추진 계획을 발표하였다. 2008년 12월 27일에는 청와대에서 열린 2009년 문화체육관광부 주요 업무보고에서 **문화가 흐르는 4대강 살리기** 추진 계획을 보고하였다. 2009년 4월에는 정체, 단절된 우리의 강 문화를 회복하고, 지역의 문화적 인프라와 역량 강화를 통한 창조적 지역발전의 기틀 마련을 목표로 2009년부터 2012년까지 **문화가 흐르는 4대강 살리기** 사업 추진계획을 발표하였다.

문화체육관광부는 2009년 4월 개최한 문화가 흐르는 4대강 살리기 기본구상 보고대회에서 문화와 역사, 사람과 이야기가 있는 문화의 물길로 4대강을 재탄생시켜 21세기 녹색문화 르네상스를 열어나갈 것임을 밝혔다. 또한 4대강 살리기 사업의 기본방향을 회복, 창조, 소통으로 설정하고, 4대강의 역사문화적 가치 복원과 재발견, 녹색문화관광 비즈니스 창출, 국민과 함께 하는 문화물길 열기를 목표로 세부 추진과제를 구체화하였다.

첫째, 4대강의 역사문화적 가치 복원과 재발견을 실현하기 위해서 4대강 주변의 문화재를 철저하게 보호한다는 기본원칙 하에 관련 행정절차를 신속하게 마무리하여 사업의 효율적 추진을 유도하고, 둘째, 4대강의 역사 · 문화성 회복과 녹색문화관광산업 육성을 통하여 향후 지역경제의 창조적 발전을 도모하며, 셋째, 지역주민과 관광객 모두가 편하고, 쉽게 접근할 수 있는 4대강을 만들기 위하여 강변의 여가, 문화공간을 확대 · 조성하고, 참여형 축제 개발을 수립하였다. 또한 한강, 금강, 영산강, 낙동강 등 4대강 유역의 역사문화적 특성을 반영한 강변 문화관광권을 구축하고, 친환경 문화관광자원 개발을 통하여 4대강을 문화와 환경, 인간이 공생하는 문화가 있는 녹색관광축으로 발전시킬 계획이다. 문화체육관광부는 문화가 흐르는 4대강 살리기사업을 통하여 국민과 소통하고, 세계로 나아가는 문화국토를 만들어 나갈 계획이다.

4) 저탄소 녹색성장 실현을 위한 녹색관광산업 집중 육성

지구 온난화로 인한 기후변화 대응이 국제사회 의제로 부각됨에 따라 저탄소 녹색성장이 국가 비전으로 설정되면서 녹색관광을 통한 국민인식 제고 및 녹색성장 토대 마련의 필요성이 증대되었다. 정부는 저탄소 녹색성장 실현을 위한 3대 전략으로 녹색생활문화 기반조성, 생태문화관광 등 녹색관광산업 육성, 미디어와 교육을 통한 녹색문화사회 전환을 발표하고 이에 따른 세부 추진과제를 구체화하였다.

탄소 제로도시, 생태마을 등 녹색관광개발 추진 육성을 위해서 서남해안 관광레저형 기업도시의 생태환경 시범 도시화 추진, 환경과 문화가 조화된 생태문화마을 모델 개발, 슬로시티 지정확대를 통한 녹색관광상품 개발, 도보 및 자전거 여행 프로그램 개발 계획을 발표하였다. 또한 태양광, 조력 등 지역별 재생 에너지 단지와 연계한 관광자원을 개발하고 슬로시티 지정 확대를 통한 녹색관광상품 개발사업을 지속적으로 추진할 계획이다. 이외에 녹색관광산업 도입 및 인센티브 지원 확대를 위해서 관광시설물의 녹색 인증제 도입, 여행상품의 탄소 중립 프로그램 도입 지원, 관광시설의 탄소 중립형 전환 지원, 기후 변화에 대응하기 위한 관광자원 개발 환경기준을 마련하는 가이드라인을 개발할 계획이다.

5) '2010~2012 한국방문의 해' 공식 선포

정부는 2008년 10월 2010~2012 한국방문의 해 선포식을 개최하였으며, 관광목적지로서 한국관광의 매력을 높이기 위하여 민간주도의 국가관광 캠페인을 추진해 나갈 계획이다. 정부는 한국방문의 해 사업의 본격적인 추진을 위하여 (재)한국방문의 해 위원회를 설립하여 민간부문의 창의성과 전문성을 활용하기 위한 조직 체계를 갖추었다. 아울러 3년 간 연도별로 주제를 차별화하고 국내에 유치하는 주요 국제행사와 관광마케팅을 적극적으로 연계하여 추진할 예정이다.

또한 중국, 일본, 동남아 등 주요 국가에 대한 적극적인 해외 마케팅을 추진하고 민간 스폰서십 확대, 방문의 해 기획이벤트 및 관광상품 개발, 외국인 관광객에 대한 국민환대서비스 개선 등 다양한 사업을 발굴, 추진해 나갈 계획이다. 정부는 2010~2012 한국방문의 해 국가 마케팅을 통해 한국관광의 브랜드 가치를 제고할 수 있는 계기가 될 것으로 기대하고 있다.

6) PLZ(Peace Life Zone) 관광자원화 방안 수립

정부는 한국관광공사 및 남측 인접 10개 시군과 협조하여 PLZ 관광자원화 방안 수립 연구용역을 완료하고 이를 본격적으로 추진할 계획이다. 평화·생명지대(Peace Life Zone)란 DMZ와 민통선 및 접경지역을 포함하는 지역으로 생물과 생태복원지구, 생명이 사는 공간, 한반도 평화의 공간을 의미한다. 이 지역은 전쟁 후 자연 스스로 복원되어 온 생태계와 생물 다양성으로 가치를 새롭게 주목받고 있고, 내·외국인 관광객의 관심이 꾸준히 증가하고 있으나, 체계적인 관광자원의 관리가 이루어지지 않아 종합계획 수립이 필요한 것으로 지적되어 왔다. 한국관광공사를 통해 시행된 연구는 PLZ에 대한 구체적인 광역 관광권 개발계획을 수립하기 전에 이루어진 것으로 이 지역의 관광자원에 대한 기초적인 조사와 국내외 관심 제고를 위한 시범관광의 구상을 담고 있다.

문화체육관광부와 한국관광공사는 이 구상에 따라 국내 거주 외국유학생, 국내외 언론인, 여행업체 등이 참여하는 팸 투어를 시작으로, 온라인 사이트 운영 및 홍보간행물 제작·배포를 통해 PLZ에 대한 관광정보를 제공하며, 온라인 이벤트도 개최하는 등 적극적인 홍보활동을 추진하였다. 또한 지속적인 모니터링을 통하여 문제점을 개선하고, 관광객의 관심을 유도하기 위한 각종 이벤트를 시행하여 이 지역을 국제적인 평화·생명의 관광지대로 개발해 나갈 계획이다. 2008년 9월부터 2009년 9월까지 **평화생명지대 광역관광개발계획 연구 용역**을 추진한 바 있으며 향후 PLZ 관광자원화를 위한 단계별 사업을 추진할 예정이다.

7) MICE, 의료관광 등 신성장 산업 육성 기반 조성

정부는 2008년 12월 **2단계 관광산업 경쟁력 강화대책**에서 MICE, 의료관광 등 고수익 관광산업의 전략적 육성을 위한 방안을 발표하였다. MICE 산업 육성을 위하여 국무총리실 산하에 **전시컨벤션육성협의회**를 설치하여 체계적인 정부지원 시스템을 구축하였으며, MICE 관련 최초의 산업통계 연구를 시행하여 정책추진의 기반을 마련하였다.

또한 MICE 유치실적에 따른 지역별 인센티브 지원강화, 성공적인 유치·개최를 위한 민관 지원협의체인 KOREA MICE Alliance 구성·운영, MICE 유치·개최 단체 지원 등 MICE 유치 활성화를 위한 다양한 정책을 추진하였으며, MICE 전문인력 양성을 위한 다양한 교육 프로그램을 시행하고 있다. 의료기술과 관광을 융합한 의료관광 분야에서는 방한 관광객들에게 의료관광에 대한 전반적인 정보 제공 및 예약 지원을 위한 **의료관광 원스톱서비스센터**를 2009년 7월 개소하여 8월말부터 본격적인 서비스를 제공토록 하였다.

의료관광 원스톱서비스센터는 인천공항공사 입국장에 2개소, 한국관광공사에 1개소를 운영하며 매년 단계적으로 지방 공항 등으로 확대해 나갈 예정이다. 또한 의료관광객 편의성 제고를 위하여 치료 경험 재입국자를 위한 의료관광비자 (G-1) 활성화 및 국내 전환 간소화를 추진하였다. 2009년 3월 25일에는 관광진흥법 개정을 통해서 의료관광 유치, 지원기관에 대한 관광진흥개발기금 지원 근거를 마련하는 등 제도 개선을 추진하였다.

8) 여행객 보호 강화 및 여행업 유통구조 선진화

정부는 2009년 3월 25일 관광진흥법 개정(시행 2009. 6. 26)을 통해 여행자에게 여행지의 안전정보 및 서비스를 제공할 것과 여행일정 변경 시 여행자의 사전 동의를 받도록 하는 등 여행자에 대한 여행업자의 의무를 명시하였으며, 외국인 관광객의 관광안내는 관광통역안내의 자격을 가진 사람이 종사토록 하는 등의 법률 개정으로 저가·덤핑관광으로 인한 쇼핑·옵션 강요의 문제점을 개선하고 소비자 보호를 더욱 강화하고자 하였다. 또한 여행업 전자거래 인프라 조성 계획 수립과 여행상품 인증체계 기반 마련을 통한 여행업의 활성화 및 온라인 공정경쟁시장 구조 정착 등을 위해 **국가 여행업 B2B 전자거래표준 중장기정보전략계획** 사업을 추진하였다. 2008년 8월부터 국가 여행업의 B2B 전자거래를 표준화하고 e-마켓플레이스 구축을 위한 중장기 계획을 수립하였다. 이에 따라 문화체육관광부 및 한국문화관광연구원은 본 사업 ISP 및 시범 시스템 구축을 위한 외부 업체를 선정하였으며, 1단계로 관광산업 전자거래 B2B 동향 분석 및 추진 타당성 도출, 분석, 2단계로 여행업 B2B 기본 Model 설계, 3단계 여행업의 표준체계 마련 및 전자거래 표준 수립을 위한 전략별 세부추진계획 수립, 4단계 여행업 e-마켓플레이스 구축 및 전자거래 표준 확산지원을 위한 중기재정 계획을 수립하고 단계별 계획을 추진하고 있다.

여행업 B2B 전자상거래 기반이 조성되는 경우 그간 여행업체와 호텔, 항공사 등 관련기업 간 유선 등을 통해 이루어지던 다양한 거래활동이 인터넷을 기반으로 가능하게 되어, 여행업을 비롯한 관광산업의 거래비용을 획기적으로 절감하고, 실시간 쌍방향의 커뮤니케이션을 통해 업무 처리의 효율성 및 경영 합리화를 제고하는 데 기여할 것으로 보인다. 특히, 여행업 비즈니즈 프로세스의 구조적 혁신을 통한 거래투명화 및 유통·판매 혁신을 통해 여행업 경쟁력을 한 차원 도약시킬 것으로 기대된다.

9) 국내관광 활성화 정책 추진

정부는 국민들의 국내관광 여건을 조성하고 우리나라의 역사·문화·자연에 대한 체험 기회를 확대하기 위하여 내국인 국내관광 활성화 정책을 추진하고 있다. 국민을 대상으로 국내 관광지를 발굴, 홍보하기 위해서 우리가 몰랐던 우리나라의 아름다움을 알리는 **구석구석 캠페인**을 추진하고 있으며, 각종 광고 및 기사 게재를 통해 국내관광에 대한 인식 개선 및 명소 소개를 지속적으로 추진하고 있다. 또한 국민들이 쾌적한 국내관광을 즐길 수 있도록 지역별로 특색 있고 다양한 국내관광 소재를 발굴하고 있다. 2008년에는 국내 시티투어를 본격적으로 육성하기 위한 시티투어 활성화사업을 시행하고 있다. 2007년에는 국내 수학여행 활성화사업을 시작하여 수학여행 세미나 및 수학여행 마트 개최, 수학여행 모델코스 개발과 홍보 등을 추진하였으며, 2008년에도 지속적으로 사업을 전개한 바 있다.

또한 사회 취약계층을 대상으로 국내여행 기회를 제공하는 복지관광 프로그램을 실시하여 복지관광 수요에 적극적으로 대응하기 위한 정책 환경을 조성하고 있다. 2008년에는 아동, 노인, 장애인, 다문화가정 및 외국인 근로자 등 약 4,500여 명을 대상으로 전국 일선 복지관을 통해 복지관광 사업을 시행하였다. 여행 프로그램은 수요자와 여행사 및 관련기관 등의 연계를 통하여 수요자 맞춤형으로 추진하였으며, 향후 복지시설을 중심으로 민간과의 협력체계를 구축하여 모두가 함께 하는 관광으로 실현해 나갈 계획이다.

10) 환경친화적인 관광레저형 기업도시 패러다임 전환 추진

정부는 2008년 8월 기후변화 및 고유가 시대에 대응하기 위하여 관광레저형 기업도시 개발사업의 패러다임을 친환경 생태문화도시로 전환하고 환경친화적 관광시설을 확충하기 위한 정책을 추진하였다. 국제 원유가 상승 및 화석연료 사용 증가에 의한 기후변화 대응이 국제사회의 아젠다로 부상함에 따라 관광레저형 기업도시도 계획단계에서부터 친환경적 기술과 재료의 활용을 권장하고 이에 필요한 건립 및 운영 매뉴얼을 개발 보급함으로써 기후변화 대응 친환경 개발을 지향하고 기존 지형과 문화자산을 최대한 보존하는 자연순응형 개발을 유도한다는 방침이다.

구체적으로 에너지절약형 친환경 관광레저시설 매뉴얼을 개발하여 제시하고, 지속적인 모니터링을 통해 에너지 절약형 모델 도시를 구현, 인센티브를 부여하고 저변을 확대해 나갈 계획이다. 정부는 에너지절약과 환경보전을 목표로 '탄소저감도시계획, 에너지 및 자원 효율적 이용 제도개선, 자전거 이용시설 정비 및 친환경 교통수단 활성화, 기업의 참여를 유도하는 정책적 지원 등을 주요 정책 아젠다로 제시하였다. 향후 관광레저형 기업도시 개발사업은 환경과 개발의 상충이 아닌 공존의 개발방식으로 추진할 예정이다.

4. 관광행정조직의 현황

관광행정조직은 각국마다 상이하며 그 나라의 전통과 관광의 중요성에 따라 조직의 규모와 지위도 다를 수 있다. 한국의 관광행정조직은 중앙 관광행정조직인 문화관광부와 지방 관광행정조직인 시·도가 있다. 그리고 문화체육부 장관의 지도·감독을 받고 있는 한국관광공사와 한국관광협회가 보조행정기능을 담당하고 있다.

1) 중앙 관광행정조직

관광행정의 최고 기관은 문화관광부로 관광에 대한 종합적인 정책의 수립과 조정업무를 담당하고 있다. 중앙정부 차원에서 관광행정은 1950년 12월에 신설된 교통부 총무과 소속의 관광계가 1954년 교통부 육운국의 관광과로 승격되면서 시작되었다. 1961년에는 육운국에 소속되어 있던 관광과가 관광공로국으로 승격되었으며, 1963년에 관광국으로 분리 독립되면서 본격적인 관광행정이 시작되었다. 따라서 1963년을 기점으로 한국의 관광행정체계가 본 궤도에서 제 모습을 갖추는 계기가 되었다고 볼 수 있다. 이후 관광사업체의 등장에 따른 지도업무의 강화를 위하여 1972년 8월에 관광국의 업무과를 폐지하고 지도과와 시설과로 분리하였으며, 같은 해 12월에는 관광산업이 국가의 전략산업으로 각광을 받게 되면서 진흥과를 신설하였다.

그림 5-1 **한국관광행정기구의 현황**

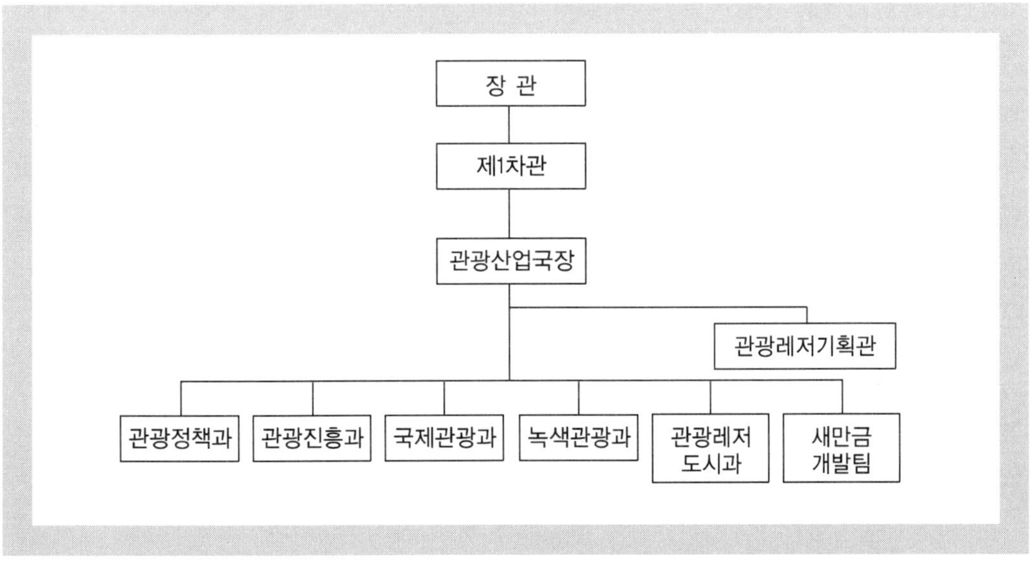

표 5-2 **중앙 관광행정조직의 변천과정**

연 도	소 관	국 명	과 명
1954. 2	교 통 부	육 운 국	관광과
1961. 10	교 통 부	관광공로국	관광과
1963. 8	교 통 부	관 광 국	기획과, 업무과
1972. 8	교 통 부	관 광 국	기획과, 지도과, 시설과
1972. 12	교 통 부	관 광 국	기획과, 진흥과, 지도과, 시설과
1975. 12	교 통 부	관 광 국	기획과, 진흥과, 지도과, 시설과, 국민관광과
1977. 9	교 통 부	관 광 국	기획과, 진흥과, 지도과, 시설과, 국민관광과, 관광지도담당관
1979. 9	교 통 부	관광진흥국 관광지도국	관광기획과, 해외과, 관광개발과, 관광지도과, 관광시설과, 국민관광과
1981. 1	교 통 부	관 광 국	관광기획과, 관광진흥과, 관광시설과, 국민관광과, 관광지도과
1989. 8	교 통 부	관 광 국	관광기획과, 국제관광과, 관광시설과, 국민관광과
1994. 12	문화체육부	관 광 국	관광기획과, 국제관광과, 관광시설과
1998. 2	문화관광부	관 광 국	관광기획과, 관광개발과, 관광시설과, 국제관광과
2008. 2	문화체육 관광부	관광산업국 관광레저 기획관	관광정책과, 관광진흥과, 국제관광과, 관광레저도시과, 새만금개발팀

1975년에는 관광기본법의 제정에 따른 국민관광육성을 위하여 국민관광과를 신설하였으며, 1977년에는 관광서비스 개선을 위하여 관광국장 아래에 관광지도담당관제를 신설하였다. 한국의 중앙 관광행정기구가 최고로 성장하게 된 시점은 1979년부터 1981년까지로 이 기간 동안 종래의 관광국이 관광진흥국, 관광지도국으로 확대 개편되었다.

그러나 1981년 10월 정부의 행정간소화 조치에 따라, 11월 다시 관광국으로 축소개편되어 관광행정조직의 발전기회를 놓쳤다. 한편 정부는 1994년 12월 세계화, 지방화 시대에 행정이 적극 부응하기 위하여 대대적인 조직개편과 업무이관조치를 단행하였는데, 이에 따라 종전의 교통부 관광국을 문화체육부로 이관하였다. 종전보다도 관광국의 기구는 축소되어 관광기획과, 국제관광과, 관광시설과로 구성되어 있다. 그러나 새 정부 들어 문화관광부로 부서명칭을 바꾸고 관광국내의 담당과도 4개로 다시 증설 이전보다 관광행정조직과 업무를 강화하게 되었다.

한국의 중앙관광행정조직의 변천과정을 보면, 초기에는 사업지도적 성격에서 진흥육성적 성격으로 변모해 왔음을 알 수 있다. 또한 관광행정조직을 개편하면서 가장 중요시한 요인은 행정의 효율성을 극대화하는 것이다. 그리고 1994년 말 교통부 관광국의 문화체육부 이관과 국민관광과의 폐지는 세계화, 지방화 등 행정환경과 행정수요의 변화에 능동적으로 대처하고 작고 강력한 정부를 구현하는 동시에 관광과 문화행정의 연계성을 높이기 위한 조치로 볼 수 있다. 그러나 김대중정부의 출범으로 관광이 문화관광부로 격상됨에 따라 관광의 행정적 위상이 다시 강화되어 21세기를 대비하는 계기가 되었다. 그리고 이명박정부가 들어서면서 2008년 12월에는 문화체육관광부로 조직을 개편하였다.

2) 지방 관광행정조직

중앙 관광행정조직이 관광에 대한 대외적·전국적 차원의 정책을 수립하여 조정하는 역할을 한다면, 지방 관광행정조직은 관광행정의 집행기능을 주로 담당하고 있다. 한국에서 지방 관광행정조직은 관광자원의 분포, 관광사업체의 수, 관광사업의 지역산업에 대한 기여도 등에 따라 시·도별로 조직규모와 성격을 달리하고 있다.

지방 관광행정조직의 변천과정을 보면, 1960년대에 교통행정의 차원에서 서울특별시 관광운수국에 관광과가 가장 먼저 설치된 이후 부산광역시, 제주도, 경남순으로 관광과가 설치되었다. 2008년 시·도별 관광행정기구는 다음 [표 5-3]와 같다.

표 5-3 현행 시·도별 관광행정조직(2008년)

시·도	국 명	과 명	계 명
서울	문화관광국	관 광 과	관광진흥담당, 관광사업지원팀, 관광환경개선팀, 관광홍보안내팀
부산	문화관광국	관광진흥과	관광진흥담당, 관광기획담당, 관광개발담당
대구	문화체육국	관 광 과	관광기획담당, 관광진흥담당,
인천	문화관광국	관광진흥과	관광기획팀, 관광개발팀, 관광유치팀
광주	문화관광국	관 광 과	관광기획담당, 관광개발담당, 관광유치담당
대전	문화체육국	관 광 과	관광진흥담당, 관광기획담당, 관광홍보담당
울산	문화체육국	문화관광과	관광진흥팀, 관광개발팀
경기	문화관광국	관 광 과	관광기획담당, 관광홍보담당, 관광지도담당,
강원	관광문화국	관광정책과	관광기획팀, 관광홍보팀, 관광지원팀, 관광개발팀, 관광포럼팀

충북	문화진흥국	관 광 과	관광정책, 관광홍보, 관광개발, 관광진흥
충남	자치문화관광국	문화관광과	문화관광담당, 관광홍보담당, 관광개발담당
전북	문화관광국	관광진흥과	관광진흥계, 관광개발계, 관광홍보계
전남	문화환경국	관광진흥과	관광기획담당, 관광개발담당, 관광홍보담당
경북	문화체육관광국	관광진흥과	관광진흥담당, 관광개발담당, 관광홍보담당
경남	문화관광국	관광진흥과	관광행정계, 관광지도담당, 관광홍보담당, 관광개발팀, 이벤트유치단
제주	관광문화국	관광진흥과	관광정책담당, 관광지도담당, 관광상품담당, 관광홍보담당, 관광마케팅담당
		투자진흥관실	투자진흥담당, 관광개발담당, 관광시설담당,교류협력담당

3) 한국관광공사

한국관광공사는 1962년 6월 한국 관광발전을 위한 선도사업을 담당하기 위하여 설립되었다. 1970년대로 들어와 영업중심의 조직기구에서 사업기능이 축소되면서 진흥체계로 개편되었고, 1975년에는 공사법 개정에 따라 개발과 홍보업무조직을 추가하였다. 1982년에는 대폭적인 조직개편을 통하여 국민관광부를 자원개발부와 국민관광부로 확대개편하였다.

그 후 1998년도 IMF경제위기와 최근 경제위기를 계기로 정부의 공기업 경영혁신의 일환으로 실시된 구조조정을 통하여 2009년 현재 전략경영본부, 글로벌마케팅본부, 관광산업경쟁력본부, 코리아컨벤션뷰로의 4개 본부, 13개 실·처·단·센터, 36개팀, 5개 국내지사, 3개 권역별 협력단, 15개국 27개 해외지사 조직과 총 765명의 정원으로 구성되어 있다.

한국관광공사는 매력있는 관광한국을 만드는 글로벌 공기업을 비전으로 관광산업의 발전을 통한 국가경제발전에 기여하기 위해 다양한 사업과 활동을 전개하고 있다.

표 5-4 한국관광공사의 주요활동

활동영역	내 용
해외시장개척	- 일본 및 중화권 핵심시장 대비 고급명품관광상품개발/판촉 - 의료관광 · 크루즈관광 · 컨벤션 · 인센티브 상품개발 지원 - 환율마케팅을 통한 방한 환율매력 제고
국제회의 유치 · 지원/국제협력	- 지자체와 업계와의 협력하에 유치지원 - 국제기구인사의 방한지원/개최예정 국제회의 운영 자문실시 - 인터넷홍보와 컨벤션관련 국제회의 및 전시회 참가 - UNWTO, PATA,ASTA 등 국제기구가입 및 활동
마케팅지원활동	- 시장조사, 홍보간행물 제작 및 선전물 제작사업수행 - 영상 및 시각물 제작사업 - 관광통계월보 및 연보, 외국인 관광객실태조사, 방한 관광시장, 의료관광 등 타깃별 마케팅조사 보고서 발간
지자체 및 업계협력/이벤트관광상품개발	- 지자체 관광진흥업무 지원 - 권역별 협력단 및 공동 관광진흥협의회 운영 - 여행업계/산업체와의 체계적인 연계시스템구축 - 무형관광자원콘텐츠육성을 위한 공연관광마케팅 전략 개발육성
관광수용태세 개선 / 남북관광교류 촉진	- 관광불편신고센터 운영 - 식당 및 숙박문화 개선 노력 - 중저가관광호텔 활성화/체인화사업 - 강원도-금강산, 경기도-개성 남북연계관광상품 개발
관광안내/정보서비스	- 종합관광안내센터와 관광안내소 운영 - 15개 광역자치단체와 공동 24시간 관광안내전화 1330운영 - 각종 관광관련 정보 제공/ 관광정보사이트 운영(11개국어)
지자체 관광개발 컨설팅 지원	- 지자체 관광개발사업의 추진방향 컨설팅 지원 - 관광개발매뉴얼 제작 배포
관광개발분야에 대한 투자유치활동	- 국내외투자자 초청 투자설명회 개최 - 아태지역 관광투자컨퍼런스 및 박람회 개최
관광전문인력 양성	- 지자체 공무원 교육 - 관광통역안내사 교육 - 관광업계종사자 대상 교육(의료관광코디네이터, 호텔리어, 농촌관광리더, 국외여행 인솔자, 문화관광해설사 등)
판매사업관리	- 8개 공/해항 출국장 면세점 및 금강산 면세점 관리

4) 한국문화관광연구원

문화체육관광부 산하 연구기관으로 관광과 문화분야의 조사·연구를 통하여 체계적인 정책개발 및 정책대안을 제시하고 문화·관광산업의 육성을 지원함으로써 국민의 복지증진 및 국가발전에 기여할 목적으로 설립되었다.

2008년 11월 말 기준으로 직제개편이 이루어져 연구기획조정실, 문화예술연구실, 문화산업연구실, 관광정책연구실, 관광산업연구실 및 행정실 등 6개실의 업무를 효율적으로 분장·수행하기 위한 여가연구센터, 민간투자관리센터, 통계정보센터 등 4개 센터와 총무회계팀 등 2개 팀으로 조직되어 있다.

한국문화관광연구원의 주요 사업과 활동은 기본연구사업과 수탁연구사업, 종합관광정보시스템 운영사업, 관광 I & I사업, 국제협력사업 및 연구지원사업 등 다양한 연구활동을 수행하고 있다.

5) 한국관광협회중앙회

1963년 관광진흥법 제39조에 의해 설립된 한국관광협회중앙회는 한국 관광업계를 대표하여 업계전반의 의견을 종합 조정하고 국내외 관련기관과 상호 협력하여 관광산업의 진흥과 회원의 권익 및 복리증진에 기여하고 있다.

전국 16개 광역 시·도에 설립된 지역관광협회와 8개 업종별 협회, 8개 업종별 위원회, 특별회원 등으로 구성된 한국관광협회중앙회는 민간부분의 정책현안을 발굴하고 종합하여 정부정책에 반영하는 등 종합산업으로서 관광산업을 진흥하기 위해 민간부문과 행정부·국회와 협력하고 있다.

주요 사업과 활동을 보면 대정부·국회 정책건의, 관광의 날 기념식 행사를 통한 정부포상, 내나라 여행 박람회, PATA 한국지부운영, 관광종사원 교육사업, 국민관광상품권 사업 수행, 복지관광사업, 코리아 그랜드세일 사업 시행, 관광진흥법상 고유 업무인 공제사업 수행, 한국 전통공예품 전문판매점인 한국관광명품점 운영(인사동, 용산, 부산지점), PATA, ASTA 등 국제기구회의 참가 및 협력을 통해 국제협력을 강화해 나가고 있다.

6) 한국관광호텔업협회

한국관광호텔업협회는 1996년 9월 관광호텔업의 건전한 발전과 권익을 증진시키기 위하여 관광진흥법 제45조에 의거 업종별 협회로 설립되었다. 주요 업무는 정부 위탁 업무인 호텔업에 대한 등급결정 업무와 관광개발진흥기금(호텔업운영자금)의 업체의 선정, 회원증 발급업무, 관광진흥유공자 선정, 관광호텔산업의 정책지원 및 현황 대책을 위한 대정부 건의 및 정책자문, 관광호텔업의 발전에 필요한 조사연구, 관광호텔산업에 대한 홍보 및 서비스 향상, 관광호텔종사원의 교육훈련, 회원의 권익증진 및 상호 친목도모 등이다.

7) 한국일반여행업협회

한국일반여행업협회는 1991년 12월 관광진흥법 제 45조 규정에 의거 설립된 업종별 단체로서 관광사업의 건전한 발전과 회원 및 여행종사원의 권익증진을 위한 사업, 여행업무에 필요한 조사·연구 및 통계, 홍보활동, 여행업무종사자에 대한 지도·연수, 관광진흥을 위한 국제관광기구와 참여 등 대외활동을 통하여 여행업의 건전한 발전에 기여하고 관광진흥과 회원의 권익증진을 설립목적으로 하고 있다.

8) 한국카지노업관광협회

(사)한국카지노업관광협회는 관광진흥법 제 45조 및 동법 시행령 제41조에 의하여 1995년 3월 설립된 카지노 분야의 업종별 관광협회로서, 카지노업의 업무개선에 관한 지도감독과 이용자에 대한 서비스 향상, 카지노업 발전을 위한 조사·연구 및 홍보활동, 관광통계 업무, 카지노 종사자 교육훈련, 정부 또는 지방자치단체로부터 수탁받은 업무 등을 수행하고 있다. 문화체육관광부의 위탁으로 카지노종사자 자질향상을 위하여 국내 이론교육과 해외 연수교육을 연계한 카지노 리조트 아카데미(연2회) 교육사업을 수행하고 있으며, 해외 카지노 고객 유치·확대를 위한 법무부의 한·중 인적교류 활성화 방안에 부응하여 관광업계 최초로 중국인 우수고객에 대한 복수사증 발급 추천 업무를 수행하고 있다.

카지노업에 대한 대국민 인식제고를 위하여 카지노 산업의 경제적 효용·가치에 대한 각종 연구조사 및 학술세미나 개최, 외국인 고객 창출과 외화 획득, 국제수지 개선에 기여하는 사업을 전개하고 있으며, 카지노업 진흥을 위한 업무 개선, 카지노 관련 각종 통계 작성·유지, 카지노 관련 출판물 간행·보급 등 홍보사업에 주력하고 있다.

9) 한국휴양콘도미니엄경영협회

한국휴양콘도미니엄경영협회는 **관광진흥법** 제45조에 의거 설립된 사단법인으로 한국의 휴양콘도미니엄업계를 대표하여 업계 전반의 의견을 종합·조정하고 관련기관과 상호 협력함으로써 콘도미니엄산업의 건전한 발전과 합리적이고 효율적인 운영을 도모함과 동시에 회원의 권익 및 복리증진에 이바지함을 목적으로 하고 있다.

주요 업무로는 콘도사업의 건전한 발전과 회원사의 권익증진을 위한 사업으로 콘도운영에 관한 조사연구 및 정보교환, 콘도종사자 교육훈련 및 연수, 콘도사업 지도·감독 및 홍보, 콘도사업 자율규제 업무 등이 있다.

10) 한국종합유원시설협회

한국종합유원시설협회는 **관광진흥법** 제45조 규정에 의하여 1985년 2월에 설립된 유원시설업 단체로서 유원시설 업체 간 친목 및 복리증진을 도모하고 유원시설 안전서비스 향상을 위한 조사, 연구, 검사, 홍보활동을 활발히 전개하여 유원시설업의 건전할 발전을 위한 정부의 시책에 적극 협조하고 회원의 권익을 증진, 보호함을 목적으로 설립되었다. 협회는 회원사업, 정기간행물·홍보자료 편찬 및 유원시설업 발전을 위한 홍보사업, 국내외 관련기관 단체와의 제휴 및 유대강화를 위한 교류사업, 유원시설업계 전반의 건전할 발전과 권익증진을 위한 진흥사업, 정부로부터 위탁받은 유원시설의 안전성 검사 및 안전교육사업, 유원시설에 대한 국내외 자료조사 연구 및 컨설팅 사업, 신규 유원시설 및 주요 부품의 도입 조정 시 검수사업, 유원시설업 진흥과 관련된 유원시설 제작 수급 및 자금지원, 시설 운영 등의 계획 및 시책에 대한 회원의 의견 수렴 · 건의 사업, 기타 정부가 위탁하는 사업을 주로 실시하고 있다.

11) 한국외국인관광시설협회

한국외국인광광시설협회는 **관광진흥법** 제45조에 의거 1964년 6월 설립된 업종별 관광협회로 주로 미군기지 주변도시 및 항만에 소재한 외국인전용 유흥음식점을 회원사로 관리하며 정부의 관광진흥시책에 적극 부응하고 업계의 건전할 발전과 회원의 복지 증진 및 상호 친목에 기여함을 목적으로 하고 있다. 협회는 회원업소 진흥을 위한 정책의 품신 및 자문, 회원이 필요로 하는 물자 공동 구입 및 공급, 회원 업소의 지도 육성과 종사원의 자질 향상, 주한 미군·외국인 및 외국인 선원과의 친선 도모, 외국 연예인 공급 관련 근로자 파견사업 등 외화획득과 국위선양을 위해서 노력하고 있다. 또한 전국·지부소속 회원사에서는 고객 서비스 향상, 외국인 및 외국연예인에 대한 한국 소개와 지역 특성에 맞는 문화유적관광 프로그램 제공 등 한국 이미지 제고에 역점을 두고 사업을 시행하고 있다.

2008년 12월 기준으로 한국외국인관광시설협회는 서울, 부산, 대구, 인천 등 12개의 지부를 두고 있으며 258개의 관광편의시설이 등록되어 있다.

표 5-5 외국인 관광편의시설 등록 현황

지부별	서울	동두천	송탄	광암	의정부	고산	파주	평택	대구	왜관	부산	서군산	인천	울산	광산	기타	계
회원수	8	49	44	19	7	13	15	17	11	13	20	19	4	7	4	8	258

자료 : 한국외국인관광시설협회, 2008년 12월 기준

12) 한국컨벤션산업협회

한국컨벤션사업협회는 **관광진흥법** 제45조의 규정에 의거 2003년 8월에 설립되어 컨벤션기관 및 업계의 의견을 종합 조정하고, 유기적으로 국내외 관련기관과 상호 협조, 협력활동을 전개함으로써 컨벤션업계의 진흥과 회원의 권익 및 복리증진에 이바지하고, 나아가서 국제회의 산업 육성을 도모하여 사회적 공익은 물론 관광업계의 권익과 복리를 증대시키는 것을 목적으로 하고 있다.

본 협회는 2004년 9월 **국제회의 육성에 관한 법률** 상의 국제회의 전담조직으로 지정되어, 국제회의 전문 인력의 교육 및 수급, 국제회의 관련 정보를 수집하여 배포하는 등 국제회의산업 육성과 진흥에 관련된 업무를 진행하고 있다.

2008년에 추진한 업무로는 컨벤션 전문인력 양성 및 전문성 제고를 위한 제5기 컨벤션 전문가 아카데미, 국제회의기업 표준요율표 산정 연구 용역, 국제회의 운영 프로

그램 ASP사업 등 컨벤션산업 기반조성을 위한 연구개발을 진행하였다. 또한 PCO 활성화와 네트워킹 및 마케팅을 위하여 계간 더마이스 발간, 컨벤션 얼라이언스, 중간관리자 양성과정을 추진하였다.

13) 한국골프장경영협회

한국골프장경영협회는 체육시설의 설치·이용에 관한 법률 제 37조에 의하여 1974년 1월에 설립된 골프장경영단체로서 한국골프장의 건전한 발전과 회원골프장의 유대증진, 경영지원, 종사자교육, 조사연구 등을 목적으로 하고 있다.

특히 협회의 부선연구기관으로 한국잔디연구소를 설립하여 친환경적 골프장 조성과 관리 운영을 위한 각종 방제기술 연구·지도와 병해충 예방·친환경적 골프코스 관리기법 연구 등을 수행, 친환경경영에 앞장서고 있는 것을 물론 1990년부터 그린키퍼학교를 운영하여 전문성을 갖춘 유자격 골프코스 관리자를 배출하고 있다. 현재의 골프장은 골프용품, 골프회원권, 골프대회, 골프마케팅 등 골프산업의 중심축에 자리하고 있으며 협회는 스포츠산업, 나아가 레저산업을 선도하는 업종으로 그 기능을 충실히 수행하고 있다.

14) 한국스키장경영협회

한국스키장경영협회는 스키장사업의 건전한 발전과 친목을 도모하여 스키장사업의 합리적이고 효율적인 운영과 스키를 통한 건전한 국민생활체육활동에 기여하는 것을 목표로 하고 있다.

한국스키장경영협회는 스키장 경영의 장기적 발전을 위한 사계절 종합레저를 모색하고, 스키장 경영의 경영활성화를 위한 개선책을 강구하며, 스키장 경영의 정보교환 및 상호발전을 도모하기 위해 노력하고 있다. 협회는 스키장 사업과 관련되는 법적·제도적 규제 완화 또는 철폐를 건의하고, 스키장 사업의 각종 금융, 세제 및 환경관리 제도 개선을 위한 연구·용역을 시행하는 등 스키장 사업의 지속적인 발전을 위한 다양한 사업을 추진하고 있다.

또한 협회는 스키장 설치 및 운영에 관한 조사연구 및 정보교환, 스키장 종사자에 대한 교육 훈련 및 연수사업, 스키장 사업에 관한 지도·감독·홍보 등 회원사의 권익증진과 스키장 사업의 발전을 위해 노력하고 있다.

제2장 02 관광법규의 이해

1. 관광법규의 중요성

현내사회에 있어서 관광과 여가생활에 대한 국가의 책임과 역할은 그 어느 때보다도 크다고 하겠다. 국가경제차원에서 볼 때 관광으로 벌어들이는 외화수입은 한 나라의 경제발전을 위한 투자자원으로 활용될 수 있으며, 60년대와 70년대 경제성장의 주요한 밑거름이 되었음은 물론 국제수지 개선에도 많은 기여를 해온 것은 주지의 사실이다. 관광은 경제뿐만 아니라 사회, 문화 등 다방면에 미치는 효과가 크며, 특히 전통문화의 보존·발전에도 기여할 뿐만 아니라 국제교류 및 상호 이해증진을 통해 세계평화에 이바지한다는 점에서 관광의 중요성은 더욱 강조되고 있다.

그런데 관광이 지속적으로 발전하려면 관광과 관련되는 분야의 질서가 유지되어야 하고, 관광분야의 질서가 유지되려면 관광생활과 관련되는 현상을 규율하는 법이 필요하게 마련이다. 더욱이 관광여행이 국민의 기본적 권리라는 것을 인식하지 못한 과거에 있어서 관광진흥을 목적으로 한 입법은 외국인관광객의 유치를 위한 관광자원의 개발 및 관광사업의 육성 등에 한정되어 있었다. 그러나 대중관광시대로 접어든 최근에 와서는 관광사업자에 대해서 뿐만 아니라 정부나 관광행정에 대하여 관광객을 보호하는 관점에서 다양한 요구를 하게 되었다.

다시 말하면 대중소비사회로 이행되면서 소비자의 권리는 점차 강화되고 있는데, 관광서비스 면에서는 관광사업자 부당요금 징수, 약관의 불이행, 과대광고 등을 자행함으로써 관광객이 항상 약자의 입장에 놓여 있는 현실에서 관광객이라는 수동적인 입장에 처해 있는 약자를 보호하기 위한 법정책이 요구된 것이다. 관광여행 문제는 오래전부터 존재해 왔고 사회적으로도 많은 논의를 거듭해 왔으나, 그것이 표면화되면서 하나로 집약된 법제도의 문제로 여기게 된 것은 최근에 이르러서이다.

2. 관광법규의 변천과정

1) 관광법규의 기반조성기

관광법규의 기반조성기는 1960년대를 말하며, 한국의 관광사업은 이때부터 조직과 체계를 갖추고 정부의 강력한 정책적 뒷받침을 마련하는 등 관광사업진흥을 위한 기반을 구축하기 시작하였다. 정부는 관광사업의 중요성을 인식하고, 이를 진흥시키기 위하여 정부수립 후 처음으로 관광법규를 제정하여 관광질서를 확립함과 동시에 관광행정조직의 정비, 관광지개발을 위한 지정관광지의 지정, 관광사업의 국제화 추진 등 관광사업 발전에 필요한 기반을 조성하였다.

• 관광사업진흥법의 제정

관광사업진흥법은 1961년 8월 22일 법률 제689호로 제정·공포되어 우리나라 관광의 획기적인 발전을 위한 최초의 법률이 되었다. 이에 이어서 1962년 7월 9일 각 령 제874호로 관광사업진흥법 시행령을, 1962년 11월 23일에는 교통부령 제141호로 관광사업진흥법 시행규칙을 각각 마련하였다.

• 국제관광공사법의 제정

국제관광공사법은 1962년 4월 법률 제1060호로 제정·공포되었다. 이 법에 의하여 현재의 한국관광공사의 전신인 국제관광공사가 설립되었고, 여기서 관광선전, 관광객에 대한 제반 편의제공, 외국관광객의 유치와 관광사업 발전에 필요한 선도적 사업을 경영하고, 관광종사원의 양성과 훈련을 담당하도록 하였다.

• 관광행정조직의 정비

1960년대에 들어와서 정부는 관광사업을 진흥시키기 위하여 관광법규를 제정하는 한편, 관광업무를 정부차원에서 추진해 나가기 위하여 관광행정조직을 정비하였다. 즉 교통부직제를 개정하여 관광과를 관광국으로 승격시키고, 관광국내에 기획과와 업무과를 두었다. 이와 같이 관광의 중앙행정기관으로 신설된 관광국은 관광에 관한 종합적인 정책의 수립과 조정업무를 담당함과 동시에 시·도의 관광업무의 감독기능을 수행케 함으로써 처음으로 통일되고 일관성 있는 관광행정을 집행할 수 있게 되었다. 1963년 3월에는 특수법인 대한관광협회(현 한국관광협회)를 설립하고 1965년 3월에는 국무총리를 위원장으로 하는 관광정책심의위원회를 발족하고, 여기서 관광정책에 관한 주요사항을 심의·의결케 함으로써 이 기구의 법적 지위를 높이는 한편 기능을 강화하였다.

2) 관광법규의 성장변화기

관광법규의 성장변화기는 1970년대를 말하며, 이때는 정부가 관광사업을 경제개발계획에 포함시켜 국가의 주요 전략사업의 하나로 육성함과 동시에 관광수용시설의 확충, 관광단지의 개발 및 관광시장의 다변화 등을 적극 추진하여 역사상 처음으로 외래관광객 100만 명을 돌파하는 성과를 거두었다.

이러한 관광진흥정책의 적극적인 추진에 의해 관광이 규모와 질적인 면에서 크게 성장함에 따라 종래의 관광법규를 재정비함과 어울러 관광행정조직도 강화할 필요성을 느끼게 되었다. 즉, 1970년대에 들어와 한국 관광의 규모가 커지고 국민소득의 증대 등으로 국민관광이 점차 활기를 띠기 시작하자 종래의 관광사업진흥법으로서는 이에 대처할 수 없게 되어 관광법규의 전면적인 보완이 필요하게 된 것이다.

• 관광진흥 개발기금법의 제정

정부는 관광사업의 육성을 위하여 1972년 12월에 관광진흥 개발기금법을 제정하여 제도금융으로 관광기금을 설치·운영되도록 하였다. 관광사업은 국민복지차원에서 국민의 휴식공간과 오락시설을 제공하고 외화를 획득하여 국제수지 개선에 크게 기여하고 있으나, 관광호텔업과 종합휴양지 등은 타 산업에 비하여 고정자본의 비율이 높은데 반하여 투자자본의 회임기간이 길어 적극적인 민간투자가 어려운 실정이다.

따라서 관광진흥개발기금을 조성하여 관광시설의 건설 및 개·보수, 관광지 및 관광단지의 개발, 관광객 편의시설의 건설과 관광사업체의 운영자금으로 지원하여 관광사업의 발전은 물론 관광외화수입 증대에 기여하도록 하였다.

• 관광단지개발촉진법의 제정

관광단지개발촉진법은 1975년 4월에 제정·공포되었다. 이 법은 경주 보문관광단지와 제주 중문관광단지 등과 같은 국제수준의 관광단지개발을 촉진케 함으로써 관광사업 발전의 기반을 조성하는 데 기여토록 하기 위하여 제정되었으나, 1986년 12월 관광진흥법의 제정으로 이에 흡수되어 폐지되었다.

• 관광기본법의 제정

관광기본법은 관광산업을 주요 국가전략산업으로 육성함과 동시에 점차적으로 활성화되어 가고 있는 국민관광의 건전한 발전을 위해서는 관광의 양적 확대뿐만 아니라 질적인 충실을 함께 기하여야 한다는 시대적 요청에 따라 정부관광정책도 이에 부응하는 차원에서 제정된 법률이다.

1975년 12월 31일 제정·공포된 관광기본법은 관광진흥의 방향과 시책의 기본을 규정함으로써 국제친선의 증진과 국민경제의 향상을 기하고 건전한 국민관광의 발전을 도모함을 목적으로 하고 있다.

• 관광사업법의 제정

관광사업법은 관광에 대한 인식수준이 높아지면서 외국관광객이 증가함과 아울러 국민관광의 규모도 크게 늘어나고 다양화됨에 따라 급격히 증가하는 관광수요를 충족시킴과 동시에 관광사업을 건전하게 지도·육성함으로써 관광진흥에 기여하게 함을 목적으로 제정된 법률이다. 1975년 12월 31일 제정·공포된 관광사업법은 관광사업의 종류를 여행알선업, 관광숙박업 및 관광객이용시설업의 3종류로 크게 분류하고, 규제적 성격을 강화하는 것을 주요 내용으로 하고 있다. 그리고 관광사업법의 제정으로 종래의 관광사업진흥법을 폐지하였다.

• 관광행정조직의 강화

관광사업이 양적으로 확대되자 1972년 8월에 교통부 직제를 개정하여 관광국의 업무과를 폐지하고, 기획과, 지도과 및 시설과를 신설하여 관광행정기구를 보강함과 동시에 지방자치단체인 서울, 부산, 강원, 제주도에는 관광과를, 기타 7개 도에는 관광운수과 내에 관광계를 두어 관광업무를 관장케 함으로써 관광진흥을 위한 보다 강력한 행정력이 뒷받침되기에 이르렀다. 더욱이 1979년 9월에는 교통부 관광국을 관광진흥국과 관광지도국으로 확대 개편하고, 관광지도국내에 국민관광과를 신설하여 관광지의 지도 및 개발은 물론, 국민관광에 대한 본격적인 정책수립의 입안의 시행되기에 이르렀다.

3) 관광법규의 도약정비기

관광법규의 도약정비기는 1980년대를 말한다. 1980년대는 한국관광이 도약한 시기라 할 수 있다. 1979년 유류파동이 세계적인 경기침체를 가져와 1980년 초의 관광사업은 일시적으로 불황을 맞기도 하였으나, 1980년 1월 5일 야간통행금지의 해제, 88 올림픽의 서울개최, 1989년의 국민해외여행의 자유화 실시 등으로 한국관광의 도약여건이 조성되어 1988년에는 외래관광객 200만 명을 돌파하는 성과를 거두었다.

한편 1970년대 후반기에 이르러 1인당 국민소득이 약 1,000달러에 이르러 국민관광의 여건이 조성되자, 이제까지의 국제관광 우선정책에서 벗어나 국민관광과의 병행발전정책으로 전환하게 됨으로써 새로이 발생하는 관광수요에 능동적으로 대처하기 위하여 관광법규의 전면적인 개편이 필요하게 되었다.

• 관광진흥법의 제성

1986년 12월 31일 제정·공포된 관광진흥법은 폐지된 관광사업법의 내용을 규제에서 진흥으로 바꾸고 동시에 관광단지개발촉진법을 폐지하고, 이의 내용을 흡수한 것이 주요 내용이라 하겠다.

이 법은 관광여건을 조성하고, 관광자원을 개발하며, 관광사업의 지도 및 육성을 도모함으로써 관광진흥에 기여함을 목적으로 하고 있으며, 관광사업의 종류를 여행업, 관광숙박업, 관광객이용시설업, 국제회의용역법 및 관광편의시설업의 5가지로 구분하고 있다. 이 법에서는 점차적으로 증가하고 있는 국제회의에 대비하고자 국제회의용역업을 관광사업종으로 신설한 것이 특색이다.

• 올림픽대회에 대비한 관광숙박업 등의 지원에 관한 법률의 제정

1986년 5월 12일 제정된 이 법은 제10회 서울 아시아경기대회 및 제24회 서울올림픽대회 등을 지원하여 대규모 국제행사를 원활히 수행하고, 아울러 관광사업의 획기적

인 발전에 이바지함을 목적으로 하고 있다. 이 법은 올림픽이 끝나는 해인 1988년 12월 31일까지만 효력을 갖도록 한 한시법으로서 동 유효기간이 만료됨으로써 자동 폐지되었다.

• 국제관광공사법의 개정

정부의 관광정책이 종래의 국제관광 우선 정책에서 국제관광과 국민관광이 함께 발전할 수 있는 병행정책으로 전환함에 따라 1982년 11월 29일 국제관광공사법을 개정하여 법의 명칭을 한국관광공사법으로 변경함과 동시에 동 법에 의하여 설립된 국제관광공사를 한국관광공사로 개칭하였다.

4) 2000년대 관광 대도약을 위한 관광법규의 체제정비기

1990년대는 새로운 천년기를 준비하는 시기로서 2000년대 한국관광의 대도약을 위하여 관광법규의 체제를 재정비하는 기간이다. 실제로 이 시기에는 많은 변화와 발전이 있던 시기이기도 하다.

1970년대부터 관광산업을 국가 전략산업으로 지정·육성하여 고도성장을 지속하여 왔으나 88올림픽과 연계한 한국관광붐 조성의 실패, 1989년 해외여행 자유화조치에 따른 국민의 무절제한 해외관광, 관광산업의 사치향락산업으로의 지정, 세계적인 경기침체의 장기화현상 등으로 관광산업은 1990년부터 국제수지 면에서 적자산업이 되고 말았다.

그러나 이러한 관광산업의 적자국면을 발전시키고 2000년대의 선진관광 한국으로 도약하기 위해서는 내적인 각종 장애요인을 제거하고, 국제경쟁력을 강화하여 재도약의 발판을 구축하는 일대 정비가 필요하다.

이를 위하여 2000년 ASEM회의와 2002년 월드컵개최를 또 한 번의 계기로 관광분위기를 조성하고 관광산업에 대한 각종 규제의 완화, 무사증제도의 확대를 통한 외래객의 입국편의 증진, 외자유치를 통한 관광산업의 활성화, 국민의식 개혁차원에서의 친절·청결·질서운동의 전개 등 전반적인 구조개혁을 실행하기도 하였다.

3. 관광법규의 구조와 현황

사회질서를 유지하기 이해서는 법을 비롯한 여러 가지 규범이 있어야 하는데, 관광과 연관되는 분야의 질서를 유지하기 위해서도 마찬가지로 관광활동과 관련되는 여러 현상을 규율하는 법이 필요하다. 이러한 관광법규에는 직접 규제와 간접 규제에 따라 협의의 관광법규와 광의의 관광법규로 구분하여 설명할 수 있다.

1) 협의의 관광법규

협의의 의미에 있어서의 관광법규는 인간의 기본권이며 자유권의 일종인 관광활동을 직접적으로 보호·촉진하는 데 필요한 법을 말한다. 다시 말하면 관광에 관한 제반 현상, 즉 우리나라 관광진흥을 위한 국가와 지방자치단체의 책임 및 임무와 관광활동이 원활하게 이루어질 수 있도록 하기 위한 여건조성, 관광자원 개발, 관광사업의 지도·육성, 관광자금의 지원 등을 내용으로 한 법을 말한다.

이러한 관광현상들을 대상으로 한 관광법은 관광기본법, 관광진흥법, 관광진흥개발기금법, 한국관광공사법, 관광숙박시설지원 등에 관한 특별법, 국제회의산업 육성에 관한 특별법 등을 들 수 있다. 이외에도 관광단지의 효율적인 개발을 위한 관광단지개발촉진법이 있었으나, 1986년 12월 31일 이를 폐지하고 관광진흥법에 흡수·통합하였다.

가. 관광기본법

관광기본법은 관광진흥의 방향과 정책의 기본을 정하고 국제친선의 증진과 국민경제의 향상 및 건전한 국민관광의 발전을 도모하기 위하여 국가와 지방단체가 수행해야 할 책임과 임무를 선언적으로 규정하고 있다.

이에 따라 기본법은 정부로 하여금 관광진흥에 관한 기본적이고 종합적인 시책을 강구케 함은 물론, 외국관광객의 유치촉진, 관광객이 이용할 숙박, 교통, 휴식시설 등의 개선 및 확충, 관광자원의 보호 및 개발, 관광사업의 지도·육성, 관광종사원의 자질향상을 위한 교육·훈련, 건전한 국민관광의 발전, 관광진흥개발기금의 설치 등에 관한 정책을 강구케 하고 있으며, 아울러 관광의 주요정책을 심의·의결케 하기 위하여 관광정책심의위원회를 두도록 규정하고 있다.

기본법은 또한 국가로 하여금 상기의 관광정책을 실시하기 위한 법제상, 재정상, 기타 필요한 행정상의 조치를 강구토록 하는 한편, 매년 관광진흥에 관한 시책과 동향에 대한 정책보고서를 정기국회 개시 전까지 국회에 제출케 하여 국민의 대표기관인 국회의 감독과 조언을 받도록 하고 있다. 이상과 같은 내용을 규정하고 있는 관광기본법은 형식적으로는 하나의 법률에 지나지 않지만, 실질적으로는 관광분야에 대한 정책의 수립, 예산의 마련, 법령의 제정까지도 일정한 방향으로 이끌어갈 것을 목적으로 제정된 만큼 관광기본법은 실질적인 내용면에서 관광분야의 다른 법률보다 우월한 법적 지위를 갖고 있다. 따라서 관광진흥법이나 관광진흥개발기금법 및 한국관광공사법 등의 내용은 관광기본법의 내용에 저촉되어서는 안 되며, 관광기본법의 기본적인 입법목적에 어긋나지 않게 적용되고 해석되어야 한다.

나. 관광진흥법

관광진흥법은 관광활동이 원활하게 이루어지도록 제반 관련사항을 주요내용으로 한 법으로서, 이 법은 관광여건을 조성하고 관광자원을 개발하며 관광사업의 지도 및 육성을 도모함으로써 관광진흥에 기여함을 목적으로 하고 있다.

따라서 이 목적을 달성하기 위하여 관광사업의 종류와 경영에 관한 사항, 관광사업자의 책임과 의무에 관한 사항, 관광의 진흥과 홍보에 관한 사항, 관광지의 지정과 개발에 관한 사항, 관광종사원의 자격과 교육에 관한 사항, 관광사업자단체에 관한 사항 및 이 법의 집행을 위한 보칙규정과 이 법을 위반한 자에 대한 벌칙 등을 규정하고 있다.

다. 관광진흥개발기금법

관광진흥개발기금법은 관광사업을 효율적으로 발전시키고 관광외화수입증대에 기여하기 위하여 관광진흥개발기금의 설치를 목적으로 제정한 법률이다. 따라서 정부는 관광산업의 육성을 위한 제도금융으로 1972년에 관광진흥개발기금법을 제정하여 기금을 설치·운영토록 하였다. 관광진흥개발기금은 문화관광부장관이 관리·운영하도록 되어 있으며, 그 용도는 관광호텔을 비롯한 각종 관광시설의 건설 및 개·보수, 관광교통수단의 확보 및 개·보수, 관광사업의 발전을 위한 기반시설의 건설 및 개·보수, 기타 관광사업 발전을 위하여 필요한 사항에 대여하고, 관광정책에 관한 조사·연구를 행하는 법인의 기본재산 형성 및 조사·연구사업, 기타 운영에 소요되는 경비를 보조할 수 있다.

라. 한국관광공사법

한국관광공사법은 정부투자기관으로서 한국관광공사를 설립하여 관광진흥, 관광자원 개발, 관광사업의 연구, 관광요원의 양성과 훈련, 기타 관광사업의 발전에 필요한 선도사업을 행하게 함으로써 관광객의 수용태세에 만전을 기하고, 외래관광객의 유치를 증진하며, 국민관광을 발전시켜 국가경제발전과 국민복지 증진에 기여함을 목적으로 하고 있다.

마. 국제회의산업 육성에 관한 특별법

정부는 국제회의 산업을 고부가가치산업으로 인식하고 이를 지원하기 위한 특별법을 제정하고 있다.

2) 광의의 관광법규

관광활동을 직접적으로 보호·촉진하는 법을 제외한 나머지 법은 관광활동을 간접적으로 보호·촉진하는 법으로서 이를 광의의 관광법규라 할 수 있다. 관광관련 법규는 무수히 많기 때문에 그 중에서 관광과 밀접한 관계를 갖고 있는 여권법, 출입국관리법, 공중위생법, 식품위생법, 문화재보호법, 자연공원법 등을 소개하고자 한다.

가. 여권법

여권법은 외국에 여행하고자하는 국민에게 여권의 발급, 여권의 효력과 발급절차, 그 밖의 여권에 관하여 필요한 사항을 규정하고 있다.

여권(passport)이란 오늘날 일반적으로 국제여행용의 신분증명서를 지칭하는 말로 쓰이고 있다. 여권의 증명대상으로 되어 있는 신분사항으로는 일반적으로 국적, 성명, 생년월일, 성별 등을 들 수 있으나, 이중에서 특히 국적의 증명이라는 것이 중요하다. 오늘날의 세계 각국은 타국의 국민이 임의로 자국의 영역에 입국하거나 체재하는 것을 일반적으로 인정하지 않고 있는데, 외국인의 자국에의 입국·체재를 허가하는 요건의 하나로 여권 또는 이에 대신하는 적당한 여행문서의 허가 및 제시를 의무화하고 있다. 이와 같이 여권이 해외를 여행하는 사람들에게는 필수적인 것이라 할 때 여권법이 내포하고 있는 관광과의 연관성은 매우 크다고 하겠다.

나. 출입국관리법

출입국관리법은 대한민국에 입국하거나 대한민국에서 출국하는 모든 사람의 출입국 관리와 대한민국에 체류하는 외국인의 등록 등에 관한 사항을 규정함을 목적으로 제정한 법이다.

출입국관리라 함은 사람 또는 재화의 출입국에 관한 정부의 규제 및 제반 수속절차를 말한다. 따라서 출입국관리법은 국민의 출입국, 외국인의 입국 및 상륙, 외국인의 체류와 출국, 대한민국에 거주하고자 하는 외국인의 등록, 외국인의 강제 퇴거, 선박, 항공 등과 그 승무원의 출입국에 관한 사항, 선장, 기장 등의 장 및 운송업자의 책임 등에 관하여 규정하고 있다. 이상과 같이 출입국관리는 여행자를 직접 관리하는 것으로서 각국은 여행왕래를 촉진한다는 견지에서 각종 수속의 간소화 내지 신속화를 위한 노력을 계속하고 있다.

다. 공중위생법

공중위생법은 공중이 이용하는 위생접객업 기타 위생관련 영업의 시설 및 운영 등에 관한 사항과 공중이용시설, 식수, 음료수 및 위생용품의 위생관리 등에 관한 사항을 규정함으로써 국민보건을 위한 위생수준을 향상시켜 공공복리의 증진에 기여함을 목적으로 제정하였다.

모든 관광객은 국민 또는 외국인을 불문하고 관광을 하는 도중에 반드시 위생접객업소(숙박업, 이용업, 목욕장업, 유기장업 등)를 이용하기 마련이므로 이를 규제하고 있는 공중위생법은 관광과 밀접한 관련이 있는 법이라 하겠다. 공중위생법은 국민보건을 위하여 위생접객업 및 위생관련 영업의 시설 및 허가 등에 관한 사항과 위생용품의 생산관리 및 제조업자 등에 관한 지도, 감독, 공중위생관리 등을 규정하고 있다.

라. 식품위생법

식품위생법은 식품으로 인한 위생상의 위해를 방지하고 식품영양의 질적 향상을 도모함으로써 국민보건의 증진에 이바지함을 목적으로 제정한 법이다. 식품이란 인간이 섭취하는 모든 음식물을 말하며, 식품위생이란 식품, 첨가물, 기구, 또는 용기, 포장을 대상으로 하는 음식에 관한 위생을 말한다. 관광객은 여행시 필수적으로 음식을 섭취하여야 하기 때문에 이들에게 안전식품을 제공하고 영양의 질적 향상을 기하는 식품위생법은 관광과 밀접한 관련이 있는 법이라 하겠다.

마. 문화재보호법

문화재보호법은 문화재를 보존하여 이를 활용함으로써 국민의 문화적 향상을 도모함과 아울러 인류문화의 발전에 기여함을 목적으로 제정하였다. 이 법에서 문화재라 함은 유형문화재, 무형문화재, 기념물, 민속자료 등을 말한다. 문화재는 우리 민족의 유구한 창조적 슬기가 담겨 있는 국민 모두의 정신적 재산이므로 우리나라를 찾는 외국관광객에게 우리의 전통문화를 소개할 수 있는 중요한 관광자원이 되고 있다. 문화재보호법은 문화재의 지정, 관리, 보호, 공개, 조사 등에 관하여 규정하고 있다.

바. 자연공원법

자연공원법은 자연공원의 지정, 이용 및 관리에 관한 사항을 규정함으로써 자연경지를 보호하고 적정한 이용을 도모하여 국민의 보건, 휴양 및 정서생활의 향상에 기여함을 목적으로 제정하였다.

자연공원은 자연자원과 유적, 휴양자원 등 공원자원을 포함하고 있는 수려한 자연풍경지로서 국립공원, 도립공원, 군립공원으로 구분하고 있다. 국가, 지방자치단체 및 국민은 공원자원을 보호·육성하여 자연의 질서를 유지·회복하는데 정성을 다하여야 하며, 또한 자연공원을 보호·육성하여 국민의 적정한 이용을 도모할 수 있도록 조화롭게 개발·관리하여야 한다.

제3장 03 관광영향에 대한 평가

1. 경제적 영향

관광의 경제적 영향(economic impact)이란 관광현상으로 인한 해당국가 혹은 지역에 미치는 모든 경제적 효과를 지칭하는 것으로 이는 다시 긍정적인 영향과 부정적인 영향으로 나누어 볼 수 있다. 그러나 실제 관광의 경제적 영향연구는 국가전략산업으로서 정책적인 정당성확보 등의 이유로 인해 주로 긍정적인 경제적 편익을 강조하는 영향연구의 편기성 현상을 보이고 있는 실정이다.

물론 개발도상국이나 관광자원이 풍부한 국가에서는 관광을 통한 국가경제에 미치는 긍정적인 효과가 대단히 크다는 것은 주지의 사실이다. 그러나 경제적인 영향은 상황과 지역에 따라 부정적인 영향을 초래하는 곳도 상당수 있다는 균형적 인식이 중요하다고 본다. 따라서 관광의 경제적 영향 연구는 모든 가능성을 포함하는 영향 연구구조들 속에서 인식과 논의의 전개가 필수적이라고 생각한다. 즉 관광으로 인한 경제적 영향의 구조는 편익적인 측면과 비용적인 측면을 나누어 볼 수 있으며 이는 관광구조상 모든 요소에 영향을 미친다고 할 수 있다.

그림 5-2 **관광의 경제적 영향 구조**

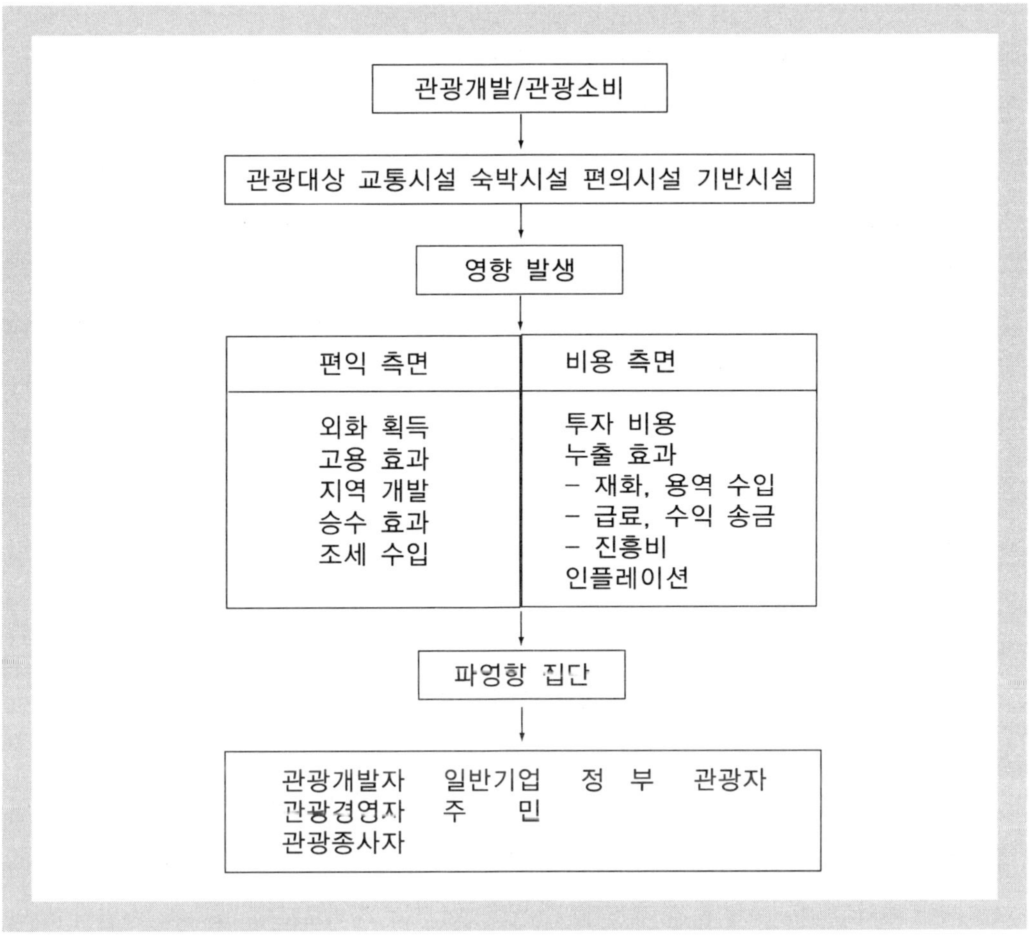

먼저 관광의 경제적 영향은 관광자의 소비행위와 관광지의 개발행위에서 비롯되며, 이러한 경제적 영향은 해당지역 주민은 물론이고 관광관련기업과 정부 그리고 관광자에게도 파급될 수 있는 것이다. 이 중 편익적인 측면은 주로 개발도상국 혹은 지역에서 관광을 경제발전의 도구로 인식하며 적극 지원하는 이유가 되며 그 내용은 다음과 같다.

첫째, 국제수지의 개선효과를 들 수 있다. 여기서 국제수지라는 것은 경상수지를 뜻하며, 이는 다시 무역수지와 무역외 수지, 이전수지로 나뉘며, 관광분야는 이 중에 금융, 보험 등과 같이 무역외 수지에 해당되며 무역수지의 적자 등을 개선하는 역할을 할 수 있다.

둘째, 고용창출 효과로서 해당지역내의 관광산업에 고용을 촉진시킨다는 것이다. 즉 관광산업이 유발시키는 고용효과는 직접고용, 간접고용 그리고 유발고용으로 나누어 볼 수 있다. 직접고용이란 관광호텔이나 여행사 등의 관광업체에 관광자가 직접지출로부터 발생하는 고용이며, 간접고용은 관광업체에 재화와 용역을 공급하는 산업으로부터 발생하는 고용효과를 말한다. 그리고 직·간접 고용부문에서 추가적으로 발생하는 유발고용도 발생할 수 있는 것이다.

셋째, 지역개발의 효과로서 관광개발과정을 보면 지역개발에 미치는 요인과 지역사회의 경제와 환경에 미치는 영향을 이해하기 위한 상당한 상상력을 요하는 복잡한 체계로서 실제로 한 지역에 있어 관광개발은 독립적으로 수행된다기보다는 지역개발이나 지역사회개발의 일환으로 수행되는 것이 보편적이다. 따라서 관광은 지역개발의 유력한 수단이 되는 것이다.

넷째, 정부의 조세징수효과로서 관광산업은 중앙정부나 지방정부의 주요 수입원천이 되고 있다. 즉 관광산업을 통한 직·간접세의 파급효과는 한국의 경우 타 서비스부문보다 월등히 높은 효과를 보이고 있다.

다음은 관광의 경제적 영향 중 비용적인 면으로서 지역과 상황에 따라 경제적 불이익을 초래하기도 한다.

첫째, 관광수입의 지역 외 누출효과로서 이는 누출성향의 문제로 지역차원에서 보면 중앙정부의 조세징수와 타 지역으로부터 원료 수입, 관광소득의 역외송금성향을 말한다. 또한 해외부문이 포함된 국제경제차원에 있어서는 해외로부터 원자재 수입과 해외송금 등이 포함된다. 여기에는 실제 다국적 기업의 기술이전료, 경영관리비, 관광용품의 수입, 급료의 해외송금 등이 상당액에 달하는 것으로 평가된다.

둘째, 관광개발과 관광자 쇄도로부터 물가와 지가상승으로 인한 인플레이션효과로서 지역사회의 과소비조장과 여러 가지 경제적 부담을 줄 수 있다.

셋째, 투자에 대한 기회비용(opportunity cost)문제로서 타산업과의 편익성 비교를 통해 최적의 투자를 상실할 가능성도 있다. 이밖에도 비용적인 측면은 단일관광산업에 대한 과잉의존경향과 지역주민이 받는 외부비용(external costs) 등도 발생할 수 있다.

2. 사회·문화적 영향

관광현상은 일차적으로 관광자와 주민이 직접 또는 간접적으로 만나는 사회·문화적 현상으로 규정할 수 있으며, 이때 사회와 문화가 상품으로 등장하는 특수한 생산양식을 보이며, 관광자는 관광지의 자연과 주민의 문화를 보기 위하여 지역사회에 이방인 자격으로 등장하게 된다. 이러한 주객간의 상호작용과 문화접변은 각각 동질성을 가진 지역주민과 관광자의 만남에서 이질성을 가진 다양한 집단 간의 만남에 이르기까지 그 상호작용은 광범위한 것이다. 이렇게 주객이 만나는 것은 시공간적인 제약 특성으로 인해 일시적이고 통과적인 성격의 다양한 영향이 발생하게 되며, 이를 관광의 사회·문화적 영향(socio-cultural impact)라 한다.

이러한 주객 간의 상호작용은 두 가지의 형태로 나타나는데 첫째는 지역주민이 관광자의 활동에 비해 지원과 수용을 하는 우호적인 경우를 들 수 있고, 두 번째는 관광자의 활동을 적극적으로 반대하거나 미온적인 태도를 갖는 갈등관계의 비우호적인 경우로 나타날 수 있는 것이다.

그림 5-3 **관광자의 활동에 대한 지역주민의 태도**

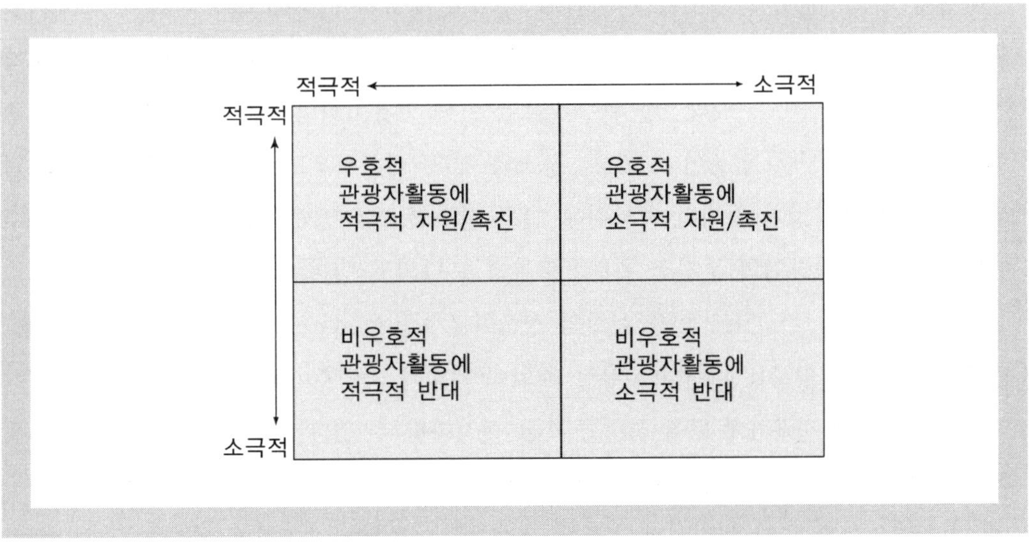

이러한 국제관광의 사회·문화적인 영향연구도 국제 관광자와 지역주민의 상호작용수준에 따라 상호이해와 갈등의 연속체선상에서 이해될 수 있는데 긍정적인 면과 부정적인 면으로 나누어 볼 수 있다. 즉 처음에는 이들 주객관계가 긍정적으로 작용하는 행복감수준이지만 관광관련산업이 확장되고 포화단계에 이르면서 지역주민과 지역사회의 사회적 수용력을 넘어서게 될 때는 부정적인 무관심과 반목수준에까지 악화될 수 있는 것이다.

***표 5-6* 관광의 사회문화적 영향**

긍정적 영향	부정적 영향
• 사회구조의 분화/발전 • 생활수준격차의 해소 • 교육기회의 확대 • 가족구조의 현대화 • 여성의 지위향상 • 자녀교육의 민주화 • 지역주민의 세계관 확대 • 인종문제에 대한 태도변화 • 문화 간 선입관과 편견해소 • 이문화에 대한 상호이해 증진	• 문화의 상품화 문제 • 소득분배의 불균형 • 미숙련취업자 증가 • 가족구조의 혼란 • 이혼증가현상초래 • 성적문제 발생 • 사회병리현상 증대 • 매춘/도박문제 발생 • 약물중독과 알코올중독 • 범죄/폭력문제 발생

관광의 사회·문화적 영향을 논의함에 있어서 중요하게 부각되는 이슈는 경제적인 편익에 감수해야 하는 부정적인 측면의 비용문제로서 신제국주의 관점의 각종 사회적 비대칭성 문제를 들 수 있다. 즉 관광개발로 인한 고용기회의 확대라는 미명하에 보수도 낮고 지위도 낮은 업종이나 행상, 청소와 같은 비공식부문에 현지주민들이 투입되어 사회적 비대칭성이 경제적 격차위에 더욱 심화되고 유사계급적 현상으로 온존될 수 있는 소지가 관광산업의 부정적 측면으로부터 촉발되고 있다는 것이다.

또 다른 문제는 관광으로 인한 문화의 상품화문제를 들 수 있다. 한 지역이 점차 개발되고 대중관광의 양상을 띠면서 고유한 지역의 문화가 지역주민의 의지와 관계없이 외화벌이의 수단으로 전락하게 되어 상품화 혹은 화석화될 수 있다는 것이다. 예를 들면 신성한 지역축제가 관광자를 위한 놀이로 변형되는 경우와 주민의 수호신 역할을 하는 상징물의 기념품화 등은 주민의 정신적 지주를 잃게 되는 결과를 초래하기도 한다. 이에 대한 대안은 해당지역주민의 참여가 보장된 관광지 사회의 조성과 문화적 고유성을 보존하고 고유한 경험을 할 수 있도록 제안된 고유성의 무대화(staged authenticity)를 들 수 있다.

3. 생태환경적 영향

자연자원과 물리적 환경은 주요 관광대상으로서 그 기능을 하고 있다. 따라서 관광현상과 자연은 밀접한 관계로서 두 가지 측면에서 그 상호작용의 영향을 고려할 수 있다. 즉 관광개발과 보존의 상충문제로서 관광을 위한 환경보호(protecting the environment for tourism)와 관광으로부터 환경보호(protecting the environment from tourism)라는 아이로니칼한 문제가 발생할 수 있다.

다시 말해서 방치된 관광자원을 관광지 개발을 통해서 체계적으로 관심을 갖고 보존할 수 있는 기회가 생기는 반면 잘못된 관광지개발과 관광자의 쇄도로 동식물서식지 상실, 토양의 변질, 산불, 오염 등의 문제가 발생될 수 있다는 것이다. 예를 들어 한 지역의 국제관광이 활성화되고 관광지가 개발됨에 따라 환경의 질에 주는 영향은 두 가지의 개연성을 가질 수 있다.

그림 5-4 **관광과 환경과의 관계**

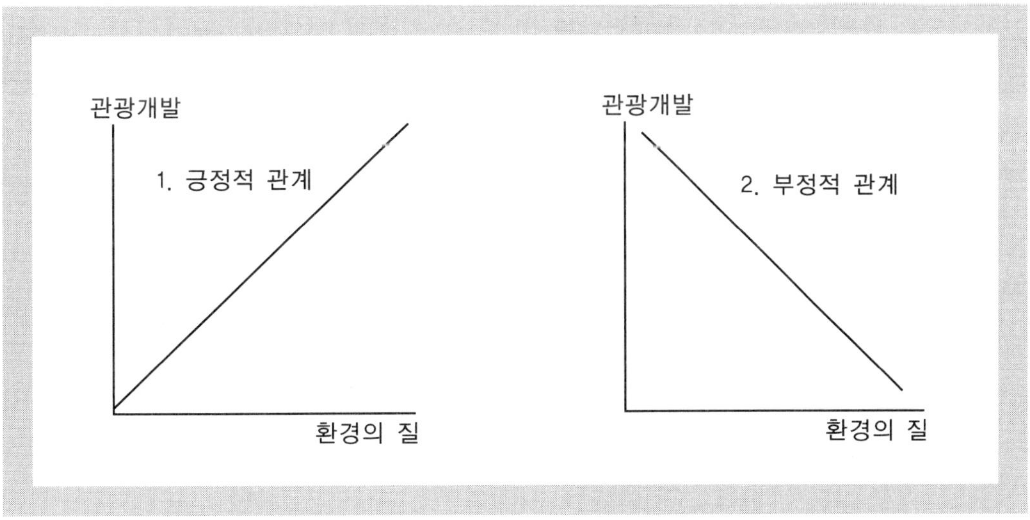

먼저 관광과 환경의 긍정적인 관계를 들 수 있는데, 이는 관광개발로 인한 자연환경의 보전과 정비가 가능하다는 것이다. 즉 해당관광지의 경관정비와 공원 등의 조성이 실제 관광개발로 기대할 수 있는 부분이다. 예를 들면 최근에 국내외적인 환경문제의 관심증가로 인해 생태관광(eco-tourism)이 보전적 관광개발(sustainable tourism development)에 의해 적극 역할을 기대할 수 있게 되었다.

두 번째는 관광개발로 인한 기반시설의 정비 등을 들 수 있는데, 관광에 있어서 기반시설 등 수용태세의 정비는 필수적인 요소이기 때문에 도로, 항만, 전기, 통신 등의 정비는 관광자는 물론이고 해당지역 주민에게 그 이용상 커다란 편익을 줄 수 있다.

관광으로 인한 환경의 부정적인 영향은 첫째, 생태계의 오염, 수질오염, 지질변형, 동식물서식지의 파괴, 환경파괴자(vandalist)의 발생문제를 들 수 있다. 둘째는 관광지의 과잉개발과 무계획성으로 인한 교통혼잡 문제와 무질서 초래 등으로 인한 물리적 수용력문제가 심각하게 대두되고 있다.

제6부

관광현상과 관광정보

제1장 01 관광정보의 기본적 이해

1. 관광정보의 개념과 중요성

1) 관광정보의 개념

오늘날 우리는 정보라는 용어를 일상적인 단어 중 하나로 받아들일 수 있을 정도로 다방면에서 정보라는 용어가 이용되고 있다. 경제의 기반이 기술노동에서 지식노동으로 전이됨에 따라 인간이 정보를 가치 있게 여기게 되었으며, 전 세계에서 생산되는 정보의 양이 급증하고 있기 때문에 근래에 들어 정보가 더욱 중요시되고 있다. 정보(information)의 사전적 정의는 정세에 대한 자세한 소식 또는 그 내용이나 자료라고 할 수 있다. 정보는 informare에서 유래한 용어로 자료(data), 인텔리전스(intelligence)와 혼용되고 있으나 엄격히 구분되어야 한다. 정보의 정의를 명확히 파악하기 위해서는 정보의 처리수준에 따라 3단계로 구분할 수 있으며, 정보의 상호비교는 〈표 6-1〉과 같다.

표 6-1 정보개념의 상호비교

구 분	Information(광의의 정보)		
	Data(자료)	Information(협의의정보)	Intelligence(지식)
의 미	원시적 자료	합목적적 가치가 있는 자료	객관화, 사회화된 정보
용 어	자료	1차 정보	2차 정보
활 동	입력	수집	평가, 분석, 가공
활동특성	임의적	의식적	의식적
활동주체	전임직원	전임직원	정보 전문부서
특 성	무의미	불확실성	확실성
유 용 성	소	중	대
시 간	자동적	신속성	지연성

자료 : 신한종합연구소(1989:12).

자료는 개인이 이용할 수 있으나 특정상황과 관련하여 이용자에게 가치가 있는 것으로 평가되지 않은 메시지이다. 그러나 정보는 수신자에게 의미 있는 형태로 처리된 자료를 의미하며, 현재 또는 미래의 행동이나 의사결정에서 실재적이거나 가치를 가진 것이다. 한편, 인텔리전스는 보다 광범위한 시간 및 내용을 포함하는 지식의 일종으로 이해되고 있으나, 정보는 특정상황에 대한 지식을 제공할 뿐만 아니라 의사결정에서 불확실성을 감소시켜 주며, 평가작업과 미래계획에 있어서 피드백(feedback)의 역할을 가능하게 해주는 것이다.

요구의 다양화, 고도정보사회, 다양한 뉴미디어의 등장에 따라 관광분야에 있어서도 관광자들의 관광정보에 대한 욕구가 점차 다양화·고도화되고 있다. 관광정보는 보는 관점과 연구영역에 따라 다양하게 정의되고 있다. 대체로 관광정보에 대한 정의는 관광현상과 직간접적으로 관련된 정보와 관광자 및 관광자원, 관광지, 관광산업 등의 수요와 공급에 관한 통계자료와 동 자료의 분석결과치로서 객관적으로 계량화된 일체의 자료로서 시간, 공간, 주제 등의 세 가지 요소로 구성되며, 서로 다른 이용자가 이용가능한 동일한 자료를 말한다. 또한 관광정보는 두 가지 측면, 즉 수요측면과 공급측면에서 접근할 필요가 있다. 수요측면에서의 관광정보는 관광욕구를 충족시키고, 관광객의 관광활동을 지원하기 위해 요구되는 정보이며, 공급측면에서의 관광정보는 관광기업경영의 관점에서 의사결정이 요구되는 관광관련정보로 정의내리고 있다.

이상의 정의에 기초하여 관광정보의 개념을 정리해보면 관광정보는 관광자나 이용자의 관광욕구를 충족시키고, 목적지향적인 관광활동을 위해 가치 있는 형태로 처리·생산·전달되는 관광관련정보를 의미한다고 할 수 있다. 이러한 관광정보의 변화는 관광행동의 변화에 직접적인 영향을 받고 있으며, 간접적으로는 국민생활의 변화에 의해서도 영향을 받고 있다. 이러한 관광정보의 변화추세를 살펴보면 다음과 같다.

첫째, 정보의식이 변화하고 있다. 과거에는 정보에 대한 의식수준이 낮고, 제공되는 정보의 신뢰도와 내용구성이 빈약하여 많이 이용되지 않았다. 그러나 앞으로는 국민의식수준의 향상과 전달매체의 발달로 정보에 대한 요구가 급증할 것으로 예상된다.

둘째, 정보대상이 증가하고 있다. 교통수단의 고속화, 숙박시설의 다양화, 관광상품이 급증됨에 따라 관광지 및 관광활동 선택의 폭이 넓어져 다양한 정보를 요구하게 되고, 새로운 관광지 개발은 정보대상의 증가를 가져왔다.

셋째, 정보내용이 구체화되고 있다. 관광행동의 형태가 변화됨에 따라서 필요한 정보항목도 변화되고 있다. 관광목적에 따라서 주체가 추구하는 정보내용이 보다 구체화되고, 세밀한 부분까지 요구하게 되었으며, 정적상태의 정보가 확대됨으로써 전문화가 이루어지고, 최적상태의 정보욕구도 높다.

넷째, 정보전달매체가 증가하고 있다. 관광정보의 확대, 전문화와 관련하여 정보전달매체도 증가하고 있다. 특히 신문, 잡지류에서의 관광관련기사, TV에서의 프로그램, 인터넷과 PC통신상의 자료, 홍보, 광고 등이 있다.

2) 관광정보의 중요성

관광정보는 주로 관광자의 의사결정을 지원하는 것으로 인식되어 왔지만, 관광환경이 복잡해지고, 관광자의 욕구가 다양해짐에 따라 관광정보의 기능은 확대되고 있다. 관광정보의 기능은 관광의사결정에 따른 불확실성을 감소시켜주며, 동기를 부여하여 관광수요를 발생시키는 중추적 기능과 관광관련조직의 활성화, 관광관련산업의 경영합리화, 관광지 및 해당지역의 경제를 활성화시키는 부차적 기능으로 구분할 수 있다.

관광정보는 지역의 관광매력물과 관광자를 연결시키는 매개역할을 하는데, 관광정보의 중요성은 두 가지 측면에서 찾아볼 수 있다.

첫째, 관광정보는 관광자 뿐만 아니라 지역 주민들을 특정 관광지로 끌어들이는 마케팅 커뮤니케이션 역할을 한다. 정보의 이용정도에 따라 관광지를 직접 방문한 사람한테는 풍부한 정보의 제공으로 체제일수를 늘리는 촉매제가 되어 관광상품의 판매를 증가시킬 수 있으며, 관광지를 결정하지 못한 사람에게는 방문을 유도하는 역할을 한다.

둘째, 관광정보를 통하여 관광자는 관광자원을 인지하고 이해하게 되며, 관광자원에 대한 역사문화, 사회적 배경과 가치를 전달하는 교육기능을 한다. 관광정보는 주로 친구·친척, 관광안내책자, 컴퓨터를 통해 전달되는데 친구나 친척, 동료로부터 입수하는 것이 일반적인 정보입수 행태이다. 정보탐색자도 경험이나 탐색된 정보를 타인에게 알려주기 때문에 정보탐색자들에 대한 효율적인 정보제공은 파급효과를 이끌어 낼 수 있다.

2. 관광정보의 분류

관광정보의 이용이 점차 증가하고 있으며, 이는 결국 관광산업의 육성 및 진흥을 위해 크게 영향을 미칠 것이다. 그러나 아무리 좋은 정보와 방대한 양의 자료가 있다 하더라도 이의 접근에는 여러 가지 문제점이 있을 수 있는데, 이들 자료들을 체계적으로 분류하여 정보의 생산과정이나 관광정보전달체계의 확립에 활용한다면 최종 이용자들이 편리하게 관련정보를 이용할 수 있으므로, 먼저 관광정보의 분류체계가 명확히 정립되어야 한다. 정보의 분류는 그 정보의 이용목적에 따라 여러 가지로 분류될 수 있다.

첫째, 정보가 주기적으로 갱신되는가의 여부에 따른 분류로서 해당정보의 갱신시기가 일간, 주간, 월간, 연간 등으로 나누어질 수 있는 정보는 동태정보라 하며, 관광지의 소재지, 여가·위락시설의 종류 등과 같이 갱신될 수 없거나 그 정도가 약한 정보는 정태정보라 한다.

표 6-2 관광정보형태에 따른 분류

<table>
<tr><th colspan="2">관광정보의 형태</th><th>관 광 정 보 의 내 용</th></tr>
<tr><td colspan="2">정태정보</td><td>• 관광지정보 : 관광지, 관광휴양지, 국·도립공원, 명산, 해수욕장, 온천
• 역사·문화정보 : 박물관, 건조물, 지정문화재, 지방문화재, 기념물, 전적지, 민속자료 등
• 사회·산업정보 : 교육시설, 공공시설, 도시공원, 동·식물원, 관광농업, 박람회, 특산물 등
• 편의시설정보 : 화장실, 휴게소, 공중전화 등
• 상업시설정보 : 음식점, 기념품점, 향토음식 등
• 관리시설정보 : 관광지 관리사무소
• 인근관광지정보 : 인근관광지 현황, 인근관광지 특성
• 안내시설정보 : 관광안내소, 안내판, 안내전화 등</td></tr>
<tr><td rowspan="2">동태정보</td><td>주기적 정보</td><td>• 관광지정보 : 목적지까지 소요시간, 경관</td></tr>
<tr><td>비주기적 정보</td><td>• 숙박정보 : 숙박시설의 종류, 규모, 위치, 비용, 숙박가능여부, 부대시설, 예약문의
• 교통정보 : 교통수단의 종류, 소요시간, 운행시간 및 거리, 교통요금, 주요경유지점, 버스정류장의 위치, 주차가능 여부, 도로망
• 기상정보 : 일기예보</td></tr>
</table>

둘째, 정보의 제공방식에 따라 직접정보와 간접정보로 구분된다. 직접정보란 직접적인 안내, 안내책자, 여행클럽, 공공기관 등에서 광고나 간행물 등을 통하여 관광자에게 의도적으로 전달된 정보이다. 이것은 관광사의 유치를 위해서 또는 관광행동의 변화를 가져올 목적으로 전달된다. 반면에 간접정보는 친구·친지의 이야기, 시나 신문 등의 일반문헌, 지리·역사·경제 등의 학습자료와 잡지, 신문, 라디오, 텔레비전 등의 매스미디어로서 이러한 정보는 관광목적으로 만들어지지는 않지만 관광자에게 더 큰 영향을 미친다. 직·간접적인 정보를 통하여 관광지에 대한 기대이미지가 형성되며, 이러한 기대이미지가 잘못 형성되면 관광지에서의 만족감, 즐거움은 불쾌감과 실망으로 변하게 되므로 정확한 정보의 전달이 중요한 역할을 한다.

셋째, 최종 이용자에게 기준을 둔 분류로 관광정보를 이용하는 주체의 특성에 따라 나누어 볼 수 있다. 이 분류에 의하면 정부기관에서 정책결정에 필요로 하는 자료인 공공기관용 자료, 학술용 자료, 업계용 자료, 그리고 일반인용 자료로 분류해 볼 수 있다. 그러나 이 분류방식은 상호 간 다소 중복되는 점이 없지 않아 자료의 유형별 구분이 모호하다는 점을 지적할 수 있다.

6-3 **관광정보 이용주체의 특성에 따른 정보 분류**

분 류	정 보 내 용
공공기관용 정보	방한 외국인 관광객 수, 1인당 도시공원 비율 등
학계용 정보	관광관련 교통비, 접근소요시간, 연간 휴가일수 등
업계(사업)용 정보	연간 투숙률, 평균체제일수, 이용자수, 참여율 등
일반인용 정보	숙박시설안내, 편의시설 및 관광지의 소재지 등

넷째, 공간적 분류방식으로서 정보의 소재지에 따라 국내정보와 해외정보, 또는 전입정보와 전출정보로 구분하여 분류하는 방식이다.

표 6-4 **관광정보의 공간적 분류**

분 류	정 보 내 용
국내정보	국내관광지의 소재지, 국내관광참여율, 숙박시설 등
해외정보	해외관광동향, 국제행사 안내, 각 국가별 관광목적지 등
전입정보	교통수단별 외래객 이용객수, 관광외화수입 및 1인당 평균소비율 등
전출정보	해외관광자수, 내국인 해외여행 경비 등

다섯째, 관광계획을 위하여 관광자에 대한 지향정보, 비지향정보로 분류할 수 있다. 지향정보는 관광자를 위한 스폰서의 의도적인 메시지 구성을 의미하며 해설, 안내책자, 인적안내, 잡지기사, 여행지도 등을 포함하는 관광자 지향자료(tourst-oriented material)이다. 비지향정보는 관광목적을 위해 제작되거나 유통되지는 않지만, 관광자에게 상당한 영향을 미칠 수 있는 형태의 정보이다. 가장 중요한 비지향적인 정보원은 친구와 친지이며, 또한 일반문헌(시, 신문, 기행문, 서사시, 소설 등)도 역시 관광자의 의사결정에 커다란 영향을 미친다.

여섯째, 전달매체별 관광정보의 분류로서, 이는 전달매체와 이들의 설치위치별로 관광정보를 분류하는 것으로 [표 6-5]와 같이 다양하게 분류된다.

표 6-5 전달매체별 관광정보

구 분	설 치 위 치	특 성	정보전달측면
관광안내소	공항, 철도, 역, 터미널, 항만, 관광지 입출구 등 관광객 도착지점	• 제공되는 정보내용이 광범위 • 부대시설 필요 • 전달매체를 복합적으로 이용 • 고정적이며 이동이 곤란	상호교환
관광안내판	철도역, 터미널, 항만 등 관광객 도착지, 관광지 내, 주요관광루트	• 거주지-관광지, 관광지-거주지상호연결, 유도, 경고, 주의 등의 기능수행 • 고정적이나 이동가능	일방적
간행물	관광안내소, 여행사, 호텔 등	• 구체적 내용전달 • 휴대가능하므로 이동가능성이 큼	일방적
매스미디어 (방송, 신문, 잡지 등)	전지역	불특정 다수에게 광범위한 관광정보 전달	일방적
관광안내원	관광안내소	• 이동성 및 상황대처능력 높음 • 정보수집자로서의 역할	쌍방적
특정지역 관광경험자	전지역, 관광지 인근	• 전달자나 비전달자로서의 가치기준차로 인해 정보신뢰도가 낮음 • 항상 접촉이 가능	쌍방적
전화서비스	전화기가 설치되어 있는 곳	• 신속한 정보 전달 가능 • 단편적인 정보 전달만 가능	상호대화 일방적
정보유통 시 스 템	관광안내소, 여행사, 가정 등	• 신속한 정보 전달 가능 • 정보서비스를 위한 체계적 계획과 시행필요	일방적
PC통신 인터넷	각 가정, 직장	• 신속하고 다양한 정보제공 • 예약과 구매까지 가능	쌍방적

이러한 관광정보의 분류에는 몇 가지 원칙이 있다. 첫째, 정보 이용자에 의한 정보의 효과적인 활용에 그 목적이 있기 때문에 이용자 지향적(user-oriented)이어야 하고, 둘째, 정보항목의 누락방지를 위해 포괄적이어야 한다. 셋째, 분류영역 간에 혼선방지를 위해서 분류영역은 명확해야 하고, 균형이 있어야 하며 그 내용에 맞는 적절한 명칭은 정보항목을 대표해야 한다. 넷째, 정보 이용자의 필요에 따라 정보항목의 선정은 우선순위가 있어야 하고, 마지막으로 관광정보의 분류는 주어진 상황에 따라 조정이 가능해야 하므로 상황적이어야 한다.

관광정보 분류방식은 그 나름대로의 특징을 지니고 있어서 어느 것이 좋다고 볼 수는 없으나, 각각의 개별 분류방식은 급속도로 다양화되어 가는 정보화 사회에서 모든 정보를 수용할 수 있는 분류방식으로서는 부족한 부분이 많으므로 이들을 상호 절충하는 절충식 분류가 바람직하다.

3. 관광정보서비스의 현황

1) 한국관광공사의 관광정보 서비스

한국관광공사에서 제공하는 관광정보는 안내책자 및 지도, 전화·팩스, PC통신, PC단말기, 인터넷 등 다양한 매체를 통해 전달된다. 외국인을 위해 영·일어로 우리나라를 소개한 안내책자와 영문판 지도를 제공하며, 지역의 대표적인 음식과 지역별 유명식당에 대한 책자도 제공한다.

인터넷 웹서비스는 1996년 10월부터 한국여행에 유용한 일반 정보와 주요 관광지 소개, 지역정보, 숙박, 교통, 관광상품, 이벤트, 입출국 정보를 수록했으며, 국내 관광업계, 호텔, 박물관, 해외공보관 등의 웹사이트와 연결되어 있다. 영어와 일어로 된 웹사이트도 운영하고 있다. PC관광 안내서비스는 1987년 12월부터 한국관광공사 안내전시관, 김포·김해·제주공항에 설치되어 있는데 터치스크린 방식으로 개발하여 쉽게 정보를 입수할 수 있고 국·영문으로 지도와 사진도 제공한다.

(1) 해외 네티즌 대상 온라인 관광 정보 제공

개별여행객의 증가와 온라인 여행 검색 및 예약 증가, 블로그, 동영상 등 사용자가 직접 참여 하고 공유하는 글로벌 Social Media의 급성장 등 온라인 여행시장의 3대 메가 트렌드를 분석하고, 국가별 온라인 환경 분석 및 사이트 방문고객 분석을 통해 국가별 맞춤 온라인 마케팅을 본격 실시하였다.

2008년 4월 Tour2Korea.com을 Visitkorea.or.kr로 통합 개편하여, 국문과 외국어 사이트를 통합한 일원화된 서비스로 업무의 효율성을 높이고 콘텐츠 생산성을 획기적으로 개선하였다. 언어별 우수사이트 벤치마킹을 통해 각 어권별 고객친화적인 사이트를 구성하였고, 스토리텔링 기법을 활용한 매력적인 콘텐츠를 제공하였으며, 개별관광객이 가장 필요로 하는 서비스인 Travel Planner(여행일정짜기), 상세전자지도(영문), 대중교통서비스(영문)을 신규로 제공하였다. 또한 최신 마케팅 툴인 위젯을 활용하여 전 세계 블로거를 대상으로 한국관광 바이럴 마케팅을 전개하였다. 고객 접근성 향상을 위해 사이트 속도 개선 작업 등 사이트 최적화 작업을 실시하고 35개국 대상 검색엔진 마케팅을 실시하였으며, 상하이-제주 무비자, 베이징올림픽, 환율 급등 등 주요 이슈를 활용하여 Yahoo, Google, Sohu, QQ 등 글로벌 매체 광고, e-PR(온라인기사화) 등을 통해 한국관광홍보를 집중적으로 실시하였다.

고객과의 접점을 획기적으로 확대하여 저조한 한국관광인지도를 높이기 위해 다양한 글로벌 Social Media를 대상으로 공격적인 마케팅을 본격 전개하였다. 외국인을 고용하여 체험주위의 영어/일어/중국어 블로그를 직접 운영하였고, 글로벌 온라인여행 공유사이트 Wikitravel, Tripadvisor에 한국관광지에 대한 양질의 정보를 20건 이상 신규 등재 및 보강하였다. 글로벌 위성지도 서비스를 제공하고 있는 Google Earth에는 한국관광 사진 10,000장을 등재하였고, 글로벌 동영상 매체인 Youtude, 중국 대표 동영상매체인 Youku, Tudou, 56.com에는 우수한 한국관광 동영상을 등재하여 한국관광을 효과적으로 홍보하였다.

개별관광객 방한 유치를 위해 각 시장별 특성을 고려하여 국가별 온라인여행사와 차별적 마케팅을 본격 전개하였다. 일본 최대 온라인여행사 Rakuten Travel과 한국관광공사 해외온라인마케팅 사상 최초로 MOU를 체결하여 집중적인 한국관광 홍보를 실시하였으며, Expedia, Travelocity등 북미 3대 온라인여행사와 한국관광 및 브랜드를 동시 다발적으로 노출하여 높은 홍보 효과를 달성하였다. 대만에서는 파워 블로거 및 온라인 전문여행사 등과 공동으로 개별관광객 판촉을 실시하였다. 영국, 독일은 경유관광객(Stop-over) 유치를 위해 영국 Expedia, 독일 Weg.de 등 온라인여행사와 공동 판촉을 실시하였다.

온라인을 통한 한국관광 홍보 및 판촉을 공격적으로 전개한 결과, 사이트 인당 페이지뷰가 2007년 3.34페이지에서 2008년 9.36페이지, 일평균 페이지뷰가 2007년 332,046 페이지에서 2008년 406,572페이지로 획기적으로 증가하였고, 온라인여행사 공동 판촉 개별여행객 모객 규모가 2007년 1만 122명에서 2008년 8만 3,405명으로 724% 증가하였다.

향후 개별관광객을 위한 매력적인 콘텐츠 확충, 전자지도 및 대중교통 서비스의 언어권별 확대, 외부 기관 콘텐츠 확산, 글로벌 온라인여행사 공동 판촉 강화, Yahoo, Google 등 글로벌 포털 제휴 한국관광브랜드 전략적 홍보 등 공격적인 글로벌 마케팅을 실시한 계획이다.

(2) 국내 관광정보 제공

국민에게 다양하고 풍부한 관광정보 제공을 위해 통합관광정보시스템을 구축하여 원 소스 멀티유스(OSMU,One Source MultiUse) 구현 등 고객 이용 편의성 제고 및 통합온라인마케팅 체제를 확립하였다.

25,786건의 온라인 관광정보 콘텐츠 제공을 바탕으로 온라인 이벤트 구석구석 찾아가기 14회, 대한민국 구석구석 여행 UCC 이벤트 프로모션, 2008 트래블로거 온라인 이벤트 등 총 34건의 국내관광 활성화 온라인 이벤트를 실시하였고, 사용자 및 고객중심의 온라인 프로모션 추진으로 국문 관광정보 포털사이트 이용자가 증가하여 일평균 페이지뷰가 전년 660,231건 대비 12% 상승한 739,222건을 달성하였다.

또한 포털사이트 파란닷컴, 철도공사 큐비닷컴 등 외부사이트와의 제휴를 추진하고, 포털사이트 소셜미디어 활용 바이럴마케팅 등으로 온라인을 통한 국내여행정보 유통을 강화하였다. 국내 관광 홍보 및 사용자가 직접 생산하는 UCC 확충을 위해 신규 동영상 UCC 사이트를 2008년 10월에 구축하여 전문 UCC사이트(엠군닷컴)와 여행UCC 이벤트를 공동 추진하였다. 여행을 통한 지역 관광 활성화를 위해 체험형 관광동영상 콘텐츠(1,640개), 12개 재래시장을 대상으로 스토리텔링 쇼핑관광 웹진(파크) 등 테마관광정보 제공을 확대하였다. 상기와 같은 콘텐츠 확충 및 온라인 마케팅으로 한국관광공사의 관광정보 포털사이트(Visitkorea.or.kr)는 시사저널에서 주관한 관광분야에서 가장 영향력 있는 매체 2위로 선정되었다.

(3) 유비쿼터스 관광정보 제공

정부는 유비쿼터스 정보기술을 통한 관광안내정보를 제공하기 위해 2008년 유비쿼터스 관광도시(U-Tourpia) 사업 대상지로 인천광역시, 대구광역시를 선정하였다. 첨단 IT및 모바일 PFID 기술을 활용한 U-Tourpia를 구축, 유비쿼터스 도시관광 안내체계를 구현함으로써 2009 인천 방문의해/세계도시축전, 2011 대구세계육상선수권대회 등의 국제대회에 기여할 것으로 본다. 인천 월미관광특구의 U-모노레일이나 대구시티투어 U-관광안내정보시스템 등 멀티미디어 관광안내서비스는 외국인 관광객의 관광 편의성을 높일 것이다.

휴대폰을 활용하여 여행자가 언제, 어디서나 손쉽게 관광정보서비스를 이용할 수 있도록 1330 무선관광정보서비스를 제공하고 있다. 대중교통 정보가 대폭 강화되어 24시간 언제 어디서나 목적지만 선택하면 기차, 고속버스, 지하철 등의 상세한 교통정보를 안내받을 수 있다. 사용자 편의를 지자체와 민간과의 활발한 제휴를 콘텐츠를 확충하고 지자체 관광축제와 연계한 모바일 할인쿠폰서비스 도입으로 지역경제 활성화에 기여하였다.

지자체에 유비쿼터스 관광정보화 기반을 제공하기 위해 관광전자지도 지자체 보급사업을 시행하여 2012년까지 매년 10개 지자체를 대상으로 지도기반 콘텐츠 구축 및 서비스를 추진 중이다. 또한 영문 온라인 관광전자지도 서비스를 운영 중이며, 점차 일문 서비스를 확대하여 개별 관광객 대상 길안내가 필요한 관광산업 및 지자체에 보급을 확대할 계획이다. 수요가 점차 증가하고 있는 관광콘텐츠의 품질 제고를 위해 관광객이 자주 찾는 축제, 우수숙박업소 등 테마를 중심으로 관광콘텐츠를 구축하였다. 과거의 단편적인 정보에서 현장감을 생생하게 전달할 수 있는 멀티미디어 콘텐츠 형태로 전환하고 민간의 모바일, 자동차 네비게이션에 서비스하여 활용도를 제고하였다.

2) PC통신

PC통신 관광정보는 국내정보가 대부분이나 해외여행에 필요한 정보도 제공하는데, 정보를 찾는 순서가 단계별로 되어 있어 사용이 쉽다. 또한 동호인들이 마련해 놓은 대화방에서는 생생한 경험담을 갖춘 여행정보를 얻을 수 있다. 천리안이나 하이텔에 관광정보를 제공하는 기관으로는 한국관광공사, 한국관광연구원을 비롯하여 자치단체, 농협·수협, 정보회사, 철도청, 여행사 등이 있다.

한국관광연구원은 1997년 8월부터 관광경영정보와 관광법률, 관광통계, 관광정보 등을 제공하고 있다. 즉 호텔, 콘도, 여행, 이벤트, 리조트, 위락, 컨벤션, 카지노, 관광개발, 관광정책, 관광통계, 관광행사, 도서정보를 포함하며, 개발계획, 토지이용, 시설개발, 재원조달, 지자체 조례 등의 관광법률 정보도 제공한다.

철도공사에서는 열차노선별 시간과 예약서비스를 제공하며 농협과 수협에서는 민박과 주변의 관광정보를 안내한다. 정보회사는 세계 각 나라의 정보와 여행상식, 교통·숙박·쇼핑 등의 정보, 세계지도, 박람회, 각 국의 여행정보와 화상제공, 해외여행 상품정보, 배낭여행정보, 전자지도 등을 서비스한다.

일부 여행사에서는 국내외 여행정보와 여행경험담을 소개하고, 해외여행 시 숙박예약을 가능케 하며, 긴급 모객코너가 개설되어 여행업체 상호간의 협조체제를 구축하고 있다. 이와 함께 천리안에서는 국내외 숙박시설, 신혼·비지니스·단체여행, 유럽호텔, 국내 음식점 등에 관한 정보를 제공하고 있다.

3) 지방자치단체의 인터넷 홈페이지

자치단체들이 국내 및 해외홍보를 위해 인터넷 홈페이지를 개설하고 있는데, 2008년 현재 서울·인천·대전·대구·광주·부산광역시를 비롯하여 총 16개의 광역자치단체 모두 홈페이지가 열려 있다. 자치단체의 인터넷 홈페이지 구성상의 특징은 관광정보가 단독으로 존재하는 것이 아니라, 다른 일반정보와 함께 수록되어 다양한 관광정보를 제공하고 있다.

표 6-6 광역 지방자치단체의 관광 부문 홈페이지 내용

구분	명칭 및 제공정보 항목
서울	서울특별시 문화 관광(http://www.seoul.go.kr/) 서울서울/서울명소/서울탐방/서울문화/서울여행정보/자료실
부산	부산광역시 문화관광 정보(http://www.visit.busan.kr/) 부산소개/관광명소/여행정보/테마여행/축제 · 공연/문화예술/참여공간
대구	대구광역시 문화관광정보 시스템(http://www.tour.daegu.go.kr) 여행안내/문화·레져/영상여행/교통·숙박·음식/관광검색/커뮤니티/사이버쇼핑/관광갤러리/민원
인천	인피아(http://visit.inpia.net/) 인천역사·문화재/체험역사관/풍물기행/인천관광지/테마관광/숙박·음식점/길라잡이
광주	광주 문화관광(http://visit.gwangju.kr) 광주소개/광주명소/테마여행/여행정보/문화행사/쇼핑정보/참여마당
대전	대전 Teleport 문화관광(http://www.metro.daejeon.kr/daejeonguide/) 대전팔경/대전의음식/테마관광/여행정보/행사축제/문화공간/교통정보/쇼핑가이드

울산	사이버울산가이드 관광정보(http://www.gyeonggi.go.kr/common_frame.jsp) 관광안내/쇼핑안내/음식점안내/위락시설안내/숙박안내/울산시티투어안내/관광안내소/울산12경
경기	경기 문화관광정보(http://gyeonggi.go.kr/common_frame.jsp) 관광지안내/관광정보/관광기념품/축제와행사/골프장정보/낚시터정보/관광도우미/추천관광코스/문화재/문화유산해설사/역사문화체험/체육시설물안내/지도정보/경기으뜸이/관련사이트
강원	관광포털 강원도(http://www.gangwon.to/) 관광지정보/추천여행/여행정보/여행가이드/여행커뮤니티/강원장터/onlyyou
충북	충북사이버투어(http://www.cbtour.net) 관광정보/관광지/문화유적/문화예술/레저·스포츠/추전관광/사이버여행/게시판
충남	충남넷 충남관광·여행(http://chungnam.net/) 문화재탐방/테마별청풍명월여행/알뜰관광일정/멀티미디어충남/관광도우미/여행스케치/관광자료방
전북	전라북도 문화관광정보(http://www.gojb.net) 예향전북/관광명소/테마여행/여행정보/전통문화/축제·이벤트/지역산품/가상여행/나눔터
전남	전남 문화관광(http://jeonnam.go.kr/) 관광정보센터/남도여행베스트10/전남의섬/민박정보/지도검색서비스/추천코스/볼거리/먹을거리/즐길거리/문화유산/관광포토겔러리/문화관광사이트맵
경북	경북 나드리(http://www.gbtour.net/) 관광지/문화재/추천관광/축제·이벤트/숙박/음식점/교통/지도/예약/특산품/가상여행/청소년코너/쇼핑
경남	GNtourCOM(http://www.gntour.com/) 자연관광/문화재/문화예술/레저 · 스포츠/여행정보/쇼핑정보/참여공간/추천 · 테마관광/여행안내
제주	사이버제주(http://cyber.jeju.go.kr) 관광안내/투자정보/마을정보/웹KIOSK/웹GIS/제주안내/예약

자료 : 검색엔진 정리

제2장 02 호텔정보시스템

우리나라의 호텔산업도 그 규모가 대형화됨에 따라 특급호텔을 중심으로 호텔경영의 과학화와 합리적인 경영관리를 위하여 컴퓨터를 도입하게 되었다. 즉 1980년대 이후 컴퓨터가 도입되고, 이후 1990년대에 들어서면서부터 통합된 호텔정보시스템이 등장하기 시작했는데, 프런트오피스 부분과 백오피스 부분의 자료 공유는 물론 하위단위 업무의 통합, 회계처리의 자동화 등이 이루어지게 되었다.

호텔은 자재의 구입을 담당하는 구매부서, 고객과의 접촉을 통해 영업이 이루어지는 식음료 및 객실부서, 제품을 생산하는 조리부서와 시설의 유지 및 보수를 담당하는 시설부서 등이 있다. 그 외에도 백오피스에서 업무를 지원하는 인사, 회계 등 다양한 부서로 구성된다. 호텔은 업무특성상 상품의 생산과 제공이 동시에 발생하며, 하루 24시간 영업이 계속되고 모든 분야의 업무가 포괄적으로 개입되는 복잡한 시스템을 지니고 있다. 이러한 다양한 부서의 업무가 통합되어 원활히 수행되도록 하기 위해서는 전산화 및 정보시스템의 구축은 필수적이다.

또한 최근의 호텔은 객실 및 식음료만 제공하는 것이 아니라 비즈니스센터 혹은 국제회의 관련 업무 등을 위해 최신의 전산장비를 갖추고 있다. 위와 같은 상황을 고려할 때 현대 호텔경영에 있어 호텔정보시스템은 업무의 효율적 수행 및 의사결정과정에서의 유용한 정보의 획득, 고객만족의 제고 등을 위해 반드시 필요한 것이라 할 수 있다.

호텔정보시스템은 대도시의 비즈니스 호텔은 물론 리조트호텔, 콘도미니엄 등과 같은 다양한 호텔들의 요구에 맞게 다양한 형태로 발전해 왔으며, 다음과 같은 요인들을 시스템 선정시 고려해야 한다.

① 부서별 요구

호텔정보시스템은 호텔의 운영에 필요한 부서들의 요구를 고려하여 설계되며, 식음료부 및 객실부, 예약부, 프런트 데스크, 하우스키핑, 케이터링, 전화교환, 회계부, 보안 및 시설부 등 거의 모든 부서가 포함된다.

② 고객편의시설

오늘날 상당수의 고객편의시설 역시 기술력에 대한 높은 의존도를 지니고 있다. 예를 들어, 비즈니스센터의 각종 시설을 비롯하여, 객실의 미니바(minibar), 객실에서의 영화감상(in-rooom movie) 등 다양한 고객편의 시설들의 사용에 있어 첨단장비의 사용을 필요로 한다.

③ 서비스수준

정보시스템을 비롯한 첨단장비의 사용은 호텔기업의 업무 효율성 증대보다 고객의 인지도 및 만족도를 증진시키는데 기여한다. 이처럼 호텔에서 고객에게 제공하는 서비스의 수준 역시 정보시스템의 설계 및 채택에 영향을 미치는 중요한 요인 중 하나이다.

④ 호텔의 규모 및 배치

객실의 수, 레스토랑 수 및 좌석의 수 등과 같은 호텔의 규모는 당연히 정보시스템의 설계에 영향을 주는 요인이다. 또한 부서 간 정보전달 및 의사소통을 위해 정보시스템은 부서의 숫자 및 호텔의 넓이에 따라 다르게 설계되는데, 보다 크고 많은 부서를 지닌 호텔일수록 정보시스템은 더욱 복잡한 구조로서 설계된다.

⑤ 조직구조

기업의 조직구조는 기업내부의 정보흐름과 밀접하게 관련되어 있다. 즉, 어떠한 정보가 누구에게, 언제, 어떠한 형태로서 전달될 것인가는 조직의 체계 및 조직구조와 직결되어 있기 때문이다. 따라서 정보시스템의 정보전달과정, 네트워크 연결상태 등은 기업의 조직구조에 의해 영향을 받게 된다.

호텔정보시스템의 가장 핵심적 부분은 예약시스템, 프런트오피스시스템 그리고 회계시스템 등이다.

1. 예약시스템

예약시스템이 수행하는 기본적인 기능은 개인고객 예약, 단체고객 예약, 객실 및 고객정보 출력, 선불내역 추적, 여행사와 같은 중개인 및 수수료 추적, 중앙 예약시스템, 일드 메니지먼트(Yield Management) 등이다.

(1) 개인고객 예약

호텔정보시스템은 예약기능을 통해 예약담장자로 하여금 새로운 예약내용을 입력하고, 검색, 수정, 혹은 최소화할 수 있도록 한다. 새로운 예약이 있을 경우 담당자는 객실의 사용여부를 확인한 후 다음과 같은 정보를 입력하게 된다.

① 도착일 및 출발일, 객실종류 및 수, 인원
② 객실요금(rate code)
③ 고객의 이름 및 연락처
④ 고객유형
⑤ 지불방법
⑥ 예약자
⑦ 객실배정
⑧ 기타사항

(2) 단체고객 예약

호텔에서는 각 호텔의 상황 및 특성에 따라 적정수준의 단체고객을 사전에 설정하게 되는데, 단체고객의 예약을 위해서는 단체고객들을 관리하기 위한 새로운 파일을 생성한다. 고객들의 예약을 위한 기본적인 정보는 개인고객의 예약과 거의 동일하며, 동시에 여러 객실을 사전에 배정하는 기능을 지니며 업무의 효율을 위해 많은 수의 고객정보를 보다 편리하게 입력할 수 있도록 설계된다. 또한 단체고객 가운데 다른 고객보다 오래 투숙하고자 하는 고객들은 개인 고객으로 전환하여 예약할 수 있도록 유연성(flexibility)을 지니며, 동시에 많은 고객들이 투숙하고 퇴숙하게 되므로 이 절차를 간략히 할 수 있어야 한다.

(3) 객실판매 상황 및 고객정보 출력

대부분의 예약시스템은 문자 혹은 그래픽을 통해서 객실판매상황 및 판매 가능한 객실상황에 대한 정보를 제공한다.

① 일일현황
② 특정일 현황
③ 주간현황
④ 사전배정 객실정보

(4) 선불내역추적

고객이 예약할 때 이를 확실히 하기 위해 객실가격, 체류기간에 따라 혹은 특정액으로 사전에 정해진 금액의 선불을 지급할 경우, 이를 추적하는 기능으로, 고객이 투숙할 경우 저장된 기록을 고객의 폴리오(folio)로 자동으로 전송되며, 고객이 예약을 취소한 경우 환불을 위한 절차를 거치게 된다.

(5) 중개인 및 수수료 추적

예약시스템은 여행사와 같은 중개인들에 대한 파일을 보존하고, 이들로부터 예약을 받을 경우 이를 기록하게 된다. 중개인의 주소 및 수수료율 등의 정보가 저장되어 기록되는데, 이를 통해 호텔은 사전에 정해진 고객 수, 객실 수, 총수입 등의 기준에 따라 중개인들에게 지불해야 할 수수료를 결정하게 된다.

(6) 중앙예약시스템

중앙예약시스템(CRS : central reservation system)의 선택은 호텔의 수익성을 결정하는 요소이며, 호텔에서 지불하는 수수료의 상당부분을 차지하고 있다는 점에서 이에 대한 의사결정은 매우 중요하다. 국내 대부분의 특급 호텔들이 국제적으로 잘 알려진 호텔브랜드와의 제휴, 혹은 체인호텔로서 계약을 하는 가장 큰 이유가 바로 이 예약시스템을 활용하기 위한 것이다. 한편, 독립호텔(independent hotel)들이 모여 중앙예약시스템을 형성하여 이용하기도 한다.

(7) 일드 매니지먼트(Yield Management)

호텔정보시스템은 고객수요에 대한 부석을 통하여 특정 세분시장(개인, 단체, 여행사) 및 특정 유형의 객실에 대한 객실가격을 인상 또는 인하해야 할지에 대한 의사결정기능을 포함한다. 일드 매니지먼트는 장단기 고객수요의 패턴을 과거 자료로부터 추정함으로써 호텔 객실부서 운영에 있어 효율성 및 생산성 제고에 기여하게 된다.

2. 프런트 오피스 시스템

고객이 호텔에 도착하여 객실을 배정받고 고객의 폴리오(folio)가 생성될 때, 고객의 예약정보는 프런트 오피스시스템으로 전달된다. 프런트오피스 시스템을 통해 수행되는 업무는 고객의 투숙절차(check-in) 혹은 등록(guest registration), 하우스키핑(housekeeping) 관리, 전화서비스, 케셔 업무(cashering), 퇴숙절차(check-out) 등이다.

(1) 고객등록

당일의 예약상황 및 고객의 명단을 매일 프런트 오피스에 전달되며, 도착일 및 체류기간, 객실유형 및 객실가격 등의 정보 또한 포함하고 있다.

(2) 하우스키핑 관리(housekeeping management)

프런트 데스크의 직원을 항상 정확한 객실상태에 대한 정보를 지니고 있어야 한다. 그렇지 못할 경우엔 잠재적인 매출액의 손실, 고객의 불편, 객실배정을 위한 불필요한 업무 등이 뒤따르게 된다. 가끔 하우스키핑부서의 객실상태와 프런트 데스크의 객실상태가 다르게 표시되는 경우가 있는데 이를 객실상태불일치(room discrepancy)라 한다.

이러한 불일치는 반드시 제거 혹은 최소화되어야 하며, 최신의 객실상황에 대한 정보를 위해서는 프런트 데스크와 하우스키핑 부서가 서로 신밀한 협조 하에 정보가 갱신되고 공유되어야 한다.

(3) 전화서비스

전화서비스에는 일반적인 전화, wake-up call, 메시지전달 등이 있다.

(4) 케셔 업무(cashering) 및 퇴숙

프런트 오피스 시스템의 케셔 업무 기능은 고객의 폴리오(folio)를 생성하고, 거래내역을 기록하며, 고객의 퇴숙과정을 처리하도록 한다.

3. 회계시스템

회계시스템의 목적은 고객은 물론 공급자, 종업원 등 호텔이 행하는 모든 재무적 거래의 기록을 보존하는데 있으며, 현금흐름, 회상매입금의 지불 및 외상매출금의 회수, 재무상태 평가 등을 관리하는데 이용된다. 회계시스템의 활용은 프런트 오피스에서의 활용 및 백오피스에서의 활용으로 나눌 수 있다.

프런트 오피스에서의 회계시스템은 가장 중요한 구성요소로서, 주로 고객이 호텔시설 및 서비스를 이용한 재무적 거래내역을 빠짐없이 추적하여 폴리오에 기록하며, 고객이 퇴숙할 때 이를 정산하는데 목적이 있다고 할 수 있다. 고객이 호텔을 방문하면, 투숙 → 서비스이용 → 퇴숙의 과정을 거치게 된다.

한편, 백오피스에서는 외상매출금, 외상매입금, 종업원임금, 재고자산, 구매, 재무보고서 등을 관리하기 위해 보다 종합적인 범위에서 회계시스템이 이용되며, 일반기업체의 회계시스템과 유사한 목적으로 이용된다.

제3장 03 항공정보시스템

1. CRS의 정의와 기능

항공사의 전산시스템은 컴퓨터를 통한 예약시스템인 CRS(central reservation system)에 집중되어 있다. 호텔정보시스템에서 중앙예약시스템(CRS)의 선택은 호텔의 수익성을 결정하는 중요한 요소다. 항공사의 CRS는 매출액은 물론 항공사의 생존여부와 직결되는 문제로서 모든 항공사들이 경쟁우위를 차지하기 위한 전략적 무기로서 효율적인 CRS의 구축 및 활용에 사활을 걸고 있다. 한편, CRS는 포기에 소요되는 막대한 자본으로 인해 항공산업에 진입하는 기업에게는 진입장벽(entrance barrier)으로서 작용하기도 한다. CRS는 컴퓨터를 통한 전산예약시스템으로 컴퓨터 단말기를 이용해 항공좌석의 예약과 발권업무를 수행하며, 항공요금, 호텔, 렌터카 등 여행에 관한 종합서비스를 제공하는 고부가가치 통신시스템으로 주 기능은 예약기능이며, 그 외에도 일드 매니지먼트(yield management)를 통한 매출의 극대화, 마케팅활동지원 활동, 정보제공 활동 등의 기능을 수행한다.

1) 예약

컴퓨터를 이용해 항공기의 좌석, 호텔, 렌터카의 예약을 관리하는 것으로 항공노선 및 운임체계에 대한 정보를 고객의 요구에 맞게 적절히 제공할 수 있는 기능을 지니고 있다. 다양한 항공노선과 운임 및 빈번한 변경 등은 컴퓨터에 의한 예약시스템에 대한 요구를 더욱 증가시킨다.

2) 일드 매니지먼드

고객의 수요에 기초한 가격결정방법인 일드 매니지먼트(yield management)는 항공업계에서 최초로 개발되고 사용된 것이다. CRS는 과거의 예약 및 판매에 대한 기록을 기초로 미래의 수요를 측정하여 할인율 및 최적의 초과예약(overbooking)수준을 결정해 호텔항공사가 매출액 극대화를 달성할 수 있도록 돕는다.

3) 여행사업무 지원

항공권 예약시스템으로 출발한 CRS는 각종 예약 관련 기본서비스 이외에 다양한 기능을 제공함으로써 여행사 업무를 지원하고 있다. 구체적인 업무지원사항을 설명하기에 앞서 현재 국내의 CRS 사용현황을 이해할 필요가 있는데, 우선 국내에서 활용되고 있는 CRS는 크게 대한항공이 주도하고 있는 TOPAS와 아시아나항공이 주도하고 있는 ABACUS로 그 사용을 나누어 볼 수 있다.

TOPAS는 대한항공이 최대주주로서 에어프랑스, 루프트한자, 이베리아, 컨티넨탈이 공동출자해 만든 아마데우스와 함께 국내에 설립한 항공예약시스템이며, ABACUS는 아시아 및 태평양을 중심으로 하여 현재 세계 최대 CRS사인 SABRE와 전략적 제휴를 맺어 전 세계 700여 개 항공사의 모든 항공편 조회 및 스케줄 확인, 예약이 가능한 발권시스템으로 아시아나항공 예약시스템이다.

현재 진행되고 있는 여행사 업무지원서비스는 인터넷을 기반으로 하는 웹(web)터미널을 제공하는 형식인데, TOPAS에서 제공하는 있는 Value Office가 대표적인 예이다. 이것은 명령어를 기반으로 하여 매뉴얼을 익힘으로 사용을 가능케 했던 단말기 기능에서 벗어나 윈도우를 기본으로 하는 업무환경을 제공함으로써 사용자로 하여금 손쉽게 사용할 수 있는 환경을 구축하였다. 또한 종래의 단순 단말기 기능에서 벗어나 CRS를 PC의 한 프로그램으로서 자리 잡게 함으로써 PC활용도를 높였다고 할 수 있다. 구체적인 여행업무 진행현황을 살펴보면 크게 고객관리, 발권관리, 수입관리, 예약관리, 판매대금정산업무(BSP : bank settlement plan)관리, 도움말 등을 들 수 있다.

4) 관광정보 제공

날씨, 목적지의 환율, 출입국 및 세관정보 등 이용자에게 다양한 정보를 제공한다.

제4장 04 여행업정보시스템

1. 컴퓨터예약시스템(CRS)

1) CRS 이용

항공사나 호텔에 비해 상대적으로 작은 규모인 여행사들도 업무를 수행하는데 컴퓨터 예약시스템인 CRS를 이용하기 위함이며, 그밖에 일반적인 기업에서와 마찬가지로 마케팅, 인사, 회계 등의 업무를 위해 컴퓨터가 활용된다.

2) 인터넷활용

최근에는 인터넷 사용의 대중화에 따라 대부분의 기업들이 인터넷의 월드와이드웹을 이용한 홈페이지를 소유하고 있다. 인터넷 이용의 증가에 따라 웹사이트를 통한 자사의 상품을 알리며, 고객들과의 의사소통을 위한 통로 및 판매촉진수단으로써, 새로운 판매경로로써 대부분의 여행사가 인터넷을 활용하고 있다. 여행사의 인터넷활용은 고객과의 직접적인 접촉수단이 되며 보다 비용효율적인 유통경로라는 점에서 여행사에게 해택이 있으나, 반면 온라인 구매에서의 신용카드 활용 및 보안문제, 전방통합을 통한 항공사의 직접적인 항공권판매 등 위험요인도 잠재하고 있다.

항공사, 크루즈사, 호텔 등 모든 관광기업은 자신의 웹사이트를 지니고 있으며 인터넷을 통해 자사의 상품 및 서비스를 알리고, 인터넷을 통한 대고객 직접 판매로 비용의 절감을 도모하고 있다. 이는 소비자들이 보다 많은 정보에 접근하는 것이 가능하며,

또한 보다 많은 정보를 알고 있음을 의미한다. 따라서 여행사들도 인터넷을 이용하여 많은 양의 정보를 보유하고 있는 고객보다 더 많은 정보를 제공할 수 있어야 한다. 많은 여행사들이 자사의 웹페이지를 소유하고 있는데, 웹페이지의 이용목적은 크게 다음과 같이 분류할 수 있다.

가. 의사소통

여행사들은 인터넷을 이용하여 그들의 고객과 시간과 공간을 초월하여 의사소통을 할 수 있다. 전자우편/이메일, 게시판 등의 기능을 이용하여 고객과의 의사소통 채널로서 인터넷을 활용할 수 있다.

나. 마케팅

여기서 언급하는 마케팅은 협의의 의미로서 상품의 광고 및 홍보라 할 수 있다. 즉 여행사는 인터넷을 통해 그들의 고객에게 자사가 제공하는 상품에 대하여 시간과 공간을 초월하여 보다 저렴한 비용으로 광고 및 홍보를 할 수 있다.

다. 정보제공

소비자들에게 정보탐색을 위한 도구로써 인터넷의 중요성은 많은 연구결과를 통해 보고되고 있다. 이와 같이 인터넷은 기업이 효율적으로 자신의 상품을 광고하고 홍보할 수 있도록 하는 반면, 소비자의 입장에서는 편리한 정보탐색을 위한 매체로서 이용되는데, 여행사는 적절한 정보의 제공으로 정보탐색자인 소비자의 정보요구를 충족시키고자 한다.

라. 유통경로

새로운 유통경로로서 인터넷이 활용되고 있다. 인터넷을 새로운 판매수단으로 하여 항공사들은 전방통합을 실시하고 있으며 막대한 비용절감효과를 창출하고 있다. 여행사들도 마찬가지로 인터넷을 새로운 판매경로로 활용함으로써 보다 효율적인 경영활동 및 비용의 절감의 도모하고자 한다. 여행사가 인터넷을 이용하는 주요 목적으로 고객을 위한 정보탐색 도구, 스케줄안내, 판매경로로 활용이 가장 중요한 비중을 차지하고 있는 것으로 나타났다.

인터넷 여행사를 이용하는데 있어 소비자의 만족에 가장 영향을 미치는 요인은 보안시스템, 최근의 정보수록, 홈페이지 디자인과 같은 기술적인 요인으로 밝혀졌으며, 다음으로 고객의견접수, 고객상담 코너의 유무여부, 구매 및 결재관련 기능, 광고 등의 인터넷 여행사의 핵심적인 기능이 중요한 것으로 나타났다. 아울러 상품 및 가격정보 등과 같은 정보탐색 요인, 방명록 게시판 및 이메일계정 제공, 사이트맵, 검색기능 등의 제공여부, 경품, 이벤트제공, 하이퍼링크기능, 부가서비스 등과 같은 기타요인 등이 중요한 것으로 나타났다.

종합적으로 인터넷을 통한 관광상품 및 서비스의 제공은 소비자들의 정보요구를 해소해야 하며, 구매 및 지불절차를 간소화해야 한다는 점이다. 기술적으로는 웹사이트를 논리적이고 명료한 논리적 구조를 지니도록 설계해야 하며, 보기 좋고 알아보기 쉽게 디자인해야 한다. 또한 여행사와 소비자의 물리적인 거리로 인해 대면접촉이 불가능하므로 여행사 및 여행사가 제공하는 정보와 상품에 대한 고객의 신뢰성을 제고하고 고객과 기업 사이의 긍정적이고 상호 발전적인 관계수립에 노력해야 할 것이다.

제7부

관광현상과 21세기 전망

제1장 01 지방화 시대와 관광

1. 지방화 시대의 도래

지방화 시대라는 용어는 일반적으로 지방의 자주성 및 자율성을 존중하면서 각 지방의 개성이나 특성을 최대한 살리기 위해 모든 일을 지방에서 발견하고 출발하려는 사고방식을 말한다. 이와 같은 지방의 시대라고 불리는 사고방식의 기본개념으로 다음과 같은 점을 들 수 있다.

첫째, 지역성의 존중, 지역성의 복권을 지향한다. 현대사회는 많은 영역에서 국가수준의 의사결정이 우선하고 있는데, 지방의 시대는 지역이나 지방의 역할을 적극적으로 평가하여 지역을 중심으로 사물을 보려는 태도이다. 다시 말해 지역적인 개성, 문화, 전통을 존중하고 다양성을 중시하려는 입장인 것이다.

둘째, 소규모적인 것을 존중하려는 사고이다. 고도성장기에 있어서는 큰 것이 좋다는 사고방식이 일반화하여 대규모적인 것이나 양적인 것을 동경하는 사고방식이 일반화된 사회적 풍토가 팽배하는데 비해 지방의 시대에 있어서는 작은 집단이나 소규모적인 것과 질을 중시하려는 흐름이 있다.

셋째, 고도성장기에는 기업이나 이익집단 등과 같은 직능단체나 집단이 비대화하여 이것들이 사회를 선도하는데 반해 지방의 시대에 있어서는 지연이나 혈연과는 다른 의미에서 인간의 정주를 기초로 한 공동체적 집단을 존중하고 그것을 중심으로 생활을 설계하고 사물을 생각하는 경향이 강하다.

우리나라는 근대적 의미의 지방자치를 1949년 7월 헌법으로 공포하였다. 이후 국내 치안 불안정과 6·25 등으로 연기된 지방자치제는 1952년 지방의회 구성으로 시작되었으나 다시 5·16혁명으로 중단되었다. 미루어져 왔던 지방자치제는 제6공화국에 들어서면서 다시 활발하게 논의되어 제5공화국 헌법부칙에 있던 지방의회 구성의 유보조항을 삭제하기에 이르렀다. 1990년에는 지방자치법과 지방의회의원선거법이 개정되었고 지방자치단체장선거법이 제정되었다. 1991년에는 기초지방의회(시·군·자치구)의원선거와 광역지방의회(특별시·직할시·도) 선거가 실시되었으며, 1995년 마침내 지방자치단체장의 선거가 실시되었다. 지역주민에 의한 지방자치단체장의 선출은 지방자치단체장에 대한 중앙 정부의 인사권이 소멸됨에 따라 지방자치단체가 중앙정부와 다른 이해관계를 가지는 문제에 대하여 비교적 독립적인 권한을 가지게 되었음을 의미한다.

2. 지방화 시대의 관광개발

과거의 경험에서 볼 때 신중하고 치밀하게 지역여건에 맞도록 관광개발사업을 추진하는 경우에도 예기치 못한 부작용이 발생하는 경우가 많았다. 그렇지 못한 관광개발일 경우에는 자연환경의 훼손이나 지역전통의 파괴, 사회악의 발생 등 개발역기능이 더욱 많이 생겨나게 된다. 그러나 지역관광개발의 긍정적 효과를 극대화시키도록 필요한 준비와 노력을 적극 펼쳐나갈 경우 타 산업 개발부문보다 다양한 개발효과를 거둘 수 있다.

✓ 국가사회에 미치는 효과

- 낙후지역(도시, 농산어촌)의 재생으로 균형적 지역사회건설에 기여
- 국민관광여가공간 및 여가기회의 확충으로 우리사회의 생활복지 수준제고에 직접적 효과 발생
- 외래관광객 수용태세의 구비촉진으로 외화획득기회증대 및 국가경제발전에 촉매역할 수행
- 자연환경보호 및 생활환경조성 촉진으로 국가이미지개선과 복지사회건설에 기여

✓ 지역사회에 미치는 효과

- 지역사회 내 하부기반시설, 또는 사회간접자본시설의 정비확충을 촉진시켜 지역경제발전의 가속화 유도
- 지역 내 불모지, 비경제적 잠재유휴지, 미이용자원의 활용촉진으로 경제적 고부가 가치 창출 유도
- 지역관광시설의 건설 및 사후경영에 필요한 원부자재의 현지구매강화로 지역 내 기존 산업의 획기적 발전을 유도
- 지역주민에 대한 안정적 고용기회창출로 주민소득을 증대시키고 지역사회 내 원활한 경제활동의 촉매역할을 수행
- 지방정부의 조세수입과 각종 세외수입의 증대를 유발해 전반적인 지방정부의 재정력 강화에 기여
- 지역사회의 문화유산과 지역이미지의 향상을 가져오게 하고 지역생활환경의 개선을 촉진
- 지역주민의 긍지와 자부심이 제고되고 유능한 인재의 육성과 지역 내 유치를 촉진

3. 지역관광개발의 성공요건

21세기에 대부분의 지역사회들은 지역에 내재된 관광자원을 광범위하게 발굴·활용하고 보다 경쟁력 높은 관광상품의 개발판매 등에 적극 노력하여야 한다. 과거 제조업 중심의 중앙정부주도형 불균형 성장주의에 따른 불이익과 낙후성의 굴레에서 벗어날 때가 된 것이다. 물론 중앙정부의 제도적지원이나 재정적지원이 어느 정도 뒷받침되어야 하겠지만 지역사회 스스로 주어진 지역의 여건과 잠재력을 발굴하여 지역이익에 맞도록 활용할 수 있느냐 여부가 더욱 중요한 것이다.

즉, 지역특성을 정확히 파악하고 지역의 장점을 최대한 도출하여 외래관광객의 욕구와 행태에 적합하게 주변여건을 활용하는 방향으로 아이디어의 발굴과 개발계획수립 및 사업추진방식을 강구하는 것에 지역관광 개발전략의 성패가 좌우되는 것이다.

다른 측면에서 보면 어느 지역이건 지역 내 관광산업의 육성을 자기지역개발의 주요전략으로 채택하려고 할 경우에는 자원과 자본, 기술 및 정보, 인력 등 일반적 생산

요소들의 원활한 흐름과 유지증대에 전력을 기울여야만 한다. 각종 관광사업체들에 근무하는 임직원이나 경영자가 보다 우수한 인력에 의해 충원되고 관광휴양시설들의 개발이나 지역특유의 놀거리나 볼거리 등 관광이벤트 사업에 자본이 적절하게 투자되며 외래관광객과 주변 경쟁지역에 관한 각종 정보가 신속 정확히 소통된다면 그 지역의 관광산업은 빠르게 성공할 수 있는 것이다.

또한 독창적인 관광특산품과 서비스 상품, 이벤트 프로그램, 위락시설조성 등에 관한 하드웨어와 소프트웨어 개발기술이 지역에서 많이 창안되거나 개량될 수 있다면 그 지역의 관광산업은 분명히 성공할 것이다. 그런데 이와 같은 방향으로 관광상품과 서비스가 생산되거나 사후 판매되는 전반적인 과정이 효과적으로 추진되려면 행정, 재정, 세제측면에서 정부의 각종 지원조치가 필요하다.

제2장 02 세계화 시대와 관광

1. 세계화 시대의 도래

우리나라의 관광산업은 1990년대에 들어서면서 본격적인 개방화의 물결을 타고 있다. 1989년 4월부터 우리나라 정부는 여행업에 대해 외국의 전면적 참여를 허용하기 위해 여행업을 네가티브 리스트에서 제외하여 1991년부터 우리나라 여행업을 개방토록 합의하였다. 이는 미국뿐만 아니라 우리나라에서 여행업에 진출하려는 모든 나라들에 대해 자유영업을 허용하며 또한 이들 업체들에 대해 우리나라 여행업체들과 동등한 대우를 약속하였으므로 모든 나라들에 대한 완전한 개방을 의미한다.

개방화·세계화는 앞서 언급한 바와 같이 우리나라에만 국한되지 않은 전 세계적 현상으로서 특히 최근에 종료된 다자간협상인 우루과이라운드에 의해 크게 촉진되고 있다. 1964년 Marshall McLuhan이 **미디어의 이해 : 인간의 확장**이라는 책에서 처음 지구촌(global village)이라는 말을 사용했을 때는 거의 대부분의 사람들에게 이 용어가 매우 생소하게 받아들여졌다. 그러나 이후 세계 각국이 정치적, 경제적, 기술적으로 발전하면서 전 세계 국가, 경제, 인종들이 모두 상호관련·상호의존적인 유기체로 결속되었으며 오늘날에는 세계시민 누구나 지구촌을 실감하며 살아가고 있다. 개방화·세계화는 영어로 지구화(Globalization)란 말로 표현되며, 주로 다음 사항들이 최근 전 세계적인 세계화의 주류를 이루고 있다.

- ✓ 투자, 생산, 판매성격 등 기업요소의 세계화
- ✓ 유럽, 북미, 아세안 등 각 지역단위의 소유권 통합
- ✓ 지역 간 경쟁 심화
- ✓ 세계적 운영을 촉진하는 기술적 변화
- ✓ 국가 간 인력 유동성 증가

특히 관광산업의 세계화 경향으로는 주로 다음과 같은 추세가 눈에 띈다.

- ✓ 외국인의 호텔소유가 늘어나고 있다. 미국호텔의 상당수가 일본인 소유 또는 유럽인 소유이며, 유럽호텔의 상당수가 미국인 소유로 되어 있다.
- ✓ 대형호텔, 리조트 건축 등 대규모사업에는 국가 간 공동투자가 보편화되고 있다.
- ✓ 주로 신진국의 밝은 나라들이 내수시장이 포화상태에 이름에 따라 국제적인 경쟁에 더욱 적극적으로 나서고 있다.
- ✓ 다국적 개발 및 다국적 경영이 보편화되고 있다.
- ✓ 외국인 노동자의 고용이 증대되고 있다.
- ✓ 세계의 정치변화가 호텔개발에 필요한 새로운 시장을 창출하고 있다.
- ✓ 서유럽의 단일화 추진, 각 지역의 자유무역협정, 항공규제 완화 등에 힘입어 여행장벽이 완화되고 관광이 증대되면서 크고 작은 관광사업 개발을 촉진하고 있다.
- ✓ 신기하고 흥미진진한 여행경험을 원하거나 실제로 할 수 있는 사람들이 예전에는 미국, 유럽지역 사람들로 한정되었으나 오늘날에는 아시아국가 사람들도 크게 늘어났다. 더욱이 최근의 여행자들은 끊임없이 이국적인 행선지를 찾음으로써 전 세계적인 개방 및 세계화를 촉진하고 있다.
- ✓ 호텔, 패스트푸드점등의 브랜드명 프랜차이즈화가 전 세계적으로 확대되고 있다. 관광산업은 세계화에 의해 가장 촉진될 수 있는 산업인 동시에 가장 잘 세계화를 촉진할 수 있는 산업이라고 말할 수 있다.

세계화가 관광에 미치는 영향을 보면 다음과 같다.

첫째, 관광객의 의식과 행태에 영향을 미친다. 폐쇄체계가 아닌 개방체계의 세계에서 외부세계와 교류하는 동안 문화와 가치관의 전이가 촉진되고, 관광패턴에 변화가 초래된다. 여기서 관광에 대한 일반적이고 최근의 관념이 더욱 확산될 수밖에 없다. 예컨대 과거에는 관광을 단순히 소비적 놀이로 보는 시각이 팽배했던 데 반해, 점차

재충전을 위한 휴식과 자기계발로 보기도 하고, 또 최근에는 관광 자체를 노동보다 우선시하여 하나의 목적으로 보기도 한다.

둘째, 세계화는 관광관련 의사결정과 법제도에 영향을 준다. 예를 들어 한국의 경우 일본관광자수가 증가되고 그 비중이 중요해짐에 따라, KATA의 건의로 정부에서 일본인의 무사증제도를 실시해 오고 있으며 이러한 무사증제도는 일본관광자수를 확대시키는 데 기여하고 있는 실정이다. 세계화의 추이에 의해 무사증제도뿐 아니라 국내적으로도 탈규제, 각종 절차의 간소화, 관광 기반시설에 대한 투자우선순위 부여 등의 변화가 나타나고 있다.

그림 7-1 **세계화가 관광에 미치는 영향구조**

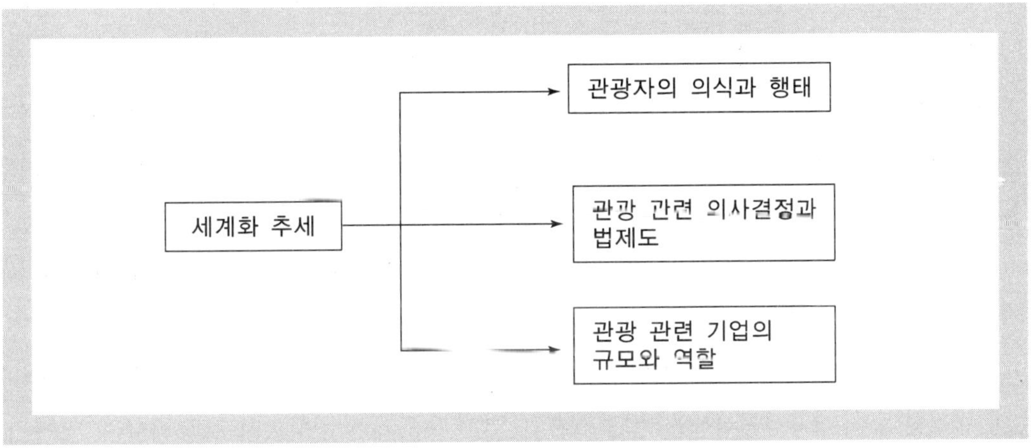

셋째, 세계화는 관광관련 기업의 규모와 역할변화를 가져오게 한다. 관광이 경제적으로 차지하는 중요성은 각국에서 이미 주목되어, 세계관광평의회(WTTC)의 보고에 따르면, 이미 2008년에 관광은 세계경제에서 가장 커다란 산업이 되어 약 9억 명이 세계관광에 참여하고 있으며, 고용인구 14인당 1인이 관광분야에서 고용효과를 보이고 있다. 이러한 관광산업이 세계화를 경험하면 할수록 대형 여행사의 훌륭한 사업대상으로 부상될 것은 자명하다. 다시 말해, 관광관련 여행사의 대형화·국제화의 추이는 불가피하게 될 것이다.

2. 세계화 시대의 신관광마케팅 전망

1) 신관광시대의 특성

21세기에는 여가 및 관광관련 산업이 전 세계의 총 생산과 고용 면에서 거대산업으로 자리 잡을 것으로 선진국의 각 연구소에서는 전망하고 있다. 동시에 관광현상을 둘러싸고 있는 환경이 급속하게 변화하고 있다. 즉 관광자의 관광선호패턴이 달라지고 있고, 관광산업과 정부의 관광정책이 이전과 크게 달라지고 있다. 먼저 관광자와 관련하여 세계관광기구에서는 21세기의 관광패턴이 이동지향형, 활동지향형, 소집단 참여형 등으로 변화할 것으로 이미 예측한 바 있으며, 독일의 관광학자인 클리펜도르프(J. Kripendorf)도 사람들의 생활양식이 노동지향적인 것에서 여가지향형과 여가와 노동에 공히 가치를 부여하는 새로운 지평의 생활양식이 지배적일 것이라고 보고 있다. 따라서 여행동기는 변화를 추구하고 타인과의 유대를 중시하며, 창조성과 개방성을 중시하는 여행시장으로 특징지어질 것이라 보고 있다. 또한 관광경험 역시 의사적 사건(pseudo event)의 가짜경험보다는 실제경험, 고유성의 경험을 희구할 것으로 전망된다.

한편 관광산업의 변화로서는 그동안의 양적성장위주에서 구조조정(restructuring)을 통한 규모의 경제실현과 전문인력에 대한 투자로 전문성확보, 무한경쟁환경에서의 대각선통합의 실현을 통한 경쟁력확보 등이 주요 내용이 될 것으로 전망된다. 특히 이러한 관광산업의 대각선통합에는 정보기술의 발전, 즉 쌍방통행식의 정보기술과 단독기술보다는 이들의 통합기술로부터의 시너지와 시스템확보의 극대화가 크게 작용할 것이다. 그리고 정부의 관광정책에 대한 변화는 계속적인 규제완화 내지 규제철폐의 조치로 완전자율경쟁시대가 앞당겨질 전망이다. 또한 민자유치에 있어서도 외국자본의 유치가 가속화되어 결국 관광산업부문의 다국적화와 무국적화시대가 도래할 것이라는 전망이다.

이러한 현상을 예측한 독일의 관광학자 푼(A. Poon)은 향후 시대를 관광의 신지평을 여는 시대(new tourism)로서 명명하고 이러한 변화의 기조를 SFDI로 요약하고 있다. 즉 세분화(Segmentation), 유연성(Flexibility), 그리고 대각선 통합(Diagonal Integration)이 그것이다. 이러한 특징은 구시대의 관광(old tourism)패턴인 MSRP, 즉 대중화(Mass), 표준화(Standardized) 그리고 경직된 패키지화(Rigidly Packaged)

와는 엄격히 구분된 특징으로서 향후 관광마케팅을 실행하는데 있어서 전통적인 방법과는 차별적인 함의(implication)를 내포하게 된다.

신관광시대의 특성을 부연해 보면 첫째, 시장세분화(S : segmentation)로서 관광자의 욕구와 관광유형에 따른 틈새시장(niche market)을 찾아내는 것이 중요한 관건이 된다. 비교적 거대기업이 효율성과 생산성의 문제로 시장진입이 어려운 틈새시장은 규모가 작은 관광기업에게는 오히려 경쟁위협이 크지 않으며 시장진입과 방어에 있어서 가치 있는 분야일 수 있다. 비록 거대기업이 세분화를 통해 동일한 시장에 진입할 가능성도 있지만 거대기업의 특성상 고객에게 신속하고도 긴밀한 서비스제공이 어려우며, 투자에 대한 성과 또한 만족할만한 수준에 달하지 못할 가능성이 크다. 이렇게 볼 때, 중소규모의 관광업체에 있어서 시장세분화는 하나의 기회이자 도전이 될 것이다.

둘째, 유연성(F : flexibility)의 특성으로 이는 관광기업의 조직과 생산, 그리고 유통면에서 요구될 것이며, 관광상품의 선택이나 예약, 지불과 같은 소비측면에서도 나타나게 될 것이다. 먼저 관광기업은 환경변화에 민감하게 반응하게 되며 때로는 의존적인 특징을 가지고 있다. 따라서 이러한 환경변화에 효과적으로 대응할 수 있도록 유연성을 가진 조직으로 구조조정될 것이 자명하다. 또한 관광상품의 소비부문에서도 타임쉐어링 산업에서 볼 수 있듯이 시간과 가치의 교환측면에서 탄력성을 선호하게 될 것이다.

셋째는 대삭선동합(DI : diagonal integration)의 실현으로 기존의 수평·수직적 통합의 형태를 넘어서서 시너지효과와 시스템 확보, 그리고 규모의 경제를 극대화시킬 것이다. 즉 동종업종은 물론 이종업종 등 유관부문과의 전략적 제휴가 새로운 개척영역이 될 것임을 시사해준다. 이러한 경향은 보다 나은 서비스의 제공과 이익의 극대화를 기하기 위한 필수적인 선택이 될 것이다. 예를 들면 최근 활발히 진행되고 있는 항공사간의 전략적 제휴나 금융기관, 호텔 등과의 다양한 제휴가 좋은 사례이다. 특히 호텔업 등에서는 고비용저효율 극복과 이를 통한 규모의 경제 실현을 위해 구조조정의 물결 속에서 아웃소싱(outsourcing)의 개념을 적극 도입하는 등 새로운 제휴개념을 도입·활용하고 있는 추세다. 아직은 분야가 일부 업무에 국한되어 추진되고 업체수도 적은 실정이지만 향후 도입업체수와 제휴분야 역시 상호이익이 보장되는 전문분야에 까지 확산되어 운영될 가능성이 크다.

이상과 같이 신 관광시대와 구 관광시대를 몇 가지의 특성을 가지고 개념적으로 구분하여 보았다. 다음 [표 7-1]은 신·구관광의 대조표로서 관광시장의 일대전환(metamorphosis)을 나타내고 있다. 이러한 변화내용은 마케팅 추세분석과 이들을 통한 마케팅의 수행에 있어서 커다란 함의를 내포하게 된다.

표 7-1 관광시장의 변화에 대한 전망

20세기 구관광(OLD TOURISM)	21세기 신관광(NEW TOURISM)
가짜경험(pseudo experience)	진짜경험(real experience) 고유경험(authentic experience) 자연체험(natural experience)
대중시장(mass market)	세분시장(segment market) 틈새시장(niche market)
정적활동(static activity)	동적활동(dynamic activity)
패키지상품선호	특별관심관광(SIT) 개별관광(FIT)상품선호
관광산업의 수직적,수평적 통합	관광산업의 대각선 통합
대중화된 서비스	고기술, 고감도서비스 (high tech, high touch)
비개별적 서비스	개별적 서비스
인력을 생산비용으로 간주	인력을 투자와 서비스 질의 핵심으로 간주
관광산업의 양적 성장	구조조정을 통한 규모의 경제 실현
규제의 존속	규제의 완화와 철폐
일방통행의 정보기술, 단독기술	쌍방통행의 정보기술, 통합기술

자료 : A. Poon(1989:93)참고 후 재작성.

2) 신관광시대의 관광마케팅 추세

신관광시대의 변화의 특성은 관광마케팅의 실행에 있어서 이전과는 다른 전략을 요구하게 되며, 몇 가지 중요한 시각전환을 가져오게 한다. 이는 전통적 마케팅과는 다른 차별적인 마케팅수행을 강조하기도 하며, 기존의 내용을 강조하는 내용을 담고 있기도 하다. 이러한 추세분석은 마케팅의 4가지 믹스 틀 안에서 최근의 자료 중 특히 관광산업분야의 새로운 방향(new directions in hospitality and tourism)으로 편집한 자료의 재분석을 중심으로 시도되었으며, 이중 변화기에 대비한 관광산업의 추세분석과 관광마케팅의 다양한 주제별접근(a thematic approach) 관점에서 재구성되었다.

가. 관광상품관리 측면

관광서비스상품은 그 특성상 제조업과는 다른 전략적 함의를 가지고 있다. 더구나 21세기에 요구되는 관광상품관리 측면을 보면 첫째, 고객화(customization)의 강조를 들 수 있다. 신관광시대의 관광자는 보다 섬세하며 다양한 관광욕구를 가지고 있다. 여기에 정보화의 가속으로 여행시장은 개별시장으로 쪼개지고 있다. 대중시장은 더 이상 존재하지 않는다. 미니시장 혹은 개별시장만이 존재하게 될 것이다. 이처럼 관광시장은 양적인 성장을 해왔지만 동시에 질적인 변화도 하고 있는 것이다. 이러한 상황에서 관광공급의 증가로 공급자간의 경쟁이 심화되고 있으며, 관광대체품의 개발도 증가하고 있다. 즉 고객의 입맛은 까다로워지고 있다.

관광자의 구미나 취향에 맞지 않은 상품은 이제 더 이상의 상품가치가 없게 될 것이다. 결과적으로 이는 고객화의 수준을 증가시킬 것이며, 나아가 쌍방향의 커뮤니케이션의 발달로 대량고객화(mass customization)까지도 가능할 것으로 보인다. 따라서 고객과 밀착되어 그 욕구에 부합될 수 있도록 하기 위해서는 고객을 상시적으로 모니터하고 이를 상품으로 연결시키는 일대일 마케팅(one-to-one marketing)개념의 도입과 실천이 요구된다.

둘째, 고객참여형 상품으로의 전환이다. 신관광시대의 관광자는 경직된 관광상품을 원치 않는다. 고객참여형 상품전략은 관광자의 만족은 물론 관광기업의 서비스비용절감효과도 가져올 수 있는 것이다. 이러한 상품의 전형적인 예는 미국 레스토랑산업인 샐러드바로서 인건비절감과 고객만족을 동시에 만족시키고 있다. 또한 객실에 영상체크아웃시설을 가진 호텔에서도 찾아 볼 수 있다. 이러한 고객참여형의 상품선호 경향은 여행업분야에서도 두드러지게 나타나고 있다. 즉 〈표 7-2〉에서 보는 바와 같이 기본적인 관광요소만을 지정하고 관광자의 자유의사를 극대화하여 신축성과 유연성을 원하는 관광시장이 증가할 것이다.

이러한 고객참여형 상품개발시 염두에 두어야 할 점은 첫째, 관광자가 상품에 대한 선택권을 갖고 있다고 자각시키는 일이 무엇보다 중요하다. 둘째, 관광자에게 이러한 상품선택의 장점을 얻을 수 있는 방법을 알려주어야 한다. 셋째는 관광자가 상품을 기꺼이 사용할 수 있도록 충분한 흥밋거리를 창출시켜야 한다.

표 7-2 패키지상품의 두가지 유형

기존의 관광상품 패키지	고객참여형 패키지
• 모든 관광요소(숙박, 교통, 식사, 관광대상, 쇼핑 등)의 고정 • 패키지에 참여하는 개인의 자유의사 최소화 • 비탄력적, 획일성, 제한성 • 선택의 여지가 없음	• 기본적 관광요소(숙박, 교통)만을 고정 • 관광자의 자유의사 극대화 • 신축적, 유연성, 비제한성 • 관광요소의 다양한 선택기회 • 관광상품의 다양화 기반 마련

셋째, 세분화된 관광욕구로 인하여 특별관심관광(SIT)상품에 대한 요구의 증가를 들 수 있다. 더 이상의 동질적인 대중관광시장이 존재하지 않는다는 전제하에 시장세분화는 새로운 출발점이다. 이제 관광시장은 다양한 흥미를 추구하는 작은 시장인 것이다. 이것이 대안적관광(alternative tourism)으로서 특별관심관광(SIT : special interest tourism)이다. 피어스에 따르면 미래관광자는 관광지에 단순히 존재하는 것이 아니라, 방문한 곳에서 참여하고(participating), 배우고(learning), 경험한다(experiencing)는 적극적인 활동적관광의 특징을 갖는다고 한다.

이러한 SIT는 1980년대 초반부터 선진국에서는 미래의 관광대안형태로 제안되기 시작했으며, 리드는 특별관심관광의 특성을 4가지로 규정하고 앞글자를 따서 진짜관광(REAL Tourism)이라고 하였으며, 관광마케팅 관리자는 관광상품의 계획시 이를 반영할 필요가 있다.

이러한 SIT의 영역은 관광자의 흥밋거리만큼 다양하게 존재한다. 따라서 이는 상품기획자의 아이디어창출노력과 상품기획능력에 따라 마케팅의 성패가 좌우될 것이다.

나. 관광가격관리 측면

관광가격결정은 기업의 내·외부적 요인을 고려하여 이루어진다. 동시에 가격은 경쟁력을 구성하는 중요한 경쟁우위요인이기도 하다. 여기서 강조되는 점은 첫째, 관광자지향적 매가정책(Tourist-Orientation Pricing)이다. 과거의 가격정책은 원가지향적이거나 할인가격을 통한 차별화전략이 주종을 이루었다. 그러나 이러한 방법은 본질적으로 근시안적 마케팅(Marketing Myopia)이며, 결과적으로 관광산업 전반에 걸쳐 출혈경쟁과 비전결핍을 초래하였다. 21세기 관광산업의 가격정책은 전통적이고 근시안적인 가격전략에서 벗어나 관광자의 가치에 근거한 가격, 관광자의 기대나 심리적 요소에 기반한 가격을 지향하고 있다.

둘째, 이윤관리기법의 도입과 활용이다. 일드 매니지먼트(Yield Management)의 낡은 개념을 현대적 컴퓨터 예약시스템인 CRS체계로 수정, 발전, 통합시키는 것이다. 이는 상이한 세분시장의 판매조건을 잘 이용하여 최적의 이윤을 추구하는데 초점을 두고 있다. 이는 시황이나 이윤의 균형적 상태 탐색가능성에 대한 기존의 체계적 분석방법을 향상시키기 위한 새로운 산출도구다. 이 시스템은 원가지향적인 기법보다 시장지향적인 가격결정을 할 수 있는 잠재력을 갖고 있다. 향후 관광기업은 이러한 이윤관리철학을 담고 있는 대량예약시스템을 통해 이윤창출기회를 증대할 수 있다.

다. 관광유통관리 측면

최근 OECD국제관광회의에서 주제 발표한 WTO사무총장은 점차 질 높은 여행상품을 선호해가는 여행자들은 목적지에 대한 정보 및 상품정보를 점차 전자매체에 의존하는 경향이 있다고 하면서 정보기술의 발전이 관광유통질서에 미치는 영향이 클 것으로 전망하고 있다. 그 특성상 다면적 유통구조를 가진 여행유통구조는 향후 그 변화추세가 더욱 클 것으로 보며, 문헌분석을 통한 주요 추세를 보면 다음과 같이 논의될 수 있다.

첫째, 인터넷마케팅의 영향을 들 수 있다. 인터넷의 보급확대와 이용료의 인하 등으로 인터넷유통시장이 증대하고 있다. 미국의 마케팅리서치회사의 보고서에서는 1996년 한 해 동안 인터넷 여행사이트를 통한 총매출이 약 2억 7천만 불로 2000년에는 45억 불이 될 것이라고 전망한 바 있다. 이 수치는 호텔, 항공사, 여행사, 렌트카, 쿠루즈 등에 대한 인터넷 거래수입과 웹사이트에서 얻어지는 광고수입을 모두 반영한 것이다. 한국에서도 현재 전 세계에서 인터넷 인구층이 가장 두꺼운 국가가 된지 오래이므로 사이버마켓의 중요성을 더하고 있다. 21세기에는 인터넷 접속수단의 다양화와 비여행전문사이트에서도 여행정보나 여행거래서비스가 확대될 것이어서 인터넷을 통한 유통전략에 큰 변화가 있을 것이다. 실제 인터넷정보 탐색자의 특징에 대한 몇몇 조사를 보면, 연령층도 젊은 층에서 중년층으로 두터워지고 있으며, 특히 정보화 지수가 높은 선진국에서는 인터넷을 통해 정보입수와 구매활동이 보편화되어 가고 있음을 알 수 있다.

둘째, 직접유통전략이 증가하고 있다. 계속해서 관광공급업체인 항공사와 호텔 등에서 관광자와의 직접거래가 증대하고 있다. 인터넷 등의 공중통신망의 확대와 유통구조의 개선을 통한 이윤증대 등의 이유로 직거래가 가속화될 전망이다. 최근 구미의 대형항공사들은 여행사를 통한 항공권판매 비율을 대폭 감소시키고 수수료율도 인하하는 한편, 인터넷 웹사이트를 통한 항공권 직판의 비율을 확대해 나가고 있다. 또한 항공권 자동판매기, CD를 통한 항공권판매, 편의점의 항공권판매 대리점화 등 유통의 다각화전략도 시도하고 있다. 국내의 대부분 특급호텔과 국적항공사도 이미 인터넷 홈페이지를 개설하고 예약뿐만 아니라 각종 여행정보를 제공하는 라인을 개설하여 운영하고 있는 실정이다.

셋째, 전략적 제휴의 활성화이다. 1970년대 이후부터 항공사와 호텔산업 등 서비스산업의 제휴는 세계화추세로 21세기에도 더욱 가속화될 전망이다. 그동안 국가 간의 규제완화노력과 경쟁적 환경이 제휴의 필요성을 증가시켰으며, 1990년대에 들어서면서, 특히 항공산업에 있어서 순환적인 경기불황과 경영에 있어서 과중한 손실은 경영효율을 향상시키기 위해 새로운 제휴가 필요하다는 인식을 더욱 배가시켰다. 즉 신규서비스를 늘리거나 더 많은 항공기를 구입하는 대신에 파트너 항공사와의 제휴마케팅을 구사하게 된 것이다. 제휴항공사들의 포괄적(umbrella)형식으로 운영하는 제휴마케팅은 자사의 영업지역에 대한 지식과 정보를 바탕으로 전 세계의 네트워크형성 등 강력한 마케팅력을 발휘할 수 있는 장점이 있다.

오늘날 세계의 여행예약체계는 CRS(computer reservation system)인 컴퓨터 예약시스템에서 GDS(global distribution system), 즉 세계유통시스템으로의 전환이 이루어지고 있고, 인터넷을 통한 월드서비스의 확대로 관광업체는 전 세계를 대상으로 예약·판매하게 되었다. 한국의 양대 국적 항공사가 추진하고 있는 항공예약시스템의 세계화 추세가 이를 반증한다. 즉 대한항공의 토파즈(TOPAS)가 유럽의 아마데우스(AMADEUS)와 전략적 제휴를 통해 예약 및 통신서비스를 장악해 가고 있으며, 아시아나 항공사 역시

아바쿠스(ABACUS)와 세이브(SABRE)와의 제휴로 강력한 세계적인 유통네트웍을 형성해 가고 있다.

결과적으로 향후 관광업계의 유통체계는 기술적으로 우수한 기업을 중심으로 업체의 인수·합병이 지속적으로 행해져 주요 관광기업의 시장독점이 가속화될 것으로 보이며, 한편 규모는 작지만 세분화된 틈새시장을 대상으로 전문여행상품으로 취급하는 전문여행업체 형태의 기업이 활성화되는 양극화 현상이 대두될 전망이다. 이러한 시장환경 변화가운데서 전략적 제휴는 중요한 마케팅활동이 될 것이다.

표 7-3 항공사의 제휴마케팅 사례

제휴 형태	제 휴 내 용
주식공유와 주식교환	제휴한 항공사가 서로 협력관계를 공고히 하고, 장기간 서로의 신뢰를 확보할 수 있는 가장 강력한 형태의 제휴로서 전략적 결정에까지 관여하는 제휴형태
약관공유	항공사간의 협의로 성립되며, 협력항공사 간의 연결비행과 협력사의 항공권을 자신의 항공사명의로 판매가 가능한 항공사 간의 기본적인 제휴형태
서비스공유	한 항공사가 제휴항공사에 승무원과 항공기를 제공하고 운항하여 발생하는 이익을 협력항공사가 공유하는 제휴형태로서 마케팅과 홍보는 공동 혹은 분담하여 추진
단체좌석 예약·배정	몇 개의 좌석을 묶어 제휴항공사와 연결서비스를 받는 승객들의 좌석 보장을 위해 사전에 동의한 금액으로 협력항공사의 좌석일부를 예약
공동운항과 상호호혜	제휴항공사간의 승객에게 마일이지점수를 누적시켜주고, 공항라운지를 허용하며, 주력 프로그램을 상호간 이용
계약가맹협의	제휴항공사가 그 브랜드를 협력사가 이용, 영업을 가능케 하는 협정으로, 계약항공사는 자원, 마케팅, 정보기술, 훈련과 연료의 구입, 보험에 이르기까지 협력하는 제휴형태
운항일정 조정	협력항공사간에 제휴한도 내에서 연결을 향상시키기 위해 부족한 활주로 이용권한을 교환 또는 제공
요금협력	규제당국이 허용하는 범위 내에서 제휴항공사는 서로 운항하는 노선에 대한 요금과 요금구조를 제공

자료 : T. French(1997), Global trend in airline alliance, Travel & tourism Analyst, no.4. pp.150~155. 요약.

라. 관광촉진관리 측면

관광촉진은 결국 고객과의 효율적인 의사소통문제에 귀결되며, 다양한 방법을 구사하게 된다. 이러한 다양한 촉진방법에 있어서 향후 강조되는 사항을 분석해 보면 다음과 같다.

첫째, 세계지향적 마케팅(geocentric marketing)을 지향한다는 것이다. 세계지향적 국제관광조직을 소위 세계기업(global company)이라 하며, 이러한 세계지향적 관광기업은 세계시장에 합리적 가격으로 판매하기 위하여 표준화된 제품과 신뢰할만한 품질의 개발을 통해 규모의 효율성을 추구하게 된다. 즉 전 세계를 동일국가시장으로 설정하는 것이다. 세계적 마케팅개념(global marketing concept)의 중요성은 세계시장이 공통적인 구심점을 가지고 세계인의 요구와 욕망을 만족시킨다는 것을 전제로 하고 있다.

따라서 전 세계를 통해 동일한 제품에 대한 수요를 가진 주요 세분시장을 구성해 나가고 있다. 이것이 과거와 같이 관광기업들이 단일제품과 단일시장전략을 가지고 세계시장에 대응한다는 것을 의미하는 것은 아니다. 오히려 전통적인 세분화방법인 송출국가별 세분이 아니라 추구편익과 같은 다양한 세분화 방법을 통해 표적시장을 선정해 나가는 전략인 것이다.

둘째, 미시마케팅(micro-marketing)을 강조할 것이다. 21세기 들어서서 관광산업에는 대중시장(mass market)의 개념은 이미 존재하지 않는다. 이러한 대중마케팅에 대한 접근방식은 이미 지나간 흔적이 되고 있다. 대중시장은 계속 증가하는 소비자의 선택, 모델, 형태, 규격, 색상, 그리고 고객화 등으로 다양하고 변화무쌍한 세분시장으로 나누어져 왔다. 20세기말은 다양성의 면에서 실로 전례가 없던 시기다. 촉진활동은 수백만의 개성을 추구하며 폭넓은 선택권을 가지고 있는 고객을 상대로 소구해야 하는 것이다. 다중선택사회는 이제 새로운 경쟁인 것이다. 이러한 탈대중화 현상은 관광산업으로 하여금 한층 정교해질 것을 요구하고 있으며, 다중시장(multiple market)에 대한 세분화와 표적화를 동시적으로 수행함에 있어서 더욱 정확성을 기해야 함을 의미한다. 따라서 관광산업의 미래는 거시마케팅보다는 미시마케팅을 추구할 것이며, 이는 고객과의 긴밀함을 요구하며, 고객지향적이어야 하며, 표적화된 새로운 매체의 이용을 뜻한다.

셋째, 친근화 마케팅(affinization marketing)을 적극적으로 활용할 것이다. 1980년대와 1990년대 초기 소비자시장은 여러 가지 기준을 가지고 세분화되었다. 지금은 이러한 분화현상이 특별한 이익을 중심으로 조직된 집단의 확산을 의미하는 친근화(affinization) 현상으로 발전하고 있다. 이러한 친근화 현상은 이웃 간이나 혹은 수백만의 베이비붐 세대로 이루어진 공동체를 기반으로 할 수 있다. 혹은 정치, 경제, 사회적 이익을 중심으로 조직된 사람들이 될 수도 있다. 이미 신용카드회사에서는 이러한 경향을 받아들여 친근카드(affinity card)를 발행하는 곳도 있으며, 이 카드는 수수료의 일정부분을 자연보호단체나 퇴직자단체에 자동적으로 기부하고 있기도 하다. 이러한 친근화 현상은 마케팅차원에서 관광분야에 확산될 가능성이 매우 크다.

넷째, 녹색마케팅(green marketing)을 더욱 강조할 것이다. 관광시장은 이제 관광업계의 일방적인 관광상품을 무비판적으로 수용하는 구관광자(old tourist)에서 자유의지를 가지고 비판적으로 선택하는 신관광자(new tourist)로 전환하고 있다. 관광업체와 관광지의 개발주체들 역시 환경에 대한 관심이 점점 증가하고 있으며, 이에 대한 노력도 배가하고 있다. 따라서 21세기 관광산업은 제품의 경쟁력제고와 더불어 신뢰할 만한 저엔트로피형 마케팅프로그램을 갖출 필요가 있다. 어쩌면 관광산업 스스로가 성장하기 위한 존재이유가 환경에 크게 의존하고 있기 때문에, 청정산업에 대한 잠재력을 스스로 확보하지 않으면 안 될 것이다. 지속가능한 산업(sustainable industry)으로 위상을 갖기 위해서 바로 녹색마케팅이 강조되는 것이다.

다섯째, 지원마케팅(cause-marketing)의 활용이다. 지원마케팅이란 사회적으로 공유하고 있는 가치를 우선시하고 이를 지원해주는 활동으로서 결국 시장점유율을 높이고 판매원들에게 동기를 부여하고 취약한 공공이미지를 개선한다는 마케팅의 개념이자 믿음인 것이다. 실제로 기업경영인과 종업원들은 기업이 책임 있는 경영을 통해서 미래세대를 위해 지구를 보존하고 이익을 이끌어낼 수 있는 도덕적 실재가 되어야 한다는 믿음을 가지고 있다. 책임 있는 경영이란 넓은 의미에서, 즉 환경보호주의보다 더 넓은 개념에서 사람들과 모든 생물이 그 터전을 가져야 한다고는 것을 진지하게 생각하는 것이다. 그것은 세계경제성장과 인구 및 기술변화 그리고 소득불균형이 어우러지면서 미래가 버티어 낼 수 있는 가에 대해서 생각해야 한다는 의미를 가지고 있다. 실제 미국인의 4분의 3 이상은 구매를 결정할 때 환경문제에 대한 기업의 명성이 영향을 준다고 말하고 있다.

여섯째, 내부 마케팅과 관계마케팅을 더욱 강조할 것이다. 내부마케팅과 관계마케팅은 비전통적 마케팅활동으로서, 내부마케팅이란 기업의 종사자를 내부고객으로 보며, 그들의 직무를 내부제품으로 간주하는 개념이다. 따라서 기업의 목표를 달성함에 있어서 내부고객의 요구와 욕망을 만족시킬 내부제품을 제공하는데 노력을 기울이는 것이다. 그리고 관계마케팅이란 기본고객을 보호하는 것을 말하며, 이는 고객을 기업의 자산으로 간주하는 개념인 것이다. 따라서 그 기능은 고객관계를 유인하고 유지·고양시키는 것이다. 실제로 호텔기업에서는 중요한 마케팅활동이 주로 평생고객과 단골고객 지향적이다. 기업이 충성고객을 유지하는데 드는 비용이 신규고객 창출비용의 20%에 불과하며 장기고객유지를 위해 5%의 비용을 추가하게 되면 25%에서 125% 정도의 이익증가를 가져올 수 있기 때문이다. 즉 관계마케팅은 궁극적으로 고객과의 관계의 질을 높이며, 긍정적인 구전효과에도 영향을 주게 되어서 향후 마케팅전략의 주요 부분으로 확산될 전망이다.

3. 세계화 시대의 새로운 관광인 모습

많은 관광전문사들이 전문인력 부족이 향후 관광산업의 가장 중요한 현안문제가 될 것이라고 예측하고 있다. 국제노동기구(ILO)와 세계관광기구(WTO) 등을 비롯한 국제기구에서도 관광전문인력 양성에 대해 지대한 관심을 갖고 국가 간 정보 및 아이디어 교류를 위한 회의를 개최하거나 특별프로그램을 수행하고 있다.

관광인력 양성문제에 대해 가장 관심을 기울이고 있는 지역은 유럽이다. 유럽은 최근 아·태지역의 성장에 못 미치는 국제관광성장을 보이고 있는 가운데 통합을 통해 새로운 유럽으로 거듭나면서 높은 비중의 국제관광지역으로서의 그 중요한 위치를 계속 고수할 것이라는 각오를 새로이 하고 있고 이러한 상황에서 가장 현안문제로 대두되는 것이 전문인력의 공급이라 보고 그 대안 마련에 부심하고 있다.

무한경쟁에서 이겨나가려면 관광산업 전체, 각 관광지, 각 업체 모두 구매자에게 훌륭한 가치를 선사할 수 있는 질 높은 여행경험을 제공해야 한다. 이러한 목적을 달성하기 위해서는 지식수준이 높고, 활기 넘치며, 사업가적 기질이 있는 사람들이 필요하다. 소비자의 기대 및 업계 자체의 구조적 변화도 업계의 인력수요 변화에 상당한 영향을 미치고 있다. 소비자시장의 고령화, 학식 및 여행경험 증대에 따라 소비자의 관광기대가 점차 복잡해지는 추세로 오늘날의 소비자는 카운터직원의 간단한 정보보다 여행전문가의 전문적인 조언을 요망한다. 최상의 여행선택을 하겠다는 욕구가 높으며, 자신들의 특정요구에 부응하여 만들어진 특별한 일정을 원한다. 즉 보다 좋은 서비스를 요구하는 것이다.

질적인 서비스가 관광산업을 이끌어 가는 핵심요소가 될 것이라고 전망하는 사람들이 많다. 서비스는 누가, 언제, 어디서, 어떻게 제공하는가에 따라 고도의 다양성을 갖게 되는데 여기서 가장 결정적인 역할을 하는 것은 시간, 장소, 방법 등 제반요소를 통제하는 주체가 되는 사람이다. 좋은 서비스는 종사원의 수준에서 나오는 것으로 동기가 충만하고 헌신적이면서 전문지식과 기술력이 있는 종업원에 의해서만 가능하다. 그러면 미래의 관광산업을 위해 요구되는 종사원의 자질이란 보다 구체적으로 무엇이라 할 수 있는가? 바로 이 자질을 키워주는 것이 오늘의 관광교육의 핵심이 되어야 할 것이다. 이 질문에 대한 응답결과를 지배인직, 감독직, 일선종사원직 세 부문으로 구분하여 정리해 볼 때 각 부문에 요구되는 관광인력의 모습은 다음과 같다.

• 지배인직

지배인은 기술·재무기술을 갖추고 교육·훈련에서부터 고객창출 직원문제까지 폭넓게 책임질 수 있는 사람을 필요로 한다. 융통성이 모든 분야의 지배인들에게 공통적으로 필요한 요소이다. 또한 모든 부서에 대한 지식이 필수적이며, 외국어 구사 및 업무에의 다문화적 접근 그리고 스트레스 대응능력이 강한 사람이 필요하다.

• 감독직

다른 직원들을 감독하면서 여러 가지 업무를 수행하는 사람으로서 자기통제적이며 재무, 회계, 케이터링, 세일즈, 마케팅에 전문적이어야 한다. 조직에 대한 이해, 창조성, 고객대응기술, 의사소통능력, 외국어 구사 등이 요망된다.

• 일선종사원직

호텔종사원, 여행사카운터직원 및 세일즈맨, 웨이터, 항공사 승무원 등 고객을 직접 상대하는 사람으로 직장생활 초참자인 경우가 많다. 친절하고 의사소통능력이 있으며 외국어지식이 있어야 한다. 또한 행정 및 컴퓨터능력도 요망된다. 여기서 가장 강조되고 있는 것은 의사소통능력과 외국어능력으로서 이는 개방화·세계화사회에서 관광산업이 존립해 나가는데 필요한 인력의 필수적인 자질이라고 할 수 있다.

한국관광공사에서도 관광교육실태에 관한 설문조사를 실시하면서 미래의 관광종사원들에게 가장 요구되는 자질에 관한 문항을 포함시켜 우리 관광업계가 필요로 하는 미래의 관광인의 모습을 조명해 보았다. 귀하께서는 개방화·세계화 시대를 맞이하여 관광종사원들에게 가장 요구되는 자질이 무엇이라고 생각합니까?"라는 질문에 그 결과는 1위가 외국어구사능력, 2위가 전문실무지식, 3위가 국제적인 감각과 매너, 4위가 외모 및 태도, 5위가 컴퓨터 등 첨단정보기술 활용능력의 순으로 나타났다. 따라서 외국어와 전문실무지식, 국제적인 감각과 매너, 서비스태도, 컴퓨터기술 등이 앞으로 우리의 관광교육이 다루어야할 핵심내용이 되어야 할 것으로 보인다. 업종별로 보면 관광종사원에게 요구되는 자질은 〈표 7-4〉와 같다.

표 7-4 미래의 관광종사원들에게 요구되는 자질

순 위	호 텔 업	여 행 업	휴 양 업
1	외국어구사능력	외국어구사능력	외국어구사능력
2	국제적인 매너와 감각	전문실무지식	전문실무지식
3	외모 및 태도	국제적인 매너와 감각	외모 및 태도
4	다기능적 역할 수행	컴퓨터 및 첨단정보 기술활용능력	국제감각
5	컴퓨터 및 첨단정보기술활용능력	위기관리능력	컴퓨터 및 첨단정보 기술활용능력

이러한 국내외 조사자료 및 이에 관한 국내외 전문가들의 견해를 종합하여 개방화·세계화시대에 요구되는 새로운 관광인의 모습을 그려보면, 미래의 관광인은 여러 나라 언어를 구사할 수 있으며, 자신의 직무에 대해 정통하고, 컴퓨터기술 등 새로운 지식 및 기술을 신속하게 받아들여 업무에 활용하며, 여러 나라 문화 및 예절을 폭넓게 이해하여 다양한 국적과 계층의 고객들의 요구사항을 올바르게 감지하고 유연한 대인관계 기술로 이에 대응하며, 주도적인 협상능력을 가지며, 각 시장마다 다른 문화적 맥락에서 각 시장의 특성을 다르게 이해하고, 국내외 정책을 비교분석해서 시의적절하게 대응하는 능력을 가져야 할 것이다. 우리의 관광산업이 향후 지속적으로 발전을 유지해 나가려면 바로 이러한 인력의 양성이 밑받침되어야 할 것이다.

제3장 03 대안관광시대의 도래

1. 관광엔트로피

1) 관광엔트로피의 개념

전환기적인 특성으로 인한 새로운 패러다임의 필요성과 관광현상과 그 문제에 대한 체계론적인 인식을 전제로 했을 때, 새로운 인식을 가진 엔트로피 패러다임은 관광문제에 대한 인식과 대안제시 측면에서 의미가 크다고 볼 수 있다. 엔트로피(entropy)란 용어는 1865년 독일의 클라우지우스(R. Clausius)에 의해서 제안되었으며, 그의 논문인 열역학이론에서 엔트로피란 용어를 만들어냈다. 엔트로피는 그리스어의 변형(tropy)이란 단어를 따라 쓰레기와 같이 어떤 행위나 과정의 결과를 물체의 엔트로피(entropy)라 부를 것을 제안하면서, 이는 우주적과정의 방향성을 기술하는데 유용한 개념으로 활용되고 있다. 그는 열역학에 관한 2가지 법칙을 제안했는데 제1법칙은 우주의 에너지는 일정하다이고, 제2법칙은 우주의 엔트로피는 항상 증가한다이다. 우주의 모든 에너지는 없어지는 것이 아니라 다른 에너지로 전환되기 때문에 항상 일정하다는 것이다. 그런데 일명 엔트로피법칙인 제2법칙은 에너지가 사용가능한 에너지에서 사용불가능한 에너지 –엔트로피(쓰레기)– 로 방향성을 가지고 바뀐다는데 여러 가지 현대문명에 시사하는 바가 큰 것이다.

결국 자연세계에서 인공적 변화란 사용가능한 에너지를 불가능한 형태로 바꾸면서 주위의 엔트로피를 증가시키는 방향, 즉 값어치가 있는 상태에서 값어치가 없는 상태로의 한 방향으로밖에 일어날 수가 없다는 한계를 깨우쳐 주는 것이다. 그러므로 현재 도처에서 일고 있는 양적 성장이란 결국 이러한 엔트로피의 증가를 부추기는 결과를 낳고 있는 것이다.

이러한 엔트로피법칙에 대한 과학자의 견해를 종합해 보면 아인슈타인은 결코 붕괴되지 않을 유일한 물리학 이론으로 보았으며, 섀년(C. Shannon)은 **정보엔트로피**라는 용어를 만들어 냈다. 즉 이러한 엔트로피 개념의 적용은 이제 경제·사회·정치·예술 등 모든 분야에 파고들어 영향을 주고 있다. 인간의 일거수일투족이 이러한 엔트로피의 법칙에 철저하게 지배되고 있는 것이다.

여기서 관광엔트로피의 개념을 생각해보자. 관광엔트로피란 관광현상을 통해 야기되는 각종 부적 영향(negative impact) 혹은 비용, 폐해, 쓰레기, 공해 등을 일컫는 뜻으로 대치될 수 있다. 그동안 관광의 효과나 영향연구에서 부적 부문(negative part)에 대한 지적을 감안한다면, 관광엔트로피(tourism entropy)는 결코 새로운 개념은 아닌 것이다. 그러나 관광문제의 인식과 실천면에서 -그 중요성에 대한 인식과 대안 모색을 통한 실천면에서- 관광엔트로피란 용어는 더욱 설득력이 있으며, 파괴적인 힘을 지닌 개념인 것이다. [그림 7-2]는 관광현상 체계 내에서 관광엔트로피의 발생가능성을 나타내는 그림이다. 여기에서는 이러한 관광엔트로피 개념을 관광구조 속에서 각 요소별로 적용하여 보고 그 대안적 방안을 모색하고자 한다.

그림 7-2 **관광엔트로피(Tourism Entropy)의 발생구조**

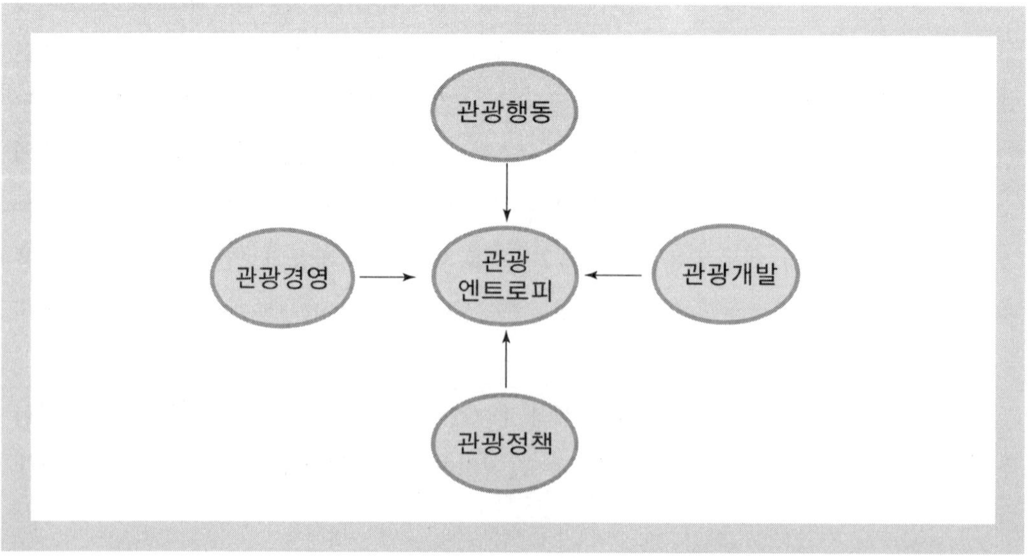

2) 관광행동과 엔트로피

이제까지의 관광자는 한 지역의 객(客)으로서 왕으로 군림(king guest)해 왔다. 이는 해당지역의 경제적 성장이라는 큰 목표 하에 용인되었던 결과이다. 결론적으로 이러한 입장에서의 관광행동은 관광엔트로피 증가에 대한 중요한 요인인 동시에 논의의 여지를 가지고 있다.

다음은 그동안의 관광행동을 통한 엔트로피발생의 전형적인 사례다.

관광객이 날아들면 우리 섬주민은
2주일간의 대여홍인 기괴한 사육제 속으로 탈바꿈한다.

관광객이 날아들면 우리가 갖고 있던 문화는 창밖으로 날아가 버리고
우리의 관습은 선글라스와 팝송과 교환되어 성스러운 의식을 10센트의 쇼로 받는다.

관광객이 날아들면 우리는 길가의 외교관이 되라고 요구받는다.
미소를 띠고 예의바르고 실을 헤내는 관광객을 언제든지 안내 해 주고
진정 그들이 어디로 가기를 우리가 진정으로 바라는지 그들에게 말해줄 수 있다면!

이는 말레이지아의 가장 유명한 관광지인 페낭노에 사는 시인 세실 리젠드라의 강한 어조의 시귀이다. 우리나라의 경우도 관광입국의 초기에 이러한 관광엔트로피 발생사례는 유명관광지에서 흔히 찾아볼 수 있었다. 다음은 한국의 대표적인 관광지인 제주도의 관광엔트로피발생 사례다.

외부에서 온 낯선 사람들에 의해 구경거리의 대상이 된 주민들은 **문화적 동물원**의 구성원으로 간주되고, 그들의 일상생활은 방문객을 위한 **전시용**으로 돌변하는 과정에서 주민들은 경제적 내지는 문화적 박탈감마저 경험하게 되는 것이다. …… 자신들의 생활도구들이 문화재로 지정되어 동물원의 필수품이 되고, 그 속에서 구경꾼들을 위하여 **원숭이** 노릇을 해야 하는 자신에 대한 자기비하와 모멸감은 극도의 사회적 고립과 대립양상을 창출하기 마련인 것이다.

또 다른 사례는 세계오지탐험가의 경험사례로서 마추피츄로 가는 잉카의 길 탐사트레킹 중의 목격한 한 대목이다.

> 10명 정도의 중년관광객에 15명도 넘는 짐꾼이 따라 붙는다. 호화판 여행그룹이다. 침낭과 최소한의 짐을 지고도 힘든 이 길에 무슨 놈의 식사할 때 앉는 의자며, 식탁이며, 램프며 맥주에 접는 침대까지 남에게 지워다니나. ····· 하루에 많아봤자 10솔레스(한화 약 2천원)를 받으며 관광객의 사치를 위해 갖은 애를 쓰고 땀을 흘리는 짐꾼들이 애처롭다. 저들이 바로 이 땅의 주인인데 단지 돈 때문에 손님이 주인 되어 진짜 주인을 하인 부리듯 하나.

이상의 사례에서 관광행동의 주체자로서 관광자의 엔트로피 발생가능성과 실제에 대해 주목했다. 물론 모든 관광자가 그런 것은 아닐 것이다. 개중에는 저엔트로피형 관광자도 있다. 문제는 관광행동의 결과가 또 다른 사람 -주로 지역주민과 관광종사자- 의 희생이 전제되는 고엔트로피형 관광행동인 것이다.

현재 우리 모두가 드물지 않게 여행을 하면서 관광자를 비난하고 조소하는 이유는 그들이 마치 쓰레기(엔트로피)만 두고 가는 전염병과 같이 나타나는 메미떼이자 황금무리요, 봉이기 때문이다. 이러한 고엔트로피형 관광자는 대중화된 거대한 관광물결의 흐름 속에 거침없이 자기중심적으로 행동한다. 이들은 스스로가 문제의 주인공가운데 한 사람임에도 불구하고, 이런 주제에 관한 논의에 항상 예외적인 것이다. 확실한 것은 관광자 스스로가 이러한 상황을 깨닫는 것이 중요하다. 예를 들어 대안적 관광자(alternative tourist)의 한 유형으로써 한 오지여행가의 여행일지다.

> 저녁을 먹고는 산발을 하고 있는 막내 글로리아의 머리를 빗겨주었다. 여기 인디오 여자들도 옛날 우리나라 여자들처럼 앞가리마를 따는데, 내가 우리나라식으로 이마를 드러나게 하면서 두 갈래로 촘촘히 땋아주었더니 다 깨진 거울을 들여다보고는 아주 좋아한다. 옆에 있던 인디오 할머니도 멋쩍어 하면서 내가 쪽을 지어준 머리를 보고 좋아하신다. 할머니의 그런 변신을 보고 있는 아이들이 재미있어 하면서 내 옆에 착 달라붙어 떨어지지 않는다.

현지주민과의 일체가 되어 아니 동화되어 그들의 삶을 만끽하는 상황이다. 이를 우리는 토착관광(indigenous tourism) 혹은 대면관광(people to people tourism), 의식관광(sensible or sensitized tourism)의 원형이라고 볼 수 있다. 이러한 형태의 관광행동은 지역중심으로 지역자원을 활용하며 상대적으로 관리가 용이하고 비파괴적이며, 관광자와 지역주민에게 공히 이익이 되어 심지어는 그들 간의 의사소통까지 증진시킬 수 있다.

크리펜도르프는 휴가여행자를 두 가지 유형으로 나눈다. 첫째, 휴가기간 동안의 경험을 쉽게 망각하고 다시 쉽게 일상생활의 포로가 되는 유형이다. 이들에게 휴가는 환상의 케이크덩어리일 뿐이다. 두 번째 유형은 여행이나 휴가를 학습과정의 계기가 되는 경험을 갖는 유형으로 태도나 행위면에서 이들은 여행 중 큰 변화를 낳게 되며 사회적 변화도 갖게 된다. 이 유형은 여행을 인생의 학교(school of life)로서 현실감각을 자각하고 환경에 대한 문제의식을 갖게 해준다.

결국 여행환경은 관광브로셔에 나타난 것만큼 아름다운 것은 아니다. 일상생활의 공허감이 짧은 휴가로 대치된다는 것은 무리다. 중요한 것은 일상생활에서의 만족스러운 삶의 태도인 것이다. 탐구나 학습과 같은 저엔트로피형 관광은 일상생활의 큰 보상이나 탈출로부터 기대할 수 없기 때문이다.

3) 관광개발과 엔트로피

관광개발을 넓은 의미에서 보면 관광체계(tourism system)전체의 개발을 그 범주로 볼 수 있지만, 작은 의미에서 보면 관광대상(tourist attractions), 혹은 관광자원(tourism resources)의 개발인 것이다. 관광엔트로피를 후자의 관광개발과 관련시켜 볼 때, 관광개발과 관광지 지역주민과 지역사회와의 관계에서 논의의 여지가 있다. 즉 지역사회에 주는 각종 부적 영향과 지역주민의 자율권문제로 볼 수 있다.

관광자는 관광지주민과 접촉을 가지며, 그들의 의사와 관계없이 관계(host and guest relationship)를 갖게 된다. 여기서 지역주민은 관광을 어떻게 바라보고 있으며, 그 영향은 무엇인가? 또한 그들의 자율권은 어떠한가?

고대 그리스의 크레타에서 발견된 한 서적에 의하면 그 지역주민은 관광자를 적(enemy)으로 간주하고 매우 위험한 존재로 인식한 사실이 기록되어 있다. 그러나 환대는 최상의 가치요 의무였기 때문에 적이라도 그들을 친구로 환대하며 침묵한 것이다. 이제 관광은 수익성 있는 사업이 되었다. 따라서 관광프로모션에 대한 관심은 지역주민보다 돈을 쓰는 관광자인 것이다. 물론 관광시장은 황금시장이요, 그 구성요소에는 지역주민도 들어가 있다. 지역주민들은 관광이 수익창출과 고용창출 등을 명분으로 한 최초의 관광개발을 비판 없이 수용한다. 그러나 시간의 경과에 따라 이것은 환상일 뿐이라는 것을 자각하고 현실적인 태도를 취하지만 이때는 이미 통제력을 상실한 때인 것이다. 그들 운명에 대해 속수무책이 되는 것이다.

다행히 최근 관광개발의 원리를 균형적으로 인식하면서 관광자와 지역주민의 희망조건을 반영해야 한다는 인식이 대두된 것은 매우 고무적이다. 실제로 지역공동체 속으로 관광의 궁극적인 통합은 지역주민들이 애초 관광자들을 위해 계획된 시설이용의 바람직성과 편리성을 발견할 때 가능한 것이다. 그러나 현실은 아직도 그와는 거리가 있다. 사실 관광이 지역주민에게 주는 경제적 편익의 고전적 의미는 외화획득, 고용 및 소득증가, 도농 간의 격차해소 등이 대표적이다.

하지만 이들을 지역주민입장에서 보면 비판의 여지가 많고 그에 비해 감수해야 하는 엔트로피는 훨씬 무거운 것이다. 지역주민이 자연자원과 노동력을 제공하고 자금은 외부에서 유입되는 것이 일반적이다. 여기서 이익배분은 공평하지 않고 결국 외부에 예속되는 결과를 초래하게 된다. 그동안 제기되어 왔던 관광개발의 엔트로피는 환경파괴에서 고유문화의 파괴 내지는 변형, 취약 경제구조의 창출, 불건전한 생활, 무력감 발생 등이 있다. 이러한 관광개발을 통한 엔트로피의 증가는 지역주민의 몫이고 그 비용도 관광자가 지불하는 비용에 대해서 엄청나게 비싼 것이다.

이러한 관광개발의 영향측면에서 불공평한 비싼 대가를 감수해야 하는 비용문제 이외에 지역주민의 자율권 문제도 중요한 측면이다. 인류역사를 자율성 회복의 역사라고 볼 수 있으며, 이 자율은 관광엔트로피를 논의함에 있어 중요한 개념이 된다. 즉 그동안 많은 관광개발 사례에서 관광개발은 지역주민으로부터 자율적인 의사결정의 상실이라는 높은 엔트로피를 발생시켜왔다.

관광자들은 그 특성상 우월주의를 가지고 있어서 그들 시각에는 방문지역의 자연자원과 지역문화는 한낱 소비재에 불과한 것이다. 이러한 사례는 국내의 제주도 중문단지 개발 시에도 연출되어 그 후 많은 후유증을 남기기도 했다. 이러한 지역주민의 참여문제는 그 중요성에도 불구하고 인식하기가 어렵고, 개발이 진행되고 난 후에 깨닫게 되기 때문에 더욱 큰 문제가 되는 것이다.

이러한 자율성의 상실문제는 시간이 경과함에 따라 더 많은 외부세력을 유입하게 하고, 마침내는 지역주민이 그 사회에 있어 소수인이 되게 한다. 즉 관광자의 유입과 신규노동자의 유입으로 점령당한 신식민지적 성격까지도 띠게 된다. 관광개발로부터의 엔트로피발생은 론 오글라디의 지적처럼 관광개발의 영향을 받게 될 지역주민들이 직접관광개발에 대한 토론과 논의에 참여하여 그 편익이 지역주민에게 돌아가도록 배려하는 것이 중요하다. 또한 지역주민과의 진정한 의미 있는 접촉이 어려운 상황 하에서 **동물원 징후군**을 보인다면, 관광지구를 무대화하여 격리 수용하는 것도 바로 이러한 엔트로피를 줄이려는 좋은 방법이 되고 있다.

실제로 지방화시대의 바람직한 관광개발방향은 인간과 환경의 조화가 바로 성패의 관건이 되며, 특히 지역고유의 소프트한 관광자원을 적극적으로 활용하는 것이 대규모의 자본투자 없이 지역주민이 자율성을 확보하는 좋은 대안이 되며, 경제적 효과도 거둘 수 있다.

관광개발로 인한 고엔트로피 발생에 대안적인 형태의 관광은 적정 관광(appropriate tourism), 보전적 관광(sustainable tourism), 지역기반 관광(community-based tourism), 소규모 관광(small tourism), 별장 관광(cottago tourism), 통제된 관광(controlled tourism) 등으로 제안되고 있으며, 엔트로피발생을 최소화할 수 있는 대안 관광이라 할 수 있다.

4) 관광경영과 엔트로피

관광산업과 관련해서 엔트로피를 생각해보면, 우선 관광시장의 변화추세와 밀접한 관계가 있다고 본다. 즉 일 위주의 사회, 혹은 즐기기 위해 일하는 사회에서는 당연히 그 여행동기가 많은 엔트로피를 발생시킬 수밖에 없는 구조를 만들어낸다.

그러나 최근 선진국을 중심으로 관광시장(tourism marketplace)이 1970년대나 1980년대와는 다르게 1990년대 이후에는 실질적으로 변화하고 있음을 지적하는 논문이 다수 있다. 이들은 관광소비패턴에 있어서 근본적인 변화가 관광시장에 일고 있다고 주장한다. [표 7-5]에서와 같이 향후에는 현재 주요시장인 쾌락주의적인 세분시장, 즉 관광을 일과의 관련된 재발견, 자유를 위해 필요한 메카니즘으로 인식하는 시장은 감소하고 여행의 인간과 관광의 저엔트로피형인 환경적·사회적 맥락을 강조하게 되는 관광시장이 지배적일 것으로 전망하고 있다.

표 7-5 선진국의 관광시장변화

세분시장	여행동기	시장구성비(%)	
		1986	2000
일 지향적 시장 (live for work)	- 재발견 : 휴식, 무위, 수동적, 의존적 - 자유 : 의무해방, 근심해방, 문제해방	10~20	10
쾌락주의적 시장 (work in order to live)	- 상이한 것의 경험, 탐험, 변화욕구 - 흥미, 놀이, 즐거움 - 활동적 - 긴장해소 - 자연환경	60	45~60
상호작용적 시장 (reduced polarity between work and leisure)	- 인간존재 확인, 학습 - 타인과의 의사소통 - 자기성찰 - 자연으로 복귀 - 창조성, 개방성 - 경험성	20~30	30~45

자료 : J. Krippendorf (1987), Tourism in Asia and the Pacific, Tourism Management. June.

즉 관광시장은 이제 관광업계의 일방적인 관광상품을 무비판적으로 수용하는 구관광자(old tourist)에서 자유의지를 가지고 비판적으로 선택하는 신관광자(new tourist)로 전환하고 있는 것이다. 이러한 고엔트로피형 관광경영에서 벗어나기 위해 저엔트로피형 관광시장(environmently-conciousmarket segment)에 부합하는 새로운 마케팅 형태의 구성요소가 필요하다.

- ✓ 마케팅관리자는 자연과 환경보전의 편에서 스스로의 마케팅활동을 강조해야 한다.
- ✓ 마케팅관리자는 이러한 저엔트로피형 관광자의 책임감에 직접소구하고 그들에게 오염되지 않은 자연을 지키는데 적극적으로 참여하도록 요구해야 한다.
- ✓ 생태환경은 희소한 것이며 따라서 사치재(luxury goods)인 것이다. 그러므로 소비는 무분별하게 행해져서는 안 된다. 부실한 가격책정은 피하며, 마케터나 관광자 모두 이러한 가격체계에 기꺼이 순응해야 한다.

이러한 관광경영과 상품개발에 대한 저엔트로피형 관광시장이 갖는 의미는 각국의 생태관광진흥계획에 의해 잘 나타난다. 예를 들면 비영리단체 -미국의 생태관광협회나 뉴질랜드의 자연유적단체들-는 관광업체와 관광자 사이를 연결하는 조정자로서 역할을 하고 있다. 관광산업이 지속적으로 성장하기 위해서는 산업자체가 환경에 크게 의존하고 있는 이유로 관광은 청정산업(clean industry)의 잠재력을 스스로 확보하고 있지 않으면 안 된다. 관광은 대단히 높은 문화적 가치 -탐구정신, 아름다움을 사랑하는 마음, 지식탐구, 자연의 존중- 에 기반하고 있다. 관광기업인들은 이러한 관광산업의 본질상 문화적 생산의 비전을 제시하는 것이 이제는 절실히 요구된다. 지난날 과소비산업의 족쇄는 어쩌면 기업인들의 위상관리가 소홀한 결과로 빚어진 당연한 자승자박일수도 있다.

5) 관광정책과 엔트로피

관광정책은 관광구조에서 관광자, 관광대상, 관광기업체 등 모든 구성요소에 관여하게 된다. 따라서 조정자이며, 통제자의 역할을 가지고 있다. 관광교육, 관광개발, 그리고 관광경영에 대한 정부의 잘못된 비일관적인 정책이야말로 관광엔트로피의 증가에 큰 영향을 줄 것이다. 거대한 산업이 무비판적인 채 상업적으로만 수용되거나 신중한 기획, 정기적인 모니터링, 또는 정책의 성패에 대한 연구도 없이 어느 한 방향으로만 흘러간다면 무슨 일이 발생할 수 있는지 가히 짐작할 수 있다. 한 예로 멕시코정부는 아기툴고지역에서의 무계획적인 관광사업추진의 결과로 만의 오염, 구릉침식, 상하수도 및 전기시설이 결여된 빈민촌의 난립 등 사회·생태적인 비용을 크게 감수한 바 있다.

> 현재의 관광정책은 단순히 대형호텔을 더 많이 건립하고 기존의 임대용 방을 늘림으로써 관광수입을 극대화하는데 목표를 두고 있다. 이 정책을 지지하는 사람들은 관광숙박시설을 늘리기만 하면 더 많은 관광자를 유치할 수 있고, 그에 따라 소득도 늘어날 것이라고 주장한다. 그들은 더 많은 관광자와 더 많은 수입의 결과로써 새로운 고용기회가 창출되어 지역주민에게 이익이 돌아간다는 식의 논법을 따른다. 그러나 결국 이러한 목적달성은 되지 않았다. 덕분에 고유환경의 영구적인 파괴와 미코노스섬 주민의 스스로의 통제력 상실 등만이 초래되었다.

이 글은 그리스의 작은 도서사회에서 잘못된 관광정책이 빚은 관광엔트로피발생 사례로써, 사려 깊고 장기적인 차원에서의 관광정책 필요성을 시사하고 있다. 그릇된 관광정책으로 인한 엔트로피발생사례는 국내에서도 여러 곳에 존재한다.

다음은 미국 조지워싱턴대학에서 개최된 관광정책포럼에서 홉킨스박사가 지구적 차원에서 제시한 장기적인 관광정책으로, 이는 전문가들의 의견조사를 통해 얻은 고엔트로피형 관광정책에 대한 처방전이다. 19가지 항목의 결과가 제시되었는데 몇 가지를 간추려 소개하면 다음과 같다.

첫째, 관광목적지의 물리적·사회적 수용력 면에서 관광개발에 대한 명백한 한계를 정부는 인식해야 한다. 즉 환경 및 사회적 측면에서 관광은 바람직스럽지 못한 영향이 광범위하게 발생할 개연성을 보다 넓은 시각에서 보아야 한다. 최근 한국의 경우 관광개발하면 하드웨어중심의 거대한 단지조성을 전제로 하는 경향이 짙다. 그리고 다른 지역의 복사판이 많다. 요컨대 적정규모의 개발과 지역특성을 고려한 개발, 소프트웨어의 적극적인 활용 등 관광개발에 따른 엔트로피발생을 계획단계부터 숙고해야 할 것이다.

둘째, 물리적 환경(physical environment)이 관광개발이나 관광경영에 있어서 중심무대(certer stage)로서 수용되어야 한다. 장기적인 측면에서 관광은 양질의 환경자원에 크게 의존하고 그에 민감한 관계로 자연관광(nature-based tourism), 녹색관광(green tourism) 등은 지속적인 관광을 위해 필수적인 것이다. 최근 개발을 위한 개발, 최대한의 개발 등 녹지공간의 개발사례가 급증하고 있는데 이는 결국 부메랑이 되어 쾌적한 우리들 삶에 무거운 엔트로피로 돌아올 것이 자명하다. 이러한 개발에 대한 정책의사결정은 통합적이고 장기적인 차원에서 운영되어야 한다.

셋째, 관광산업은 발생되는 제반문제에 대해 단순히 반응하기 보다는 적극적인 차원에서 사회적으로 책임 있는 산업(socially responsible industry)이 되도록 해야 한다. 관광기업 스스로도 바람직하고 궁극적인 세계우정과 평화, 이해라는 목표달성에 기여할 수 있도록 교육적 역할, 상품개발, 운영체계 등에 책임감을 가져야 한다. 소비자는 바로 이러한 점을 감시해야 할 것이다.

넷째, 지역주민에게 책임과 권한을 주는 정책이 전개되어야 한다. 즉 관광개발이나 관광경영에 있어서 우선순위 그리고 관광시설의 운영에 대한 지역의 적극적인 참여가 배려되어야 한다.

다섯째, 문화적 다양성이 세계사회의 맥락에서 인식되고 관광개발의 테마로 활용되는 것이 바람직하다. 세계가 대중매체나 커뮤니케이션, 여행 등으로 제품이나 생활양식, 건축, 음식 등의 면에서 세계적 동질성(global homogenization)을 부추기고 있기 때문에 역설적으로 다양성이 필요한 상황이 요구되는 것이다.

6) 관광대안의 모색

관광현상에 대한 관심과 연구는 그 배경이 인간의 현실적 삶의 문제와 연관되어 그 해결방안을 강구하는 실천적 접근에 있다. 이러한 관광의 대중화와 관광산업의 거대화에 기인한 현실사회적인 요구와 요청에 기반하여 관광학의 연구는 학문의 모습을 갖추어 왔다. 이러한 연구과정에 대하여 자파리는 지지론 단계와 경계론단계를 거쳐 응용론단계 그리고 지식체계론 단계를 거치면서 하나의 학문적 체계를 갖추고 있다고 한다.

앞서 동시대의 전환기적 특성을 통해서 사고와 인식의 틀의 전환을 강조했고, 관광엔트로피의 개념도입을 통해 이의 실천적 접근의 필요성을 논의한 바 있다. 이미 관광산업은 세계적으로 석유수출액을 상회하는 거대한 산업으로 6억에 가까운 인구가 국경을 넘나드는 상황에 있다. 여기서 관광엔트로피발생은 불가피한 일일지도 모른다. 문제는 최소한의 엔트로피로 수준을 낮추는 노력인 것이다.

관광엔트로피개념의 도입은 보다 강력하고 필연적인 우리의 선택을 요구하고 있다. 비록 자연현상에 대한 열역학이론에서 연유한 개념이지만, 현재 많은 시행착오를 겪고 있는 관광현실을 감안해 볼 때, 이의 진정한 대안모색을 위해 관광엔트로피는 유용한 개념이다. 물론 이러한 대안적 형태의 관광이 그 유용성과 적용성에 있어서 대중화된 모든 관광현상을 담아내기에는 부분적인 치유책이라는 회의적인 태도가 있다. 그러나 앞선 지적대로 관광엔트로피개념은 공허한 개념이 아닌 실천적 당위성을 가진 메타적 성격을 가지고 있다. 지속적인 지구촌 내에서의 인간적인 삶을 지향하기 위해 자연과 문화는 중요한 요소다. 관광은 분명 우리의 일상적 삶을 살찌우는 행위로서 삭막해진 우리의 환경 속에 일종의 카타르시스적 단면을 내포하고 있다. 단지 (잘못된)관광이 (본질적)관광을 파괴하는 우를 범해서는 안 된다는 점이다. 관광은 하나의 복합현상으로서 체계인 것이다. 관광엔트로피의 최소화를 위해 그리고 그 대안으로서의 실천은 매우 중요한 의미를 가지고 있다. 이를 위해 관광의 구성요소, 즉 관광행동의 주체자로서, 개발자로서, 경영자로서 그리고 정책으로서 이들의 상호조화된 모습이 절실하다.

첫째, 주체자요 참여자로서 관광자는 관광엔트로피에 대한 책임을 가져야 한다. 오만한 방문자가 아니라 타문화에 겸손한 방문자가 되어야 할 것이다. 관광행동은 많은 준비과정과 그에 따른 자격요건이 요구되는 행위이다. 관광은 경험이며, 이들은 일상생활로 환류를 필요로 한다. 따라서 관광과 일상생활은 하나인 것이다. 이것이 여행의 인간화된 모습이며 저엔트로피형 관광자인 것이다.

둘째, 관광대상의 창출자로서 개발가이다. 많은 시행착오와 연구를 통해 관광개발로 인한 긍정적·부정적 영향이 밝혀졌다. 획일적이고 복사판식의 무분별한 관광개발은 치명적인 관광엔트로피를 발생시켰다. 지역특색을 살린 적정규모의 개발, 그리고 지역의 자율권이 보장된 개발이 필요하다

셋째, 관광상품의 제공자로서 관광기업이다. 관광시장은 이재 인간존재를 확인하고 타인과의 의사소통을 원하는 시장으로 바뀌고 있으며, 자연으로의 복귀를 통한 자기성찰을 원하고 있다. 소위 말해 이제는 **신관광자**인 것이다. 관광마케팅활동의 수행은 자연과 환경보전을 경영무대의 중심으로 가져와야 한다. 그리고 저엔트로피형 관광에 대한 책임감을 고객에게 소구하는 교육적 기능도 담당해야 한다. 이는 관광경영자의 의식문제요 관광에 대한 애정문제인 것이다.

넷째, 관광현실의 조정자로서 관광정책이다. 그동안 수많은 관광정책이 입안되고 수행되는 과정에서 큰 비용을 감수해 왔다고 본다. 때로는 비일관적이고 때로는 비현실적이었다. 또한 정치적일 때도 있었다. 관광은 전략산업이기 전에 인간의 삶을 위한 기본요소다. 이러한 근본적이고 궁극적인 문제는 다른 명분의 수단으로 전락될 수 없는 것이다. 관광자, 관광개발, 그리고 관광경영에 대한 비전을 제시하고 상호 이해관계를 조정하는 수행자로서 역할이 필요하다.

이러한 관광체계는 각 요소의 개별적 접근과 실천으로는 전환기 이후의 관광엔트로피를 해결하기에 어려움이 있다. 이들 요소는 상호작용하는 체계로서 전체적이고 통합적인 접근과 실천이 될 때만 관광엔트로피의 최소화가 가능할 것이다.

2. 특별관심관광

1) 특별관심관광의 개념과 특성

가. 특별관심관광의 개념

특별관심관광(SIT : SPECIAL INTEREST TOURISM)이란 각 개인이 특별히 관심을 갖는 분야에 대한 식견과 경험을 높이기 위해 특정주제와 관계된 장소나 지역을 방문하는 단체 또는 개별여행을 말한다. 따라서 동일한 SIT에 참여하는 관광자는 같은 직업이나 취미를 가진 사람들이 많다. SIT의 출현배경을 보면 소득 및 여가 증대, 소비

자의 학력 및 여행경험 증대에 따라 여행 결정에 있어 여행경비보다는 여행의 만족도를 중요시하게 되면서 여행동기가 과거 휴식, 쾌락의 차원에서 한걸음 나아가 자기발전을 위한 활동의 기회를 갖는데 비중을 두게 된다. 따라서 과거의 통상적인 보는 관광, 단순히 휴식하는 관광에서 벗어나 자신이 관심을 갖는 분야에 초점을 맞추어 직접 경험하면서 식견을 높일 수 있는 관광형태를 선호하게 되었다.

나. 특별관심관광의 특성

SIT의 특성은 일반적으로 활동적이고, 참여적이고, 경험적이고, 교육적이며, 양보다는 질적인 여행을 추구하는 특성을 가진다. Read라는 학자는 SIT의 특성을 다음 네 가지로 규정하고 이 네 가지 특성의 머리글자를 따서 SIT를 REAL Tourism(진짜여행)이라고 한다.

- ✓ 보람이 있는(Rewarding) 경험
- ✓ 몸과 마음을 풍요롭게 하는(Enriching) 경험
- ✓ 모험성이 있는(Adventuresome) 경험
- ✓ 교육적인(Learning) 경험

SIT는 이상과 같은 특성과 관련하여 활동적 관광(Active Tourism), 체험적 관광(Experiential Tourism), 질적인 관광(Quality Tourism), 유목적 관광(Travel with a purpose)라고도 불린다. 이러한 SIT의 영역은 주제가 매우 다양하여 그 영역을 한정짓기 어렵지만 SIT 전문잡지 또는 관광안내책자 등에 나타난 영역을 참고하여 다음 7가지로 설정할 수 있다.

① 교육여행(Educational Traval)
② 예술 및 유적관광(Arts and heritage Tourism)
③ 종족생활체험관광(Ethnic Tourism)
④ 자연관광(Nature-based Tourism)
⑤ 모험관광(Adventure tourism)
⑥ 스포츠관광(Sports Tourism)
⑦ 건강관광(Health Tourism)

또한 SIT유형별 여행동기를 보면 SIT유형별로 다음과 같은 여러 가지 여행동기가 작용하는 것으로 각종 조사결과 나타나지만 가장 대표적인 SIT 참여동기는 색다른 경험 및 교육효과로 나타났다.

표 7-6 **SIT의 유형 및 여행동기**

여행환경	SIT의 유형	주요 참여 동기
도시	• 교육여행 • 스포츠관광 • 예술 및 유적관광 –박물관관광 –화랑·미술관관광 –유적관광 –예술 및 지역사회축제 관광 –공연예술관광	교육, 정통성 관전, 신체단련, 사회적 접촉 색다름, 박식함, 발견, 정통성, 독특함, 교육 정서, 아름다움, 독특함, 정통성, 교육 분위기, 정통성, 발견, 교육 정통성, 정서, 도피 정서, 도피
농촌	• 종족생활체험관광 • 예술 및 유적관광 –예술 및 지역사회 축제 관광 –유적 관광 • 모험관광 • 건강관광 • 스포츠관광 • 자연관광	정통성, 독특함, 사회적 접촉, 색다름, 교육 정통성, 정서, 도피 분위기, 정통성, 발견, 교육 위험 추구, 자기발견, 자기실현, 자연접촉, 건강향상 건강향상, 사회적 접촉 자연 및 전원환경과의 접촉
자연	• 자연관광 • 모험관광	자연과의 접촉, 발견, 지식, 교육, 과학적 호기심 위험추구, 자기발견, 자기실현, 자연과의 접촉, 사회적 접촉

이러한 SIT의 미래는 인구통계학적 특성 변화와 경제 및 기술의 변화에 따른 여행자의 세분화로 SIT는 더욱 발전할 것으로 보이며, 창의적 아이디어와 정확한 수요 판단에 의해 성공을 보장받을 수 있는 관광부문의 유망한 틈새산업이 될 전망이다.

2) 특별관심관광의 유형별 개념

가. 교육여행(EDUCATIONAL TRAVEL)

교육여행이란 특정 관심분야에 대한 배움의 욕구를 충족시켜 줄 수 있는 경험을 포함하는 여행을 말한다. 교육여행의 기원에 대해서 살펴보면 17세기 유럽에서는 유행을 추구하는 사람은 누구나 유럽 전역을 여행하는 신사여행을 떠났다. 이것이 이른바 대여행(GRAND TOUR)으로서 신사나 권력층의 교육에 있어 중요한 역할을 하였다. 이후 배움을 목적으로 한 여행은 미국 및 유럽의 고등교육에 있어 거의 필수적인 요소가 되었다.

이러한 교육여행의 특징을 보면 다음과 같다.

첫째, 여행안내원으로서 전문적 식견을 갖춘 선생님자격의 전문가가 동반한다.

둘째, 선택된 장소에서 공식적인 숙제나 시험의 부담 없이 전문가의 지도하에 낯선 환경을 경험할 수 있는 기회가 된다.

셋째, 엄격하게 통제하는 경우도 있지만 비교적 자유스럽게 지도해주는 경우도 있고, 전혀 통제하지 않는 경우도 있다.

넷째, 일반적인 관광을 포함시키기도 하며, 일정도 2~3일에서 수개월까지 매우 다양하게 기획한다.

교육여행은 다음과 같이 매우 다양한 용도로 활용될 수 있다.

- ✓ 다른 국민, 다른 언어, 다른 문화에 대한 호기심 및 지적 욕구의 만족
- ✓ 예술, 음악, 건축, 민속에 대한 관심 촉진
- ✓ 자연환경, 경관, 동식물에 대한 관심 고취
- ✓ 문화유산, 역사적 장소에 대한 심취 제고

교육여행 참여동기는 주로 교육 또는 배움에 대한 관심과 욕구에서 시작된다. 교육여행 수요자는 정규교육기관 재학생 및 평생교육원, 문화센터 등의 수강생이 주된 수요자층이 되나 교육적 경험에 관심이 많은 일반인도 수요자층이 되고 있다. 교육여행 공급자는 공·사립 교육기관, 비영리기관 및 단체, 민간연구소, 종교단체, 교육여행전문회사 등이 된다. 교육여행의 미래는 소비자의 교육수준 상승에 힘입어 크게 성장할 전망이다.

나. 예술 및 유적관광(Arts and Heritage Tourism)

예술 및 유적관광이란 예술관광과 유적관광을 통칭하는 말로서 이 두 관광의 형태가 문화성이 높다는 점에서 공통점이 있으며 흔히 병행되는 경우가 많기 때문에 묶어서 칭하는 경우가 많다.

예술관광은 미술, 조각, 연극, 기타 인간표현과 노력의 창조적 형태를 경험하는 것을 기본으로 하는 관광을 말한다. 또한 유적관광은 과거에 대한 향수와 다양한 문화적 환경을 경험하려는 욕구에 기반을 둔 유적을 주제로 한 관광을 말한다. 여기서 유적이란 기념물과 같이 형태가 있는 유적뿐만 아니라 민속축제, 생활관습과 같은 무형의 유적도 포함하며, 수세기 간 보존되어온 자연유적도 포함된다.

✓ 예술관광과 유적관광의 소재

- 예술관광 : 파리의 화랑들, 국제미술전람회, 예술가 기념행사(1990년 네덜란드 반 고호서거 100주년 기념행사), 연극제 등 각종 문화예술축제 등.
- 유적관광 : 중국 만리장성, 이집트, 피라미드, 세익스피어 生家, 호주 카카두 국립공원, 민속축제 및 각종 지역문화전통 등.

다. 종족생활 체험관광

종족생활 체험관광이란 박물관이나 문화센터는 살아 있는 문화인 인간과 실제적으로 접촉하는 것의 대체물이 될 수 없다는 생각에 기초하여 원시자연의 인간모습을 경험코자 하는 욕구를 만족시켜 주는 관광을 말한다.

이는 발리족, 태국 고산족, 보르네오 통나무집 거주민, 자바 인형극 마을주민 등 관광자와 인종·문화적 배경이 완연히 다른 사람들과 직접 친밀히 접촉하는 관광으로서 정통성 있는 문화의 생생한 체험이 가능하다. 예술 및 유적관광 등 일반적인 문화관광이 비교적 문화의 간접적 체험이 많이 이루어지는데 비해 종족생활 체험관광은 직접적 교류가 가능하다.

종족생활 체험관광의 주요 수요자층은 일반적으로 젊은 층으로서 고등교육을 받은 전문직업인이 주류를 이루고 있다.

✓ SIT전문잡지에 소개된 종족생활 체험관광상품의 예

- 일본문화 오딧세이 : 17일 간의 철도여행, 전통 民宿 또는 여관에서 숙식.
- 뉴기니 종족과 섬 관광 : 19일 간의 고원지대마을 탐험, 카누를 타고 이동을 하고 전통은신처에서 잠을 자며 이 종족의 문화에 대해 배운다.
- Ladakh 문화 탐험 : 험한 산길, 동떨어져 있는 수도원, 고립된 마을들을 Ladakh 문화 체득에 중점을 두면서 탐방.

✓ 종족생활 체험관광의 영향

- 긍정적 측면
  ① 경제(소득, 고용, 생활수준) 향상
  ② 전통기술에 대한 자부심 및 긍지 제고
  ③ 전통기술의 가치에 대한 재인식 및 보존 노력 촉진
  ④ 전통 종교의식, 예술, 공예품 제작 부활
  ⑤ 종족의 주체성 강화
- 부정적 측면
  ① 문화의 상품하에 따른 사이비화
  ② 성소(聖所)의 훼손
  ③ 외부인의 유입에 따른 사회적 긴장감 초래
  ④ 국민의 사회·문화적 세분화 및 대립
  ⑤ 상대적 빈곤감과 열등의식, 모방심리

라. 자연관광(Nature-based Tourism)

자연관광이란 자연에 기반을 둔 관광으로 비교적 손상되지 않은 자연환경을 훼손시키지 않으면서 직접적으로 즐길 수 있는 관광을 말한다. 자연에 기반을 둔 관광을 자연 또는 생태계를 활용한다는 점에서 자연여행(Nature Travel), 자연지향적 관광(Nature-orientde Tourism), 생태관광(Eco-Tourism)이라고도 부르며, 자연을 훼손시키지 않기 위해 노력하는 관광이라는 점에서 책임지는 관광(Responsible Tourism), 녹색관광(Green Tourism), 지속가능한 관광(Sustainable Tourism)이라고도 부른다.

전 세계적인 자연관광의 주요 행선지를 들면 케냐, 네팔, 탄자니아, 푸에르토리코, 인도, 중국, 브라질, 코스타리카, 멕시코, 파라과이, 에쿠아도르, 호주, 캐나다 등이 있다. 기간 및 비용은 대중적인 관광이 아니어서 대량관광에 의한 비용절감효과를 기대하기 어렵고, 환경을 훼손시키지 않도록 불편함을 감수해야 하기 때문에 다른 관광에 비해 많은 기간이 필요하고 비용도 많이 든다.

자연관광은 자연환경과 야생동식물 보전에 힘쓰는 대가로 외화와 경제적 보상을 받을 수 있는 유망한 사업거리라 할 수 있다. 그러나 자연관광은 그것의 기반이 되고 있는 자연자원을 훼손시키는 위협적인 요소가 될 수도 있다. 자연을 사랑하는 것이 자연을 죽음으로 몰아가는 요인이 되는 경우를 흔히 목격할 수 있다.

자연관광의 바람직한 개발방향을 보면 다음과 같다.

- ✓ 지역사회에 지속적으로 합당한 대가가 주어져야 한다.
- ✓ 관광자와 지역사회 모두를 만족시킬 수 있는 지역의 적절한 관리와 기술이 있어야 한다.
- ✓ 관광자 수보다 관광자의 질 위주로 마케팅활동을 전개해야 한다.
- ✓ 숙박시설, 음식점 등 편의시설은 최대한 소규모로 개발·운영되어야 한다.
- ✓ 철저한 환경 감시가 필요하다.
- ✓ 여행사와 관광자를 대상으로 한 행동지침 개발 및 지도가 필요하다.
- ✓ 사전에 환경영향평가를 실시해야 한다.

마. 모험·스포츠·건강관광(Adventure/Sport/Health Tourism)

모험·스포츠·건강관광은 각각의 특성을 가진 비중 있는 SIT유형들로써 일견 상호 아무런 관계가 없는 것처럼 느껴지지만 세 유형이 모두 여행동기, 사회적 가치 등의 면에서 다음과 같이 기능적으로 관련을 맺고 있기 때문에 이를 함께 묶어 다룰 필요가 있다.

첫째, 모험관광이란 모험성이 강한 야외레크리에이션 활동을 즐기기 위한 여행으로 1970년대 말에서 1980년대 초부터 모험관광이 서구세계, 특히 호주, 아시아, 북미를 중심으로 급신장되었다.

모험관광의 종류는 다음과 같은 것을 들 수 있다.

- ✓ 등짐도보여행(밀림, 야지탐험)
- ✓ 트래킹(Trekking)
- ✓ 크로스컨트리 스키
- ✓ 뗏목타기(Rafting)
- ✓ 행글라이딩
- ✓ 사이클링
- ✓ 사냥/낚시/암벽등반
- ✓ 열기구타기
- ✓ 줄 타고 암벽 내려오기(Rappelling)
- ✓ 산악자전거 타기

- ✓ 오리엔티어링
- ✓ 세일링/스쿠버 다이빙
- ✓ 바다나 강에서 카약타기
- ✓ 스카이 다이빙
- ✓ 급류 카누타기
- ✓ 동굴탐험
- ✓ 번지점프

이러한 모험관광자층은 주로 남성, 전문대학 이상의 학력, 전문적 자격 소지, 25~40세인 경우가 많다. 그러나 모험관광자의 사회인구학적 특성은 상기 모험관광의 종류별로 크게 차이가 나며, 특히 성별의 차이가 크게 난다. 또한 모험관광의 참여동기, 색다른 경험(Novelty)과 충격적인 것(Sensation)을 추구하는 데서 찾을 수 있다.

둘째, 스포츠관광이란 비상업적 목적으로 스포츠를 즐기거나 관전하기 위한 여행을 말한다. 스포츠는 경쟁과 조직성, 신체단련을 주된 특징으로 하며, 이러한 점에서 스포츠관광은 행글라이딩, 크로스컨트리 스키, 등산과 같은 모험관광과 상당한 유사성을 가진다. 스키, 테니스, 골프, 요트타기가 가장 대표적인 스포츠관광이다.

올림픽과 월드컵 같은 대형 스포츠이벤트는 관전 목적의 스포츠관광자의 대량유치를 가능케 하며 지역사회에 다음과 같이 여러 가지 긍정적 효과를 가져오기 때문에 많은 나라가 스포츠이벤트의 개최 및 유치에 힘을 기울이고 있다.

① 대형도시로써의 이미지와 자부심
② 새로운 산업의 창출
③ 신규 고용, 소비 확대, 세수 확대
④ 지역주민의 레크리에이션 기회 증대
⑤ 주민의 사기 제고
⑥ 지역 청소년의 스포츠에 대한 관심 증대

셋째, 건강관광이란 건강 증진을 목적으로 집을 떠나 레저를 즐기는 관광을 말한다. 광천, 온천여행이 대표적인 건강관광으로 이는 로마시대부터 시작되어 현대 리조트 탄생의 기반이 되었다.

건강관광의 종류는 다음과 같은 것을 들 수 있다.

① 태양과 휴식을 즐기는 여행

② 건강에 도움이 되는 활동을 즐기는 여행(하이킹, 사이클링, 골프 등 모험 및 스포츠관광 중에는 건강관광으로 볼 수 있는 것이 많음)

③ 건강 향상을 위한 환경변화 여행(유람선 항해, 다른 기후를 즐김)

④ 사우나, 마사지, 온천 등을 위한 여행

⑤ 지병 치료 및 요양을 위한 여행 등

주요 건강관광의 시설을 보면 온천, 광천, 마사지센터, 헬스클럽, 신체단련실, 해양치료요법센터, 다이어트요법센터, 심리치료요법센터, 미용센터, 건강교육센터, 휴식기술지도센터 등이 있다.

제4장 04 통일시대와 관광

1. 통일의 당위성

국토와 민족이 남북으로 분단된 이래 통일을 위한 많은 제안과 논의가 있었고, 또한 그 실천을 위한 적지 않은 정책적 노력도 경주되었다. 우리 민족의 남북분단 시 다른 면에서 보면 통일노력사이기도 하다. 그러나 민족의 한결같은 숙원인 통일은 아직도 이루어지지 않고 있다. 과연 우리는 왜 통일을 하려고 하는가?

첫째, 분단으로 인해 개인이 겪게 되는 갖가지 고통과 불편을 방지하고 제거함으로써 오늘의 삶을 좀 더 자유롭고 풍요로운 것으로 만들어가기 위해서이다. 우리의 정치·경제·사회문화적인 생활권이 휴전선 이남으로 국한되어 동족이 남북으로 나뉘어 살아감에서 오는 불편과 고통은 매우 크다고 본다. 따라서 통일이야 말로 한민족을 복되게 하는 기본 조건이 되는 것이기 때문이다.

둘째, 통일은 우리 모두가 공유하는 민족적 정서이다. 우리 민족은 단군 이래 한반도를 터전으로 하여 오랫동안 하나의 민족국가를 형성하여 하나의 언어, 하나의 역사, 하나의 문화를 이루어 살아왔기 때문에, 남북이 하나의 체제, 하나의 정부를 이루어 하나의 민족국가로 다시 통일되어야 한다는 것은 너무나 당연한 논리요 역사적 순리로 받아들이고 있다. 또한 분단으로 인한 이산가족들의 고통과 비애는 이루 말할 수조차 없다. 이러한 민족적 비원을 풀기 위해서는 어떻게 해서든지 남북이 통일되어 하나의 생활권을 이루어야 한다.

셋째, 통일은 민족의 생존과 안전을 위해서이다. 우리는 6·25전쟁이라는 동족상잔의 민족적 비극을 겪었다. 이 땅에 또다시 이와 같은 전쟁이 일어난다면 우리 민족의 인적·물적 피해는 말할 것도 없고, 민족의 공멸을 가져올지도 모른다. 한반도에 평화가 정착되고 남북통일이 평화적으로 이루어질 때, 우리 민족은 전쟁의 공포로부터 해방되어 참다운 평화를 누리게 될 것이다.

넷째, 통일은 민족 전체의 발전과 국가의 번영을 위해서이다. 우리 민족에게 주어진 남북의 인적·물적 자원을 모두 민족의 발전과 번영에 투입한다면 지금보다 훨씬 더 발전되고 잘사는 민족사회를 이룩하게 될 것이 분명하다. 분단에 드는 비용은 비단 군사분야를 비롯해 정치, 외교 등 모든 분야에서 체제유지와 경쟁을 위해 엄청난 비용을 지출하고 있다.

다섯째, 한반도의 평화적 통일은 동북아는 물론이고 세계의 평화와 안정에도 크게 기여하게 될 것이다. 한반도는 지정학적으로 미·러·일·중 등의 여러 강대국들과 접하고 있어 역사적으로 해양세력과 대륙세력의 각축장이 되어 왔다. 한반도가 통일이 될 때, 전후 60년 동안 지속되어 온 냉전체제는 비로소 완전히 청산되고, 동북아의 평화와 안정, 나아가서 세계평화에도 크게 기여하게 될 것이다.

여섯째, 통일은 우리나라가 향후 아시아·태평양 시대의 주역으로 발돋움해 나가기 위한 필수적 조건이 된다. 바야흐로 세계문명의 중심이 유럽에서 아시아·태평양으로 넘어오고 있다. 이러한 상황에서 통일한국은 선진국과 개발도상국가 간의 교량자로써 세계에서 차지하는 한국의 위상도 날로 향상될 것이다.

2. 남북관광협력의 필요성

남북 간 관광협력은 민족의 소망인 통일을 위해 실천적인 수단이 될 수 있다. 따라서 남북관광협력은 남북교류 협력사업 중 우선적으로 추진되어야 할 분야라 할 수 있다. 협력의 잠재력과 남북관광협력을 통하여 얻을 수 있는 실익은 여러 가지가 있겠지만 크게 다음과 같은 3가지로 요약될 수 있을 것이다.

첫째, 비정치적인 관광분야의 협력을 통하여 범민족적 화합을 유도, 평화적 통일을 위한 기반조성에 기여할 수 있다. 관광은 지역 간 혹은 국가 간 교류를 통하여 평화공존을 지향하는 산업으로 그 중요성이 이미 인정되고 있다. 관광협력을 통한 인적 교류는 오랫동안 단절되었던 두 체제 간의 이질감과 적대감을 해소시킬 수 있는 최선의 방법이다. 단기적인 이윤의 추구보다는 상호신뢰를 회복하여 장기적인 협력의 토대를 구축하는 일에 더 큰 비중이 주어져야 할 것이다.

둘째, 국토의 일체성을 회복하고 국민휴식공간을 확충하는데 기여할 수 있다. 남북협력에 의한 남북관광자원의 상호연계개발이나 남북한을 포함하는 공동관광지역의 형성은 그동안 이분화되었던 국토를 상징적 또는 물리적으로 일체화시키는 데에 기여할 수 있다. 또한 그동안 군사상의 이유로 접근이 제한되었던 휴전선 부근 관광자원의 합리적인 활용과 남북관광자원의 상호연계는 새로운 국민휴식공간을 확충시키고 여가공간 선택의 폭도 넓혀줄 것이다.

셋째, 한반도 관광매력을 제고시켜 관광수입증대에 기여할 것이다. 남북한 관광자원이 상호보완적으로 개발 및 운영됨으로써 관광목적지로서의 북한 관광자원이 상호보완적으로 개발 및 운영됨으로써 관광목적지로서의 한반도의 매력이 당연히 제고될 것이다. 한편 그 동안 이념상의 이유로 극단적으로 대치되었던 남북이 이념을 초월하여 상호협력한다는 사실은 자유와 평화의 한반도 관광이미지를 형성하여 새로운 한반도의 관광매력을 창출하는 데 공헌하게 된다.

3. 남북 관광교류의 증진

2000년 6월 15일 역사적인 남북 정상회담에 따른 **남북공동선언문**이 발표됨에 따라 남북관광교류도 새로운 국면에 접어들고 있다. 제2차 남북장관급 회담시 남북 양측이 백두산-한라산 교차관광을 추진키로 합의함에 따라 남측 관광단 109명이 9월 22일부터 28일까지 백두산과 함께 평양과 묘향산을 다녀왔다. 109명의 관광단은 관광업계를 비롯하여 여성, 청소년, 언론 등 각계각층의 대표로 구성되었으며, 주요 방문지는 백두산의 천지, 압록강, 이명수 폭포, 대홍단 농장, 삼지연 기념비, 보천보, 백두사 밀영, 묘향산의 국제친선 관람관, 보현사, 평양의 주체탑, 개선문, 만경대 등이었다. 동 사업은 금강산에 이어 백두산·평양·묘향산 지역에 대한 관광목적 방문이 이루어짐에 따라 북한의 관광개방의 가능성을 높이는 계기를 마련하는 한편, 각계각층을 대표하는 주요인사의 방북으로 향후 관광분야뿐만 아니라 각 분야별 남북교류를 활성화시키는 계기를 마련하였다고 평가되고 있다. 북측 관광단의 한라산 방문은 2000년 중 실시되지는 못하였으나, 2001년 하반기 중 실시될 수 있을 것으로 예상된다. 2001년 3월 10일부터 14일 간에는 제1차 남북문화장관회담이 개최되었다. 우리 측의 문화관광부 장관을 수석대표로 하여 10명의 대표단이 북한을 방문하여 북측의 강능수 문화상, 장웅 국가체육지도위원회 부위원장 그리고 송호경 아·태평화위 부위원장 등과 만나 문화, 체육, 그리고 관광부문의 남북교류확대방안에 대하여 많은 논의가 있었다. 특히 관광분야에 있어서는 개성과 금강산 지역을 관광자유특구로 지정하고, 남북 간 육로 관광을 실시하기로 양측이 원칙적인 구두합의를 함에 따라 향후 남북관광교류 진전의 중요한 계기를 마련하였다.

금강산 관광사업과 관련하여 2001년 6월 8일 현대아산과 북측 아·태간 대가조정, 육로관광실시, 금강산 관광특구 지정 등에 대한 합의가 이루어짐에 따라 그동안 어려움을 겪어 왔던 금강산 관광사업 활성화의 새로운 돌파구가 마련되었다. 더욱이 6월 20일 한국관광공사가 금강산 관광사업에 공동참여키로 현대아산 측과 합의함에 따라 관광공사가 지니고 있는 노하우를 충분히 활용하여 동 사업의 수익성을 높일 수 있는 가능성이 높아졌다.

금강산 관광사업의 활성화와 관련하여 장기적으로는 설악-금강권 연계개발 사업도 추진해 나갈 계획이다. 이미 완료된 설악-금강권 관광개발연구 결과에 따라 앞으로 양 지역의 장점을 최대한 살릴 수 있는 연계개발 전략을 마련하여 단계적으로 추진하게 될 것이다.

4. 남북관광 협력 현황

2000년 6월 역사적인 남북 정상회담에서 남북공동선언문이 발표됨에 따라 그동안 긴장상태에 있던 남북한 관계가 새로운 국면으로 접어들었다. 이후 남북 이산가족 상봉과 남북 장관급회담이 성사되고, 남북 화해와 협력의 상징으로 1998년부터 시작된 금강산관광도 한층 활기를 띠게 되었다. 금강산관광은 한때 관광객 감소로 침체국면을 맞이하기도 하였으나, 2001년 6월 한국관광공사가 금강산 관광산업에 참여하고, 2002

년 정부의 금강산관광 경비지원 정책이 시행되면서 정상궤도에 진입하였다. 이러한 조치들은 남북관광 교류협력사업에 대한 국민의 인식을 새롭게 하고 관심을 제고시키는데 크게 기여하였다.

북한은 2002년 하반기에 금강산관광지구와 개성공업지구를 지정하여 동 지역에 대한 관광 투자 및 개발사업을 법적, 제도적 틀 속에서 공식적으로 추진할 수 있도록 하였으며, 금강산 해로관광에 이어 비무장지대(DMZ)를 통과하는 육로 시범관광이 2003년 2월에 이루어지고 그 해 9월 1일부터 육로 관광이 개시되었다.

이후 남북을 잇는 본 도로 연결공사와 SARS 확산 우려 등으로 한 때 금강산관광이 일시 중단되기도 하였으나, 2004년 7월 1박 2일 및 당일관광 일정이 추가된 이후, 관광객이 꾸준히 증가함에 따라 금강산관광사업은 다시 활기를 찾기 시작해 2005년 6월에는 금강산 누적 방문객이 100만 명을 돌파하였다. 또한 연간 금강산방문객이 2004년에 27만 명을 기록한 데 이어, 2005년에는 30만 넘어서면서 금강산 관광의 안정적 성장을 이루었다.

한국관광공사는 2005년 7월에 북측과 백두산 시범관광사업에 합의함으로써 백두산 관광 실현을 위한 계기를 마련하였다. 그러나 2006년에는 북한이 미사일발사(7월) 및 핵실험(10월)으로 남북관계가 다시 경색국면에 접어들어 금강산관광사업은 다시 한 번 위기에 처하기도 했으나, 2007년 들어 6차회담에서 2.13합의가 성공적으로 이루어지고 남북장관급회담이 성사되어 남북 간 대화의 물꼬가 트임에 따라 얼어붙었던 남북관계에 해빙무드가 조성되었다.

한동안 침제기를 맞이한 금강산관광이 다시 활기를 찾는 가운데 한국관광공사는 금강산 관광객의 쇼핑편의를 증진하기 위해 2007년 5월부터 금강산관광지구에 면세점을 개설하였다. 금강산 관광객의 면세점 운영을 통한 수익금은 국내 관광사업 발전과 외국인 관광객 유치 증대를 위하여 재투자된다. 2007년 5월 17일에는 경의선 및 동해선의 남북철도연결구간 열차시범운행이 이루어지고, 6월부터 내금강 관광길이 개통되었다.

2007년 10월에는 남북정상회담이 개최되었고, 남북 간 서울-백두산 직항로를 통한 백두산 관광의 추진이 합의되었다. 이와 관련하여 2007년 11월에는 민·관 전문가 그룹으로 구성된 현지 실사단 25명이 북한을 방문하여 백두산 삼지연 공항의 활주로와 공항시설을 포함하여 직항로 개설을 위한 인프라를 점검하였다. 또한 북측 항공 및 도로 전문가와 기술협력을 도모하는 등 백두산 관광을 위한 제반사항을 합의하였다. 한편 2005년

3차례의 시범관광을 거쳐 2007년 12월 5일부터 고려의 옛 도읍인 개성시내와 박연폭포를 관람할 수 있는 당일코스의 개성관광이 본격 시작되어 남북관광의 새로운 전기가 마련되기도 하였다.

2008년 들어서 금강산·개성관광이 활발히 이루어졌으나, 2008년 7월 11일 금강산 관광객 피격사망사건 발생 이후 사고 진상규명, 책임소재 등을 놓고 경색국면이 심화되면서 남북관광교류의 상징인 금강산 관광이 중단되었다. 아울러 남북 간 긴장과 갈등이 지속되는 가운데 11월말에는 개성관광마저 중단되어 현재까지 남북관광교류는 전면 중단되었다.

표 7-7 금강산 관광객 현황

구분	2001	2002	2003	2004	2005	2006	2007	2008	계
관광객 수(명)	58,833	87,414	77,683	272,820	301,822	238,497	348,263	200,596	1,797,948

2008년까지 금강산을 다녀온 관광객은 매년 증가추세에 힘입어 180만 명에 달하고 있으며, 개성관광도 2007년 시작을 해서 11만 명에 달하고 있다.

표 7-8 개성 관광객 현황

구분	2007.12	2008.1~6	2008.7	2008.8	2008.9	2008.10	2008.11	계
관광객 수(명)	7,427	64,646	11,607	7,447	5,770	7,438	6,304	110,549

✥ 참 | 고 | 문 | 헌 ✥

강신겸(2007), 「농촌관광」, 대왕사.

강신겸 · 김정연 역(1997), 「녹색관광」, 일신사.

권순(2004), 「관광정책론」, 백산출판사.

김광득(1997), 「여가와 현대사회」, 백산출판사.

김덕기 · 유지윤(1998), 「국제관광통계 작성방안」, 한국관광연구원.

김병문(1998), 「관광자원학」, 백산출판사.

김봉규(2008), 「컨벤션산업론」, 기문사

김사헌(1997), 「관광경제학신론」, 일신사.

김상태 · 유지윤(1997), 「한국여행업 발전방안」, 한국관광연구원.

김원인(1996), 「관광학 원론」, 학문사.

김우곤 · 김동진 · 정승환(2003), 「관광정보의 이해」, 백산출판사.

김정하(1997), 「지방관광 활성화 협력방안」, 한국관광공사

김천중(2001), 「관광정보론」, 대왕사.

김천중, "한국 컴퓨터예약시스템사업의 경영전략에 관한 연구", 한국관광경영학회, 제 2호, 1998.2.

김향자(2003), "국가관광정보화 전략 계획의 방향", 한국관광정책 3호, 한국관광연구원.

김홍운 · 김사영(1996), 「관광개발론」, 형설출판사.

김홍운 · 김사영(1994), 「관광자원론」, 형설출판사.

김홍철(1999), 「관광법규해설」, 학문사.

김홍철(1997), 「관광마케팅관리 : 이론과 사례」, 두남.

김홍철(1993), "여가에 대한 인간주의적 재조명", 「한양관광논총」, 창간호, 한양관광 연구회.

김홍철(1986), "관광복지정책에 관한 소고-소시얼투어리즘을 중심으로", TRAVEL PRESS, Vol. 7, No. 72.

김홍철(1999), "21세기 신관광마케팅 전망에 대한 연구", 한국관광경영학회, 관광경영 학연구, 제4호.

김홍철(1997), 「관광마케팅관리-이론과 사례」, 도서출판 두남.

김홍철(1997), "전환기의 관광엔트로피에 대한 논의", 관광개발논총 제7호, 한국관광개발학회.

김홍철(1997), 「관광마케팅 관리-이론과 사례」, 도서출판 두남.

김홍철(1996), "한국관광기업의 국제환경변화에 대한 전문가 조사-Inbound 환경을 중심으로", 관광개발논총, 제5권 제1호,

김홍철(1996), "절충모형의 적용을 통한 해외호텔투자 결정요인에 관한 연구", 관광학연구, 제19권 제2호(통권21호), 한국관광학회.

김홍철(1991), "관광서비스마케팅의 특성과 마케팅전략에 관한 연구", 한양대 관광연구소, 「관광연구논총」, 제3권,

김홍철(1993), "Benefit Segmentation에 의한 여행시장세분화 연구", 한국관광산업학회 「Tourism Research」, 제7호.

김홍철(1994), "국제관광에 대한 영향체계 연구", 원광보건대학 「논문집」, 제17권.

김홍철(1986), "제주도 관광지 개발과 지역주민 참여에 관한 실증적 연구", 한양대 석사 학위논문.

동남레저산업연구소(2006), 「관광학의 이해」, 기문사.

문화체육관광부(2009.8), 「2008년도 관광동향에 관한 연차보고서」, 문화체육관광부.

미쓰비시연구소편(1993), 「21세기형 사회의 구도」, 최인수역, 다음세대.

박석희(2002), 「신관광자원론」, 일신사.

삼성경제연구소(1996), 「2005년의 기술과 유망산업」, 삼성경제연구소.

성기룡(1998), 「관광법규론」, 일신사.

손대현외(1995), 「지방화 시대의 관광개발」, 일신사.

손대현(1989), 「관광마케팅론」, 일신사.

손대현(1989), 「관광론」, 일신사

손대현 · 장병권 공역(1991), 「여가관광심리학」, 백산출판사.

손대현(1989), "서비스와 호텔 그리고 관광산업 어떻게 볼 것인가", 한양대 관광연구소, 「관광연구논총」, 제1권.

신한종합연구소(1989), 우리나라 중소기업의 정보화 발전방향.

안종윤(1981), "관광의 체계론적 고찰", 한양대 「인문논총」, 제2집.

안종윤(1984), “관광연구의 이론적 발전”, 한국관광학회, 「관광학연구」, 제8호.

안종윤(1998), 「한국관광학」, 백산출판사.

안종윤(1985), “관광정책의 형성”, 한양대 사회과학대학, 「사회과학 논총」, 제4집.

안종윤(1996.2), “세계화에 대응하는 한국관광정책 발전방향의 모색”, 한국관광학회, 「관광학연구」, 제19권 제2호

오상훈 역(1993), 「관광객」, 일신사.

오상훈(1992), “관광자의 성격과 관광목적지의 관계에 관한 연구”, 한양대 박사학위 논문.

오익근(1998.2), “관광정보안내체계 현황과 인터넷 홈페이지 문제점과 개선방안 및 연구과제”, 한국관광학회, 「관광학연구」, 제21권 제2호

원융희(1995), 「호텔실무론」, 백산출판사.

이경모(2005), 「SIT : 미래 관광의 대안 모색」, 대왕사.

이광희 · 박기홍(1997), 「관광업계 현안문제에 관한 연구」, 한국관광연구원.

이근(1996), 「관광자원론」, 학문사.

이장춘(1995), “세계화시대의 지역관광개발정책에 관한연구”, 「관광지리학연구」.

이장춘(1991). 「관광과 통일」, 대왕사

이연택 · 오미숙(2005), 「관광기업환경의 이해」, 일신사.

이연택(1993), 「학제적접근에서 본 관광학연구의 이해」, 일신사.

이연택(1993), 「관광기업환경론 : 환경이해와 대응전략」, 법문사.

이연택(1995), “정보화시대의 관광산업 : 전략과 과제”, 이연택외 공저 「세계화시대의 관광산업」, 서울 : 일신사.

이연택외(1995), 「세계화시대의 관광산업-발전과 전략」, 일신사.

이연택 · 김홍철 외(1999), 「국제관광산업전략」, 일신사.

이충기(205), 「카지노 산업의 이해」, 일신사.

이태희(1997), 「관광산업발전론-한국관광선진화의 과제」, 일신사.

이태희(1998), 「외래관광객 유치증대를 위한 한국고유의 관광상품개발 전략」, 문화관광부, ‘98 한국관광정보축전 세미나.

임성영(1994), “관광정보전달체계 정립방안에 관한 연구”, 한양대 석사학위논문.

임주한 · 한광종 편저(1992), 「관광정책론 : 정치적 측면을 중심으로 본 관광산업과 국가정책」, 백산출판사.

장병권(1990), "관광체계론(I) : 관광체계의 개념적 모형", 한양대 관광연구소, 「관광연구논총」, 제2집.

장병권(1997), 「국민관광론」, 기문사.

장병권(1996), 「한국관광행정론」, 일신사.

장병권 · 김홍철외(2000). 「현대관광론」, 일신사.

장은영(2005), 「체험관광의 이론과 실제」, 백산출판사.

전경수 편역(1995), 「관광과 문화 : 관광인류학의 이론과 실제」, 서울 : 일신사.

정병웅(1997), "문화관광의 이해에 따른 관광개발방안에 관한 연구", 한국관광개발학회, 「관광개발논총」, 제7호.

정의선(1995. 9), "영동지역 관광유치산업의 구조분석", 한국관광학회, 「관광학연구」, 제19권.

정익준(1995), 「최신 관광마케팅 관리론」, 형설출판사.

정익준(1998), 「최신관광학원론-여가사회에서의 관광학」, 서울 : 형설출판사.

정찬종(1995), 「여행업무관리론」, 백산출판사.

정희천(2007), 「최신 관광법규론 제7판」, 대왕사.

주장건(1995), "호텔산업의 발전과 전략", 이연택외 공저 「세계화시대의 관광산업」, 일신사.

J. Jafari(1993), "관광학연구의 과학화", 이연택 편 「학제적접근에서 본 관광학연구의 이해」, 일신사.

최승담(1998), "공공주도형 관광자원개발의 현황 및 개선방안", 한국관광개발학회, 「관광개발논총」, 제8호.

최승담(1995), "남북관광협력방안", 이연택 외 공저, 「세계화 시대의 관광산업」, 일신사.

통일원(1996), 「통일문제 이해」, 통일연수원

한경수(1990), 「관광객 행동론」, 형설출판사.

현진권 · 조배행(1992), "관광산업의 경제적 영향분석", 한국관광학회, 「관광학연구」, 제16호.

황달기 역(1997), 「관광인류학의 이해」, 일신사

황두연(1998), "국제회의산업의 전망과 과제", '98추계 컨벤션전문가 인증교육과정, 한국컨벤션산업 경영연구원.

한국관광공사(2008), 관광통계.

한국관광공사(1995), 「국내문화행사 관광상품화 방안」.

한국관광공사(1996), 「한국문화유산 관광상품화 방안」.

한국관광공사(1996), 「농어촌 관광개발 활성화 방안연구」.

한국관광공사(1994), 「개방화·세계화시대의 관광교육」.

한국관광공사(1992), 「남북한 관광협력 방안에 관한 연구」.

한국관광공사(1992), 「지방화시대의 관광정책」.

한국관광연구원(1997), 「한국여행업 발전방안」.

한국관광연구원(1998), 관광비전21 관광진흥 5개년계획 공청회자료.

한국관광연구원(2000), 제2차 관광개발 기본 개척안.

한국관광공사 홈페이지(www.kuto.co.kr).2009

세계관광기구 홈페이지(www.world-tourism.org).2009

Cocossis, H. and Mexa, A.(2004) The Challenge of Tourism Carrying Capacity Assessment : Theory and Practice. Aldershot: Ashgate Publishing.

Coles, T., Hall, C.M. and Duval, D.(2005) 'Mobilising tourism : A post-disciplinary critique', Tourism Recreation Research, 30 (in press).

Hall, C.M.(2005a) Tourism : Rethinking the Social Science of Mobility. Harlow : Prentice Hall.

O'Reilly,A.M.(1986) 'Tourism carrying capacity-concept and issues', Tourism Management, 7:254-8.

J. R. Kelly(1972), "Work and Leisure : A Simplified Paradigm", Journal of Leisure Research, No. 4.

M. Uysal and L. A. Hagan(1993), "Motivation of Pleasure travel and tourism", VNR Encyclopedia of Hospitality and Tourism.

S. Plog(1982), "What destination area rise and fall in popularity", Travel Research Association, Oct.

Williams D. Wells and George G.(1988), "Life Cycle Concept in Marketing Research," Journal of Marketing Research, November.

Nykiel R. A.(1983), Marketing in the Hospitality Industry, Boston, CBI Publishing Co.

Davidoff P. G. and Davidoff D. S.(1983), Sales and Marketing for Travel and Tourism, S. Dakota:Rapid City, National Publishers.

Levitt, T.(1981), "Marketing Intangible Product and Product Intangibles", The Cornell H.R.A. Quarterly, Vol. 22, No. 2, August.

J. G. Peak & A. S. Lepie(1977), "Tourism and Development in Three North Carolina Coastal Towns", in Host and Guest, The Univ. of pennsylvania Press Inc.

W. T. Chow(1980), "Integrating Tourism with Rural Development", AOTR, Vol. 7, No. 4.

Morrison, A. M.(1989), Hospitality and Travel Marketing, Delmar Publishers Inc.

Gee, C. Y.(1989), The Travel Industry, VNR.

Nykiel R. A.(1983), Marketing in the Hospitality Industry, Boston, CBI Publishing Co.

Levitt, T.(1981), "Marketing Intangible Product and Product Intangibles", The Cornell H.R.A. Quarterly, Vol. 22, No. 2, August.

Booms B. H. and Bitner M. J.(1982), Marketing Services by Managing the Environment", The Cornell H.R.A. Quarterly, May.

Renaghan L. M.(1981), "A New Marketing for the Hospitality Industry", The Cornell H.R.A. Quarterly, Vol. 22, No. 2, August.

Tomas D. R. E.(1983), "Strategy is different in Service Business", In Strategic Marketing Planning in the Hospitality Industry, ed. R. L. Blomstrom. Michgan: E. Lansing, AH&MA.

Mill R. C. and Morrison A. M.(1992), The Tourism System, New York : Prentice Hall.

McIntosh R. W. and Goeldner C. R.(1990), Tourism: Principles and Practices, Philosophies, 6th ed. N. Y.: John Wiley and Sons, Inc.

Ascher, F. Tourism(1985) : Transnational Corporations and Cultural Identities, Paris : UNESCO.

Burkert, A. J. & S.Medlik(1998), Tourism : Past, Present and Future, 2nd ed. London Heinemann.

Cohen, E.(1978), "The Impact of Tourism on the Physical Environment", Annals of Tourism Research, vol.5, No.2.

Coppock, J. T.(1982), "Tourism and Conservation" Annals of Tourism Research, vol.7, No.4.

Pigram, J. J.(1980), "Environmental Implications of Tourism Development", Annals of Tourism Research, vol.7, No.4.

Sadler, P. G. & B. H. Archer,(1975) "The Economic Impact of Tourism Developjng Countries", Annals of Tourism Research, vol3, No.1.

Travis, A. S.(1982) "Managing The Environment Social and Impacts", Tourism Management, vol3, No.4.

Fodness, D. and B. Murray(1997), "Tourist information Search", Annals of Tourism Research 24(3).

Kasavana, M. L.(1978), Hotel information system, CBI Publishing Co.

Poon, A.(1988), "Tourism and information technology", Annals of Tourism Research, Vol. 15.

Walle, A. H.(1996), "Tourism and the Internet : Opportunities for Direct Marketing", Journal of Travel Research, 35(1).

Barre, H. and J. Jafari(1997), "Culture, Tourism, Development : Crucial Issues for the Twenty-First Century", AOTR.

Burkley, R. C. and E. Clough(1997), Who is selling Eco-Tourism to whom?, AOTR, vol.24, no.2.

Frangialli, F.(1998), "A new era in information technology for tourism", OECD - Korea Confernece, 10-11 Nov.

French, T.(1997), Global trend in airline alliance, Travel & Tourism Analyst, No. 4.

Go, F.(1995), Globalization Strategy in the Hotel Industry, London : Loutledge. Hart .C.W.L.(1995), "Mass customization : conceptual underpinnings, opportunities and limits", International Journal of Service Industry Management, Vol. 6, No.2.

Krippendorf, J.(1987), Tourism in Asia and the Pacific, Tourism Management, June.

_____(1993), Tourism in the system of industrial society, AOTR.

Pearce, P. L., The Ulysses factor : evaluating visitors in tourist settings, Springer Verlag, New York, 1988.

Poon, A.(1989), Competitive Strategies for a 'new tourism', Progress in tourism, Recreation and spitality Management, vol. one, ed. C. P. Cooper, Belhaven Press.

Read, S. E., A prime force in the expansion of tourism in the next decade : special interest travel, in D. E. Hawkins, E. L. Shafer, J. M. Rovelstad, eds, Tourism marketing and management issues, G. W. Univ, 1980.

Teare, R. and J. T. Bowen(1997), New directions in hospitality and tourism : annual review of hospitality and tourism trends, Cassell.

_____ and B. F. Canziani and G.Brown(1997), Global Directions : new strategies for hospitality and tourism, Cassell.

_____(1997), Hospitality operations:patterns in management, service improvement and business performance, New directions in hospitality and tourism, Cassell.

Uriely, N.(1997), Theories of mordern and postmodern Tourism, Annals of Tourism Research, vol. 24, no.4.

Weiler, B. and C. M. Hall, Special Interest Tourism, Halsted Press, 1992.

Welch, S. C., Competitive marketing strategies in the international hospitality industry, in R. Tear & M. Olsen ed. International Hospitality Management : Corporate strategy in practice, N. Y. : J. W. & Sons, 1992.

J. Krippendorf(1987), Tourism in Asia and the Pacific, Tourism Management, June.

J. Krippendorf(1987), The Holiday Makers : Understanding the impact of leisure and travel, Heinemann Professional Publishing.

J. Chew(1987), "Transport and tourism in the year 2000", Tourism Management, June.

L. Lickorish(1987), "Trends in industrialised countries", Tourism Management, June.

W. H. Martin, S. Mason(1987), "Social trends and tourism futures, Tourism Management, June.

D. E. Hawkins(1993), "Global assessment of tourism policy : a process model", Tourism Research : critoques and challenges, ed. D. G. Pearce & R. W. Butler.

H. G. Mattews and L. K.Richter(1991), "Political Science and Tourism", Annals of Tourism Research, vol. 18.

UNESCO,(1976), "The Effect fo Tourism on Socio-cultural Values", Annals of Tourism Research, vol4.

WTO(1981), Social and Culturals Impact of Tourism mmovement, Madrid : WTO.

WTO(1994), Global tourism forecasts to the year 2000 and beyond, vol. 4.

WTO(1995), "Concepts, Definitions, and Classifications for Tourism Statistics", Madrid.

WTO(1995), "Collection and Compilation of Tourism Statistics: Technical Manual" Madrid.

WTO(World Tourism Organization)(2001) Tourism 2020 Vision-Golobal Forecasts and Profiles of Market Segments. Madrid : World Tourism Organization.

WTO(2005) Liberalization with a human face. Poverty alleviation-Sustainability -Fair trade, www.world-tourism.org/step/menu.html(accessed 10 January 2005).

UNWT0 World Tourism Barometer(2009, 6) UNWTO Tourism Highlights 2008,

WTTC(World Travel and Tourism Council)(2003) Blueprint for New Tourism. London : World Travel and Tourism Council.

❖ 저 | 자 | 약 | 력 ❖

■ 김 홍 철

[학 력]

- 서울 영동고등학교 졸업
- 한양대학교 사회과학대학 관광학과 졸업
- 한양대학교 대학원 관광학과 졸업(관광학 석사, 박사)

[경 력]

- 해병 학사장교(기갑) 전역
- 교통부 교통개발연구원 관광연구실 근무
- 전북공무원교육원 출강
- 호텔종사원 자격증 면접위원
- 문화관광축제 평가위원
- 전주 한옥생활체험관, 술박물관 운영위원장
- 원광보건대학 신문방송사 주간

현) 원광보건대학 호텔관광과 교수 및 학과장
문화관광연구소장

[대외활동]

- 한국관광학회, 한국관광개발학회 이사 역임

현) 국제관광학회 부회장, 한국스포츠관광학회 감사, 한국문화관광학회 이사,

[연구 및 자문활동]

- 수도권 관광개발계획, 춘천호반 관광개발계획, 선유도 관광개발계획,
- 왕궁보석박물관 조성계획, 미륵사지 관광지개발계획, 익산시 보석문화축제 평가,
- 21세기 용인시 관광개발계획 외 다수

[저서 및 논문]

- 관광마케팅관리(1997, 2000, 2002, 두남), 관광현상의 이해(1997, 기문사)
- 현대 관광학원론(2002, 기문사), 신관광법규해설(1999, 학문사)
- 국제관광산업전략(1999, 일신사), 현대관광론-세계적 조망(2000, 일신사)
- 관광이벤트실무(2004, 두남), 테마관광론(2006, 진달래),
- 21세기 신관광마케팅 전망에 관한 연구 외 30여 편

新 관광학원론

● 발행일
2010년 3월 10일 초　판 발행
2011년 2월 10일 1판 2쇄 발행

● 저　자
김 홍 철

● 발행인
한 인 환

● 발행처
도서출판 **기 문 사**
서울시 동대문구 용두2동 730-4번지 홍신빌딩 3층
전 화 : 02)2265-7214, 922-8662~8663
팩 스 : 02)922-8772
homepage : www.kimoonsa.co.kr
e-mail : book@kimoonsa.co.kr
등 록 : 1978. 8. 9. NO. 6-0637
ISBN : 978-89-7723-446-8　93980

〈정가 : 16,000원〉